Andrea und Tobias Kostial

Norwegen Mitte

Zwischen Ålesund, Femunden und Børgefjell

52 Touren Fjord- und Bergwanderungen

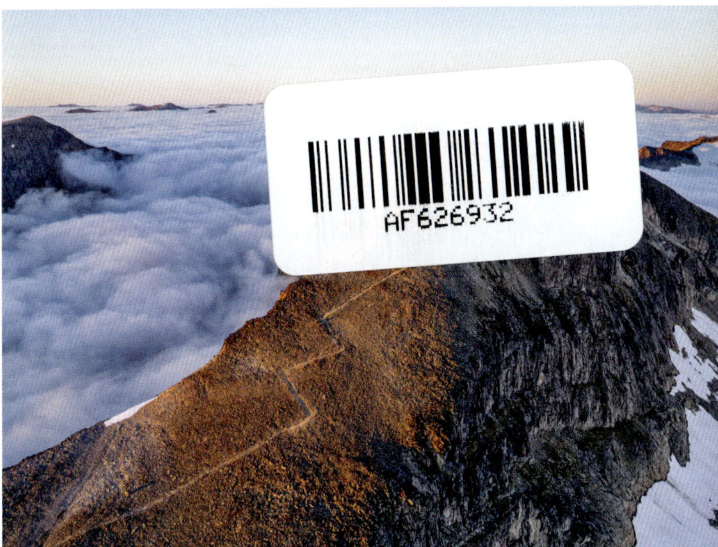

ROTHER
BERGVERLAG

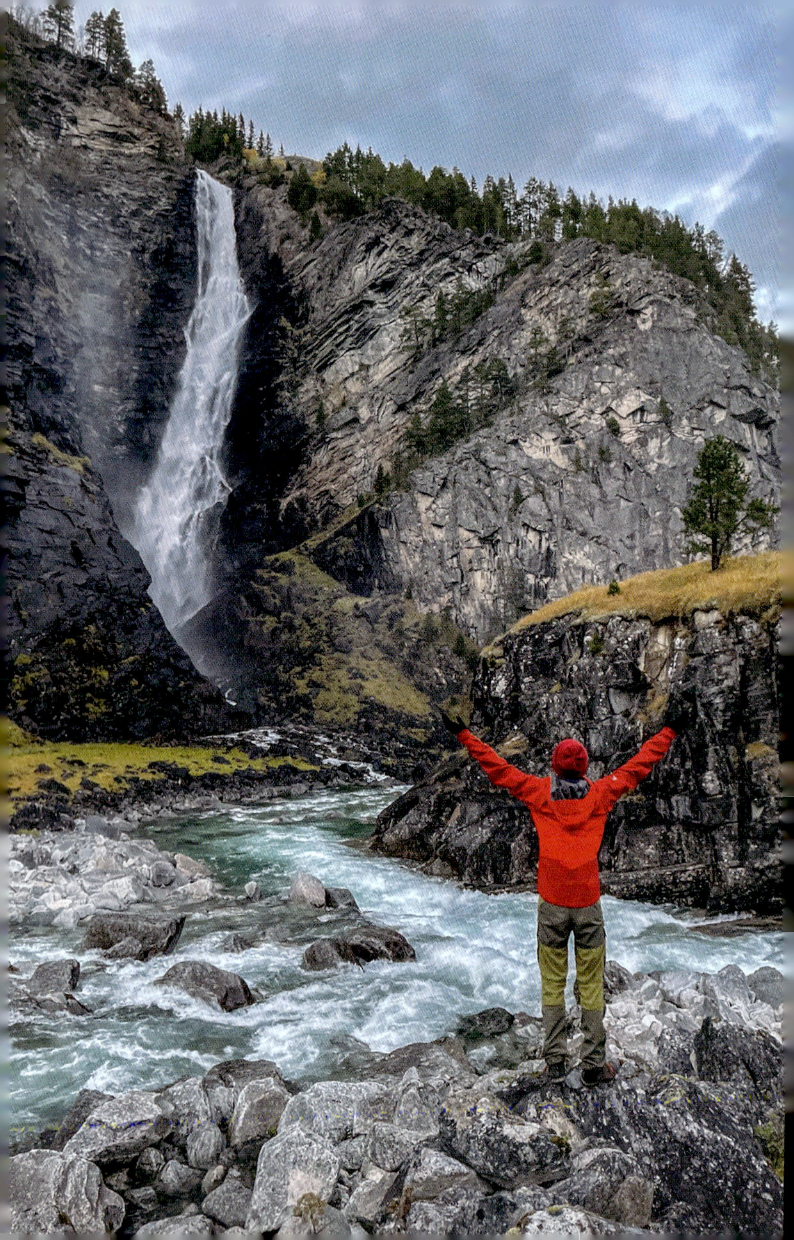

VORWORT

Die 52 Touren des Wanderführers Norwegen Mitte stellen Ihnen die Wanderwelt in Norwegens Fjord- und Küstenbereich zwischen Nordfjord und Tustnastabban, Ålesund und Geiranger sowie die Gebirgswelten des Trollheimen, der Femundsmarka und bis hinauf zum südlichen Børgefjell vor. Sowohl die kurzen familientauglichen Wanderungen als auch die in luftige Höhen entführenden Gipfelbesteigungen und Gratwanderungen erschließen ein Spektrum an Naturschönheiten, das kaum Wünsche offen lässt. Im Land der Superlative entdeckt man an jedem Fjord, in jedem neuen Tal, das man besucht, ein weiteres Kleinod. Ob der Hornelen als höchste Klippe Europas, der Ekkertinden als »Preikestolen« des Sunndalen, die Vogelinsel Runde oder die Wasserfälle von Åmotan – so gut wie jede Tour offenbart spätestens am Ziel die Schönheit unserer Welt. Nutzen Sie die Gelegenheit, die Ihnen dieser Wanderführer bietet, die sorgsam ausgewählten Touren zu entdecken. Häufig werden Sie anderen Menschen begegnen, manchmal werden Sie die Einsamkeit genießen können. Bedenken Sie bei Ihren Wanderungen, dass es an jedem Einzelnen liegt, die Einzigartigkeit all dieser Naturschönheiten zu bewahren: Rücksichtsvolles Verhalten gegenüber der Natur, den Tieren, Pflanzen und Menschen bildet die Grundlage für einen positiven persönlichen Fußabdruck, den man im wahrsten Sinne des Wortes auf seinen Wanderungen hinterlässt.
Wir wünschen Ihnen, dass Sie Norwegens Mitte genauso in Ihr Herz schließen können, wie wir dies getan haben, und dass Sie positive Erinnerungen mit nach Hause nehmen.

Engstingen, Frühjahr 2024 Andrea und Tobias Kostial

Åmotan – ein einzigartiges Wasserfall-Spektakel.

INHALTSVERZEICHNIS

Vorwort . . . 3
Übersichtskarte . . . 6
Top-Touren . . . 8
Wichtige Hinweise für unterwegs . . . 10
Schwierigkeitskategorien . . . 11
Allemannsretten – das Jedermannsrecht . . . 13
GPS-Tracks und Koordinaten der Ausgangspunkte . . . 14
Symbole . . . 15
Nützliches von A bis Z . . . 26
Notrufe . . . 29
Kleines Wander-Wörterbuch . . . 30
Die Wandergebiete in Norwegen Mitte . . . 34

Nordfjord

TOP 1 9.15 h **Skålatårnet, 1843 m** . . . 44
2 3.20 h **Loen Skylift** . . . 48
3 6.20 h **Hornelen, 860 m** . . . 52
4 2.10 h **Skongenes fyr** . . . 56

Sunnmøre

TOP 5 2.45 h **Runde** . . . 59
6 4.00 h **Brørene** . . . 62
7 1.30 h **Sukkertoppen, 314 m** . . . 64
8 2.45 h **Melen, 805 m** . . . 66
9 3.15 h **Romedalen – Molladalen** . . . 68
10 7.10 h **Slogen, 1564 m** . . . 70
11 4.00 h **Patchellhytta** . . . 75
12 3.30 h **Geiranger – Skageflå** . . . 78
13 3.40 h **Fosseråsa – Storsæterfossen** . . . 81
14 4.15 h **Reindalseter, 708 m** . . . 84

Romsdal

15 2 Tage **Tunga – Vakkerstøylen – Pyttbua** . . . 86
16 5.00 h **Stabbeskaret, 1425 m** . . . 89
TOP 17 4.30 h **Romsdalseggen** . . . 92
18 1.45 h **Mardalsfossen** . . . 96
TOP 19 3.30 h **Prestaksla, 609 m** . . . 98
20 3.15 h **Tusenårsvarden** . . . 101
21 2.30 h **Trollkyrkja** . . . 104
22 1.15 h **Farstadsanden – Nordneset** . . . 106
23 4.20 h **Sjurvarden, 667 m** . . . 108

Nordmøre und Trollheimen

24 2.00 h **Gå i Annas fotspor** 111
25 4.45 h **Skarven, 896 m** 114
26 2 Tage **Trollheimshytta** 119
27 1.30 h **Nauståfossen** 122
TOP 28 2.40 h **Innerdalen** 124
29 5.00 h **Aurabanen** 127
30 3.30 h **Reinsvatnet** 130
TOP 31 3.10 h **Åmotan** 132
TOP 32 6.15 h **Ekkertinden, 1189 m** 136
33 4.00 h **Høa, 1188 m** 140
34 6.20 h **Vassendsetra, 683 m** 142
35 3 Tage **Trekanten** 145

Femunden und Umgebung

36 2.20 h **Skagsvola, 932 m** 150
37 3.30 h **Tverfjellet, 1209 m** 152
38 2.30 h **Galtåsen, 981 m** 154
TOP 39 8.00 h **Midtre Sølen, 1755 m** 156
40 2.00 h **Gutulia nasjonalpark** 160
TOP 41 4.00 h **Elgåhogna, 1460 m** 162
42 2 Tage **Stor-Svuku/Svahke, 1421 m** 165
43 5.00 h **Femundshytta – Jonasvollen** 168

Trøndelag

44 0.40 h **Plaassja/Røros** 172
45 5.10 h **Forollhogna, 1332 m** 174
46 3.30 h **Stororkelhøa, 1524 m** 178
TOP 47 3 Tage **Gilså – Ramsjøhytta – Schulzhytta** 180
48 1.30 h **Mannfjellgruva, 588 m** 190
49 5.00 h **Norges Midtpunkt** 192
50 2 Tage **Holden fjellgård** 194
51 3.00 h **Lybekkdalen/Leemtsenvuemie** 196
52 2.45 h **Nååmesjenmåelhkie/Namskroken** 198

Stichwortverzeichnis 200

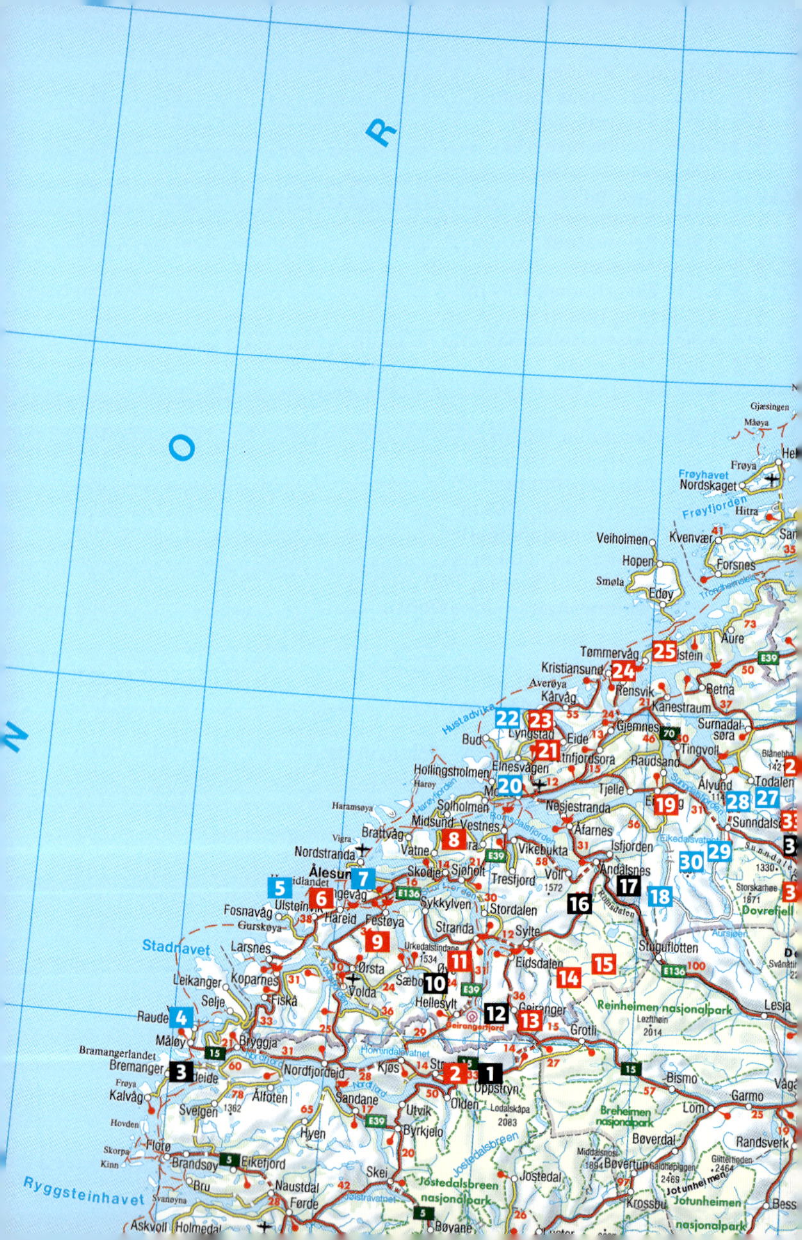

N
O
R
Gjæsingen
Måøya
Frøya
Frøyhavet
Nordskaget
Frøyfjorden
Hitra
Veiholmen
Kvenvær
Hopen
Forsnes
Smøla
Edøy
Aure
Tømmervåg
Kristiansund
Averøya
Rensvik
Kårvåg
Kanestraum
Betna
Hustadvika
Bud
Lyngstad
Eide
Gjemnes
Surnadal-søra
Tingvoll
Elnesvågen
Raudsand
Todalen
Hollingsholmen
Harøy
Tjelle
Ålvund
Haramsøya
Solholmen
Nesjestranda
Sunndalsøra
Midsund
Vestnes
Åfarnes
Vigra
Brattvåg
Romsdalsfjorden
Nordstranda
Vatne
Vikebukta
Isfjorden
Ålesund
Skodje
Sjøholt
Tresfjord
Voll
1572
Åndalsnes
Ulsteinvik
Sykkylven
Stordalen
Fosnavåg
Gurskøya
Hareid
Festøya
Stranda
Sylte
Stadnavet
Larsnes
Urkedalstindane
1534
Eidsdalen
Stugufloten
Ørsta
Leikanger
Koparnes
Volda
Sæbø
Selje
Fiskå
Hellesylt
Geiranger
Reinheimen nasjonalpark
Lesja
Raude
Geirangerfjord
Grotli
Måløy
Bryggja
Hornindalsvatnet
Bramangerlandet
Bremanger
Nordfjordeid
Kjøs
Oppstryn
Bismo
Frøya
Kalvåg
Ålfoten
Sandane
Olden
Lom
Garmo
Svelgen
1362
Utvik
Lodalskåpa
2083
Breheimen nasjonalpark
Hovden
Hyen
Byrkjelo
Bøverdal
Randsverk
Florø
Skorpa
Kinn
Eikefjord
Bøverdtun
Galdhøpiggen
2469
Glittertinden
2464
Brandsøy
Jostedalsbreen
Jostedal
Jotunheimen
Ryggsteinhavet
Bru
Skei
Jostedalsbreen nasjonalpark
Naustdal
Krossbu
Jotunheimen nasjonalpark
Svanøyna
Førde
Jølstravatnet
Askvoll
Holmedal
Bøyane
Dovrefjell
Aursjøen
Lesja
E39
E136

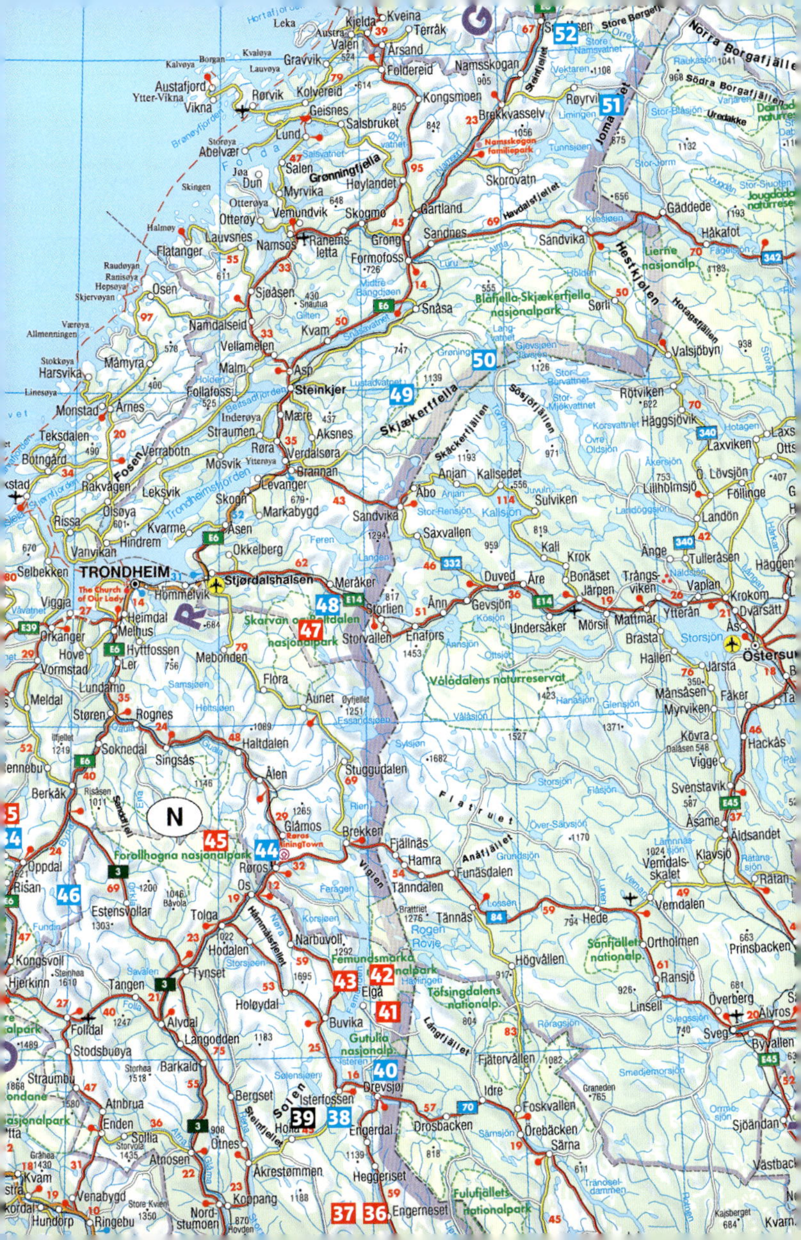
Leka
Kjelda
Kveina
Terråk
Austra
Valen
Årsand
Store Børgefj.
Norra Borgafjällen
Kalvøya
Borgan
Kvaløya
Lauvøya
Gravvik
Foldereid
Namsskogan
Austafjord
Ytter-Vikna
Vikna
Rørvik
Kolvereid
Geisnes
Kongsmoen
Brekkvasselv
Røyrvik
Södra Borgafjällen
Salsbruket
Namsskogan familiepark
Storøya
Abelvær
Lund
Salsvatnet
Jøa
Dun
Salen
Grønningfjella
Høylandet
Skorovatn
Skingen
Myrvika
Otterøya
Vemundvik
Skogmo
Gartland
Havdalsfjellet
Gäddede
Otterøy
Halmøy
Lauvsnes
Namsos
Ranemsletta
Grong
Sandnes
Sandvika
Håkafot
Flatanger
Formofoss
Hestkjølen
Lierne nasjonalp.
Raudøyan
Ranisøya
Hepsøya
Skjervøyan
Osen
Sjøåsen
Snautua
Blåfjella-Skjækerfjella nasjonalpark
Sørli
Hotagsfjällen
Værøya
Allmenningen
Namdalseid
Kvam
Snåsa
Snåsavatnet
Valsjöbyn
Stokkøya
Harsvika
Måmyra
Vellamelen
Malm
Asp
Linesøya
Follafoss
Steinkjer
Skjækerfjella
Sösjöfjällen
Rötviken
Monstad
Årnes
Inderøya
Mære
Aksnes
Häggsjövik
Teksdalen
Straumen
Botngård
Fosen
Verrabotn
Mosvik
Røra
Verdalsøra
Skäckerfjällen
Laxviken
Rakvågen
Leksvik
Trondheimsfjorden
Skogn
Levanger
Brannan
Anjan
Kallsedet
Lillholmsjö
Ö. Lövsjön
Föllinge
Ølsøya
Markabygd
Sandvika
Åbo
Sulviken
Rissa
Kvarme
Åsen
Kallsjön
Landön
Vanvikan
Hindrem
Okkelberg
Saxvallen
Kall
Änge
Tulleråsen
Selbekken
TRONDHEIM
Stjørdalshalsen
Meråker
Krok
Bonäset
Trångsviken
Häggenås
The Church of Our Lady
Hommelvik
Duved
Åre
Järpen
Vaplan
Krokom
Viggja
Heimdal
Storlien
Ånn
Gevsjön
Ytterån
Dvarsätt
Orkanger
Melhus
Skarvan og Roltdalen nasjonalpark
Enafors
Undersåker
Mörsil
Mattmar
Ås
Hove
Hyttfossen
Storvallen
Brasta
Storsjön
Östersund
Vormstad
Ler
Mebonden
Hallen
Järpen
Lundamo
Flora
Vålådalens naturreservat
Meldal
Aunet
Månsåsen
Støren
Rognes
Fåker
Myrviken
Kövra
Haltdalen
Soknedal
Singsås
Hackås
Bennebu
Vigge
Ålen
Stuggudalen
Berkåk
Svenstavik
Flatruet
Glåmos
Åsarne
Røros Mining Town
Brekken
Åldsandet
Fjällnäs
Forollhogna nasjonalpark
Hamra
Anåfjället
Vemdalsskalet
Klövsjö
Oppdal
Røros
Funäsdalen
Rätan
Risan
Os
Tänndalen
Estensvollar
Tolga
Tännäs
Hede
Vemdalen
Hodalen
Narbuvoll
Femundsmarka nasjonalpark
Högvålen
Sånfjället nationalp.
Ortholmen
Prinsbacken
Kongsvoll
Hierkinn
Tangen
Tynset
Elgå
Töfsingdalens nationalp.
Ransjö
Holøydal
Linsell
Överberg
Alvdal
Buvika
Folldal
Gutulia nasjonalp.
Långfjället
Sveg
Älvros
Byvallen
Stodsbuøya
Langodden
Straumbu
Barkald
Fjätervålen
Atnbrua
Bergset
Isterfossen
Drevsjø
Idre
Foskvallen
Enden
Sollia
Solen
Holla
Engerdal
Drosbacken
Örebäcken
Sjöändan
Otnes
Steinfjellet
Särna
Atnosen
Akrestømmen
Heggeriset
Västbacka
Kvam
Venabygd
Koppang
Fulufjällets nationalpark
Kordal
Hundorp
Ringebu
Nord-stumoen
Engerneset
Kvarn

TOP-TOUREN

Skåla
Eine höhere Steigung überwindet man sonst nirgends in Norwegen – 1800 Höhenmeter hinauf in eine Welt aus Geröll und Eis *(Tour 1, 9.15 Std.)*.

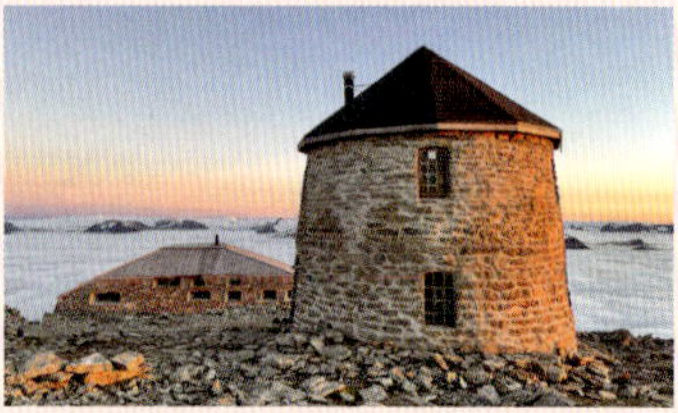

Runde
Die weltberühmte Vogelinsel verzaubert alle Vogelliebhaber und Wanderer *(Tour 5, 2.45 Std.)*.

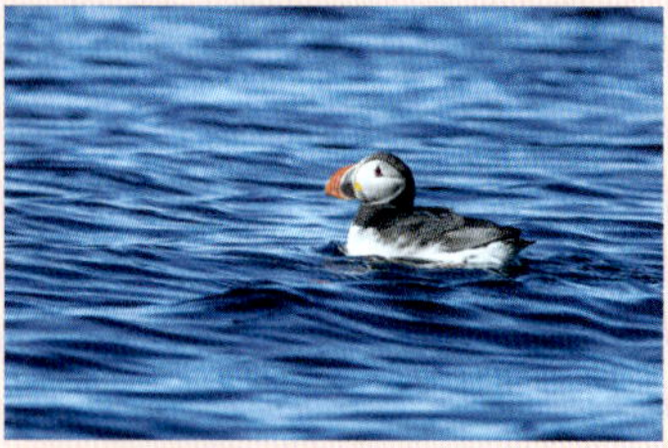

Romsdalseggen
Atemberaubend schön entführt diese Tour hoch über das Romsdalen. Schwindelfreiheit und Trittsicherheit sind jedoch ein absolutes Muss *(Tour 17, 4.30 Std.)*.

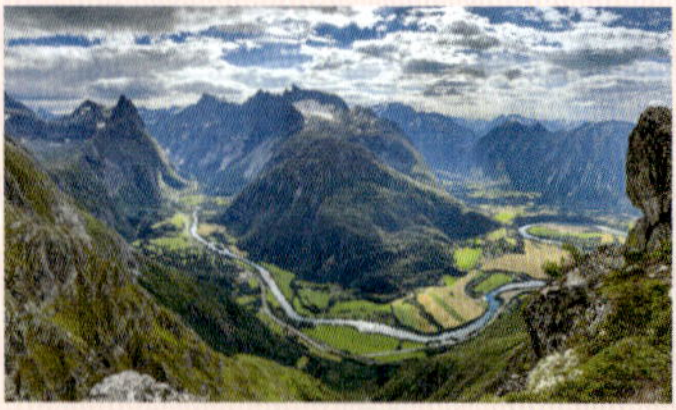

Prestaksla
Auf Sherpa-Treppen in Richtung Himmel – beinahe wähnt man sich auf einem buddhistischen Pfad im Himalaya *(Tour 19, 3.30 Std.)*.

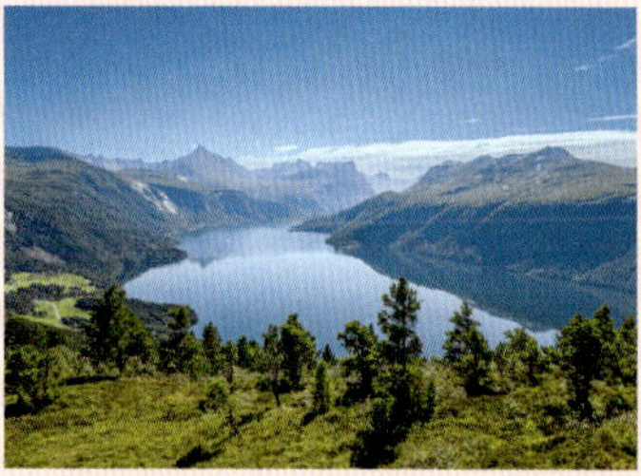

Innerdalen
Der Beginn des Innerdalen bezaubert mit seinen hohen Felswänden, den Seen und Setersiedlungen. Besonders imposant ist der 1452 m hohe Innerdalstårnet, der in Pyramidenform über dem Eingang zum Tal thront *(Tour 28, 2.40 Std.)*.

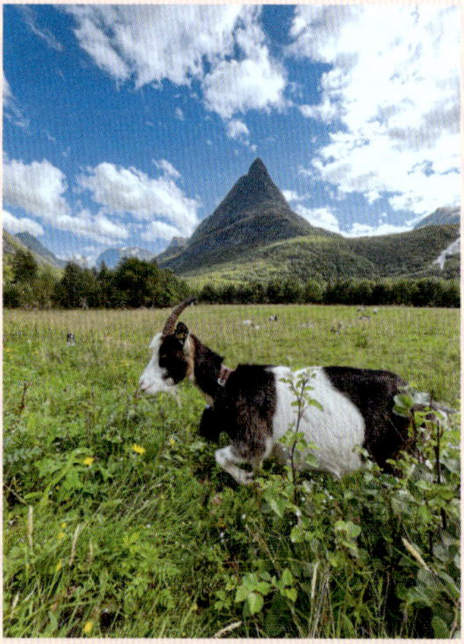

Åmotan
Eine regelrechte Wasserfall-Symphonie erwartet einen in Åmotan, dem Zusammenfluss von mehreren Bergflüssen, die mit ohrenbetäubendem Lärm in glazial geformten Schluchten in Richtung Tal rauschen. Ein einzigartiges Schauspiel *(Tour 31, 3.10 Std.).*

Ekkertinden
Der Preikestolen des Sunndals erhebt sich als Felskanzel 1000 m über dem Talboden und lässt auf die ganze Schönheit des Sunndalen hinabblicken *(Tour 32, 6.15 Std.).*

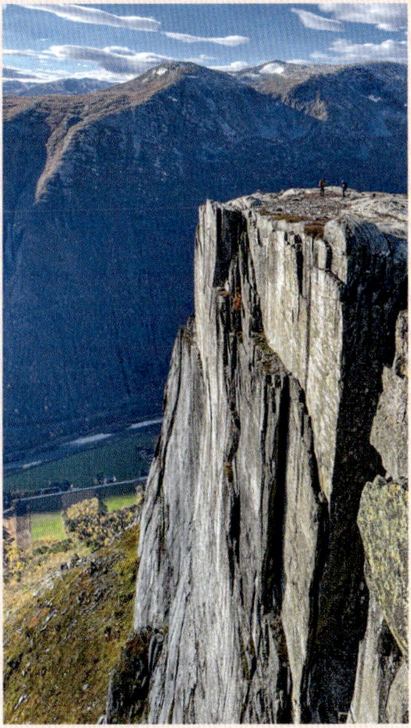

Midtre Sølen
Das im weiten Umkreis herausragende Sølenmassiv mit seiner markanten V-Scharte gliedert sich in drei Gipfel. Der Midtre Sølen ist mit 1755 m der höchste *(Tour 39, 8.00 Std.).*

Elgåhogna
Die abwechslungsreiche Wanderung im südlichen Teil des Femundsmarka nasjonalpark führt in eine vom letzten Rückgang des Inlandeises stark geprägte Fjelllandschaft *(Tour 41, 4.00 Std.).*

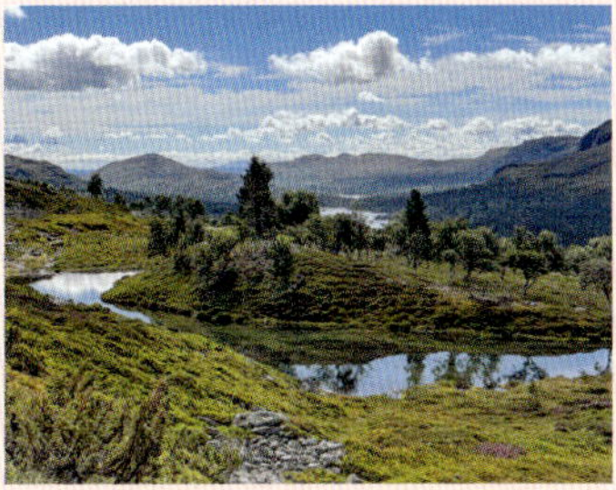

Gilså – Ramsjøhytta – Schulzhytta
Auf dieser Mehrtagestour durch den Skarvan og Roltdalen nasjonalpark durchquert man auf 50 km einsames Fjellgebiet, Moore sowie unzählige Gebirgsbäche und kommt an Seen und einladenden Gebirgshütten vorbei *(Tour 47, 3 Tage).*

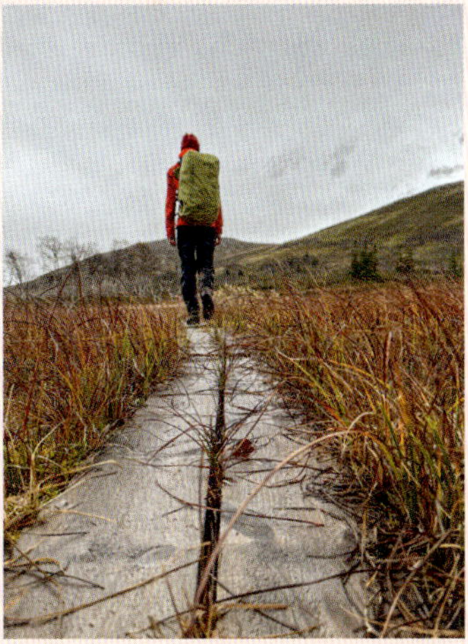

WICHTIGE HINWEISE FÜR UNTERWEGS

Anforderungen

Alle Wanderungen im vorliegenden Wanderführer folgen naturbelassenen Steigen (sti) mit einerseits felsigen und steilen, aber auch flachen, wurzeligen und vermoorten Passagen. Meist wandert man oberhalb der Baumgrenze, immer wieder auch in Geröll und Blockwerk. In grobblockigem Gelände muss gelegentlich eine Hand zur Hilfe genommen werden und in wenigen Fällen sind ausgesetzte Stellen durch Drahtseile, Ketten oder Eisenklammern gesichert bzw. durch Trittstufen begehbar gemacht. Sogenannte sherpatrappa sind von Sherpas gebaute Treppen, die bei besonders häufig begangenen Wegen zur Eindämmung der Erosion angelegt wurden. Nach länger anhaltenden Regenperioden sowie nach der Schneeschmelze sind viele Wege schlammig, nur selten führen Wegebaumaßnahmen zu einer verbesserten Begehbarkeit. Auf nasse Wege (durch vermoortes Gelände) muss man sich beim Wandern in Norwegen prinzipiell einlassen. Vereinzelt müssen Bäche ohne Brücken durchquert werden.
Höhen ab 400 m können bis in den Frühsommer hinein Schneefelder und eine durch die Schneeschmelze bedingte hohe Nässe aufweisen; während der (gefährlichen) Schneeschmelze sind die Pfade nicht begehbar und die Markierungen in der Regel nicht sichtbar.
Bei tiefen Wolken, Nebel und starken Regenfällen sollte man keine Wanderungen unternehmen, da die Gefahren in Bezug auf Orientierung und Sicherheit zu groß sind.
Einige Wanderungen erfordern Trittsicherheit, Kondition und Orientierungssinn. Um die Anforderungen besser einschätzen zu können, sind die Tourennummern mit verschiedenen Farben markiert. Diese erklären sich wie folgt:

Alternativen zum norwegischen Klassiker, dem roten »T«.

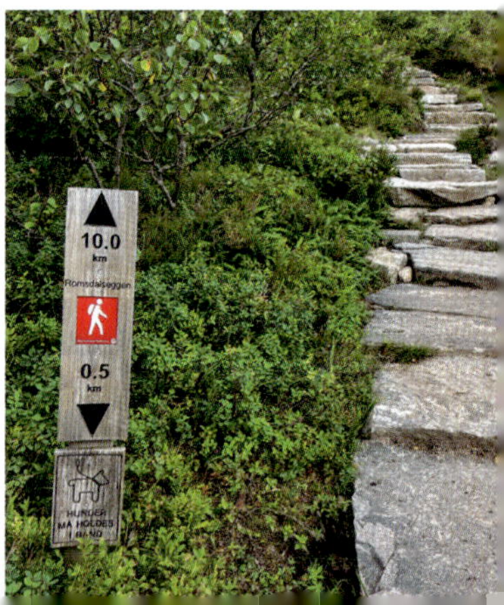

SCHWIERIGKEITSKATEGORIEN

■ = Leicht
Diese Wanderungen folgen mit geringen Steigungen von bis zu 400 Höhenmetern fast durchgehend markierten Wegen und Pfaden, die an keiner Stelle ausgesetzt sind.

■ = Mittel
Diese Wanderungen sind mit teils steilen Auf- und Abstiegen verbunden und folgen passagenweise wurzelig-steinigen, schmalen Pfaden; alle erfordern Trittsicherheit und Kondition, meist auch Schwindelfreiheit. Leicht ausgesetzte Stellen erfordern zuweilen den Einsatz einer Hand als zusätzlichen Haltepunkt.

■ = Schwierig
Die als schwierig eingestuften Touren führen in Auf- und Abstiegen von gelegentlich weit über 800 Höhenmetern durch Gelände jeder Art und sind steil sowie passagen- oder stellenweise ausgesetzt. Sie setzen neben Trittsicherheit und Kondition Schwindelfreiheit, Orientierungsvermögen, Wetterkenntnis und Bergerfahrung voraus.

Kennzeichnung der Schwierigkeitsgrade in Norwegen
Neben dem roten »T« des Norwegischen Wandervereins hat sich in Norwegen ein Markierungssystem für ausgeschilderte Wanderwege etabliert, das die Schwierigkeitsgrade – in die auch die Tourenlänge und Höhenmeter einfließen – mit folgenden Farben ausweist:
Grün bezeichnet für Anfänger geeignete leichte (enkelt) Wanderpfade mit Anstiegen bis zu 300 Höhenmeter.
Blau steht für mittelschwere (middels) Anfängertouren mit Anstiegen bis zu 600 Höhenmeter.
Rot ausgeschildert sind anstrengende (krevende) Touren mit Anstiegen bis zu 1000 Höhenmeter. Sie werden nur erfahrenen Tourengehern mit einer guten Konstitution, passender Ausrüstung und Erfahrung im Bergwandern empfohlen.
Schwarz markiert sind schwierige (ekspert) Touren, die weder eine Höhen- noch eine Längenbegrenzung haben.

Gehzeiten
Bei den im Buch angegebenen Gehzeiten handelt es sich um reine Gehzeiten (ohne jegliche Pausen) eines Wanderers mit durchschnittlicher Kondition, also ca. 4 km/h in ebenem Gelände und ca. 400 Höhenmeter pro Stunde im Aufstieg. DIe Wetterlage, die Beschaffenheit des Geländes, die persönliche Verfassung, die Rücksichtnahme auf Wanderpartner und viele andere Faktoren beeinflussen die tatsächliche Gehzeit.

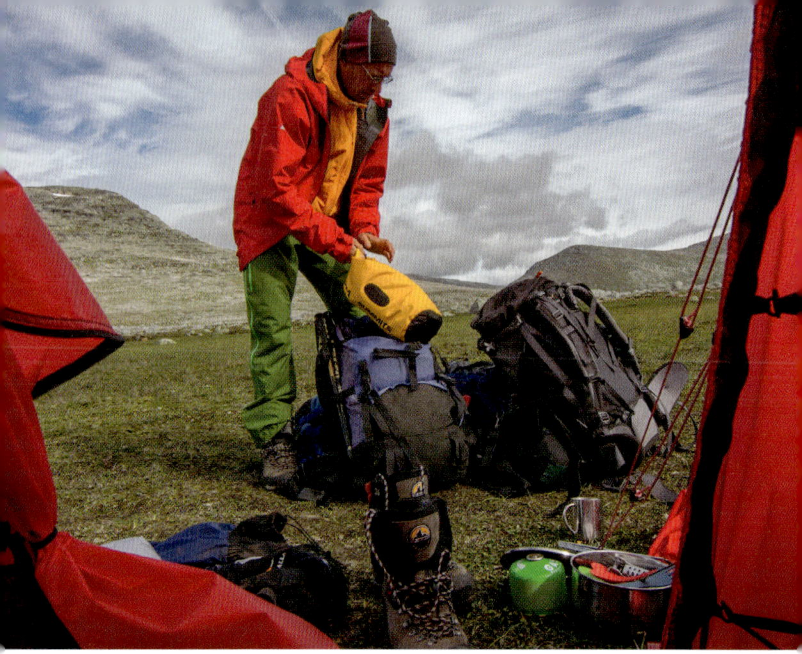

Manchmal reicht Minimalismus nicht aus.

Friluftsliv und allemannsretten

Das Leben vieler Norweger ist ohne Betätigung an der frischen Luft undenkbar: Die Bewegung in der freien Natur – wandernd, fischend, jagend, skilaufend oder in jedweder anderen nichtmotorisierten Form – gehört heutzutage zum norwegischen Selbstverständnis. Damit eng verbunden ist die Idee des friluftsliv, was sinngemäß »Leben unter freiem Himmel« bedeutet. War in den früheren Jahrhunderten die Bewegung an der frischen Luft noch eine notwendige Arbeitshandlung, so entwickelte sie sich – angetrieben durch das romantisierende Erwachen eines Volksgedankens und beschleunigt durch die heroischen Abenteuer von Fridtjof Nansen und anderen Polarforschern – für die wohlhabenden Bevölkerungsschichten zu einem Freizeitvertreib. Mit der Entwicklung Norwegens zu einem Wohlfahrtsstaat wurde das Konzept des friluftsliv zum gesetzlich verankerten Teil des Lebens aller Bürger. Hierbei geht es um die Bewegung außerhalb örtlicher Bebauungen, Parks oder Gärten, ohne jedwede Motorisierung an Land und im Wasser und ohne sportliche Ambitionen. Jeder soll die Möglichkeit haben, sich in seiner näheren Umgebung und der freien Natur umweltfreundlich zu bewegen, sodass es seiner Gesundheit und seinem

Wohlbefinden zugutekommt. Der Zugang zum friluftsliv soll allen Bevölkerungsgruppen ermöglicht werden. Dies soll umweltschonend geschehen und drückte sich bisher u. a. auch dadurch aus, dass das Anlegen von Wanderwegen in Norwegen bisher eher zurückhaltend erfolgte. Mit zunehmenden Besucherzahlen an fotogenen Orten und Attraktionen, die in sozialen Medien geposteten werden (»instagrammable hotspots«), wird es jedoch immer häufiger notwendig, durch bauliche Sicherungsmaßnahmen (z. B. dem Bau von Treppen) oder Einschränkungen (Campingverboten) die Gesetze anzupassen.

Grundlage der Liebe zu jeglichen Naturaktivitäten und der Ermöglichung dieser ist das sogenannte allemannsretten (Jedermannsrecht), welches für nichtmotorisierte Aktivitäten (zu Fuß, im Boot, zu Pferd, auf Skiern oder Schlittschuhen) in der sogenannten utmark (der Landschaft außerhalb bebauter und landwirtschaftlich genutzter Flächen) gilt. Als Grundvoraussetzung wird der respektvolle Umgang mit der Natur und die Rücksichtnahme auf Bauern, Landeigentümer und andere Besucher erwartet. Das wilde Campen mit Wohnmobilen an allen nur erdenklichen Stellen ist nicht erwünscht. Steigende Touristenzahlen (ausländische wie inländische) und damit einhergehender wachsender Missbrauch des Rechts führten bereits zu Überlegungen, dieses in Zukunft zu beschränken. Daher sollten alle Reisenden, ob wandernd oder fahrend, die Grundregeln beachten! Nutzen Sie als Wohnmobilist Campingplätze und Parkplätze, auf denen das Übernachten erlaubt ist. Die vollständige Version des allemannsretten auf Deutsch findet man auf der Website der Umweltbehörde Miljødirektoratet unter: miljodirektoratet.no/publikasjoner/2020/juni-2020/das-jedermannsrecht.

ALLEMANNSRETTEN – DAS JEDERMANNSRECHT

- Auf offenem, »uneingezäuntem«, unbebautem Land darf sich jeder zu Fuß oder auf Skiern frei bewegen und überall rasten.
- »Eingezäuntes« Land (dieses muss nicht unbedingt tatsächlich eingezäunt sein!) ist Privatbesitz und umfasst bebautes Land, Felder, Weideland, Gärten, Plantagen, Baugrundstücke und Industriegebiete.
- Außer auf bewirtschafteten Feldern und Parkplätzen darf man mit einem Abstand von mindestens 150 m zum nächsten Haus sein Zelt aufschlagen oder unter freiem Himmel schlafen. Geschieht dies länger als zwei Tage, muss der Landbesitzer um Erlaubnis gefragt werden.
- Das Entleeren von Campingtoiletten darf nur an den dafür vorgesehenen Orten geschehen.
- Vom 15. April bis 15. September ist offenes Feuer in und in der Nähe von Waldgebieten verboten.
- Das Pflücken von Beeren, Pilzen und Blumen ist im Allgemeinen erlaubt. Moltebeeren dürfen nur an Ort und Stelle verzehrt und nicht gesammelt werden.

Karten

Die norwegische Kartografie- und Katasterbehörde Statens Kartverket stellt auf ihrem Internetportal norgeskart.no das amtliche Kartenwerk Norwegens sowie Luftbilder zur Verfügung. Hier können auch selbstständig Kartenabschnitte ausgedruckt werden. Des Weiteren leistet die Appversion Norgeskart Outdoors hervorragende Dienste.

Der Wanderverein DNT bietet auf dem Internetportal ut.no ein digitales Kartenwerk mit Wegbeschreibungen und Informationen über Hütten an. Auf ut.no werden einerseits die vom DNT markierten Sommer- und Winterrouten verzeichnet, andererseits auch private (unmarkierte) Wander-, Ski-, Fahrrad- und Kajaktourenvorschläge. Die Vorteile einer Karte liegen jedoch auf der Hand: Sie funktioniert (insbesondere auf mehrtägigen Touren) auch ohne Strom und Batterien und sie verschafft einen weiträumigen Überblick über das erwanderte Gebiet. Der norwegische Kartenverlag Nordeca gibt folgende Kartenserien heraus: Die gemeinsam mit dem DNT konzipierte Turkart in den Maßstäben 1:25.000, 1:50.000 und 1:100.000, die Serie Topo 3000 im Maßstab 1:50.000 (mit einer Abdeckung von 3000 km² bedeutender Wandergebiete) sowie die topografische Norge-serien im Maßstab 1:50.000, welche ganz Norwegen abdeckt. Handelt es sich bei den Serien Turkart und Topo 3000 um Wanderkarten, ist die Norge-serien eine rein topografische Karte, die keinerlei Wanderinformationen beinhaltet. Für einige ausgewählte Gebiete gibt es Karten der Verlage Cappelen und Calazo. Für die Touren im vorliegenden Wanderführer finden in erster Linie die Karten der Serien Turkart und Topo 3000 Anwendung. Karten von Calazo sowie der Norge-serien kommen nur zum Einsatz, wenn es keine passende Wanderkarte gibt.

Zum Teil gibt es samische geografische Namen, die auch in diesem Wanderführer Anwendung finden.

GPS-TRACKS UND KOORDINATEN DER AUSGANGSPUNKTE

Auf **gps.rother.de** stehen zu diesem Wanderführer GPS-Tracks und die Koordinaten der Ausgangspunkte zum kostenlosen Download bereit. Dieser QR-Code führt direkt zum Download.
4. Auflage, Passwort: **443604kat**

Die GPS-Tracks können in die **Rother App** importiert werden. In der App kann man unterwegs stets sehen, wo man gerade ist und wo es langgeht. **Anleitungen dazu: rother.de/gps**

Trotz sorgfältiger Prüfung können wir Fehler und zwischenzeitliche Veränderungen nicht ausschließen. Verlassen Sie sich für die Orientierung niemals einzig und allein auf die GPS-Daten, sondern beurteilen Sie die Verhältnisse vor Ort.

SYMBOLE

Symbole im Tourenkopf

- mit Bahn/Bus erreichbar
- Einkehrmöglichkeit
- für Kinder geeignet

Symbole im Höhenprofil

- Ort mit Einkehrmöglichkeit
- Gasthaus, Berghotel, bewirtschaftete Hütte (betjent hytte)
- verproviantierte Selbstversorgerhütte (selvbetjent hytte)
- unverproviantierte Selbstversorgerhütte (ubetjent hytte)
- Parkplatz
- Bushaltestelle
- Schiffsanleger
- Schiffspassage
- Auf-/Abfahrt mit Seilbahn
- Gipfel
- Pass, Sattel
- Brücke
- Höhle
- archäologische Stätte
- Aussichtspunkt
- Kirche
- Leuchtturm
- Denkmal
- Abzweig
- Picknickplatz
- Campingplatz
- Wasserfall
- Bademöglichkeit
- Quelle

Markierung und Ausschilderung

Der DNT markiert seine Wanderwege mit dem ikonischen roten »T«, welches für norwegisch tur (Tour) steht. Es wird mit kräftiger roter Farbe in (meist) sichtbaren Entfernungen auf Steinen, Bäumen und Almhütten aufgemalt. Neben den Farbmarkierungen dienen Steinmännchen bzw. Steinpyramiden, die sogenannten varder, und Ausschilderungen an Wegverzweigungen der Orientierung. Neben den Markierungen des DNT gibt es auch von Kommunen und anderen Institutionen mit (häufig) blauen Farbklecksen, -strichen und -ringen gekennzeichnete Pfade. Hinzu kommen Ausschilderungen mit den Schwierigkeitsgraden in den Farben Grün, Blau, Rot und Schwarz. Diese sind an Wegweisern mit Richtungspfeilen platziert.

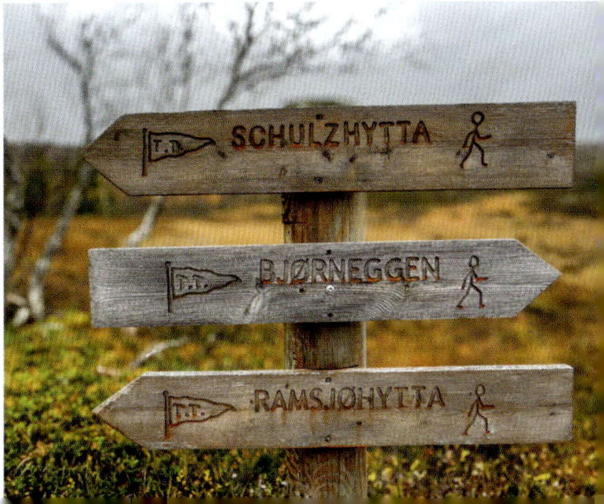

Gut ausgeschildert durch das Gilsåfjellet (Tour 47).

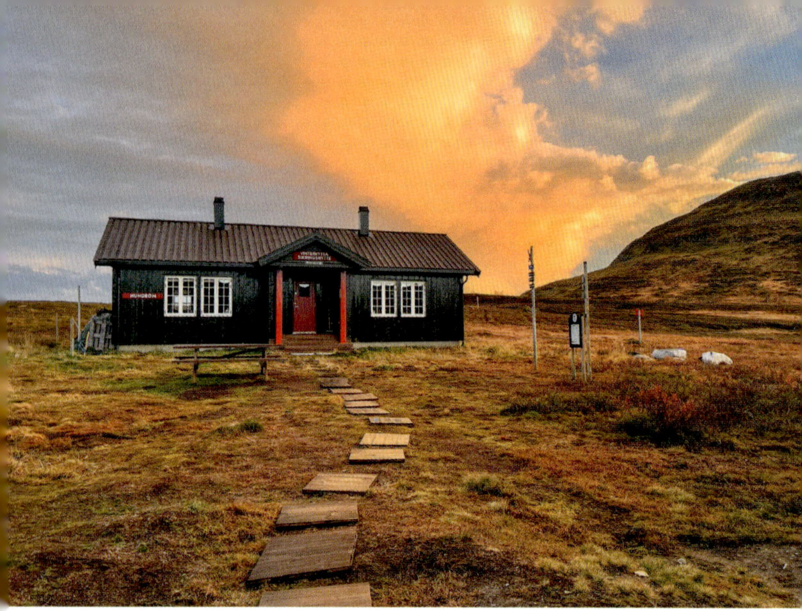

Sicherungshütte der Ramsjøhytta (Tour 47).

Ausrüstung

Grundelemente sind neben guten, wasserdichten Wanderschuhen Sonnen-, Kälte-, Wind- und Regenschutz. Die Kleidung sollte nach dem Zwiebelprinzip kombinierbar sein. Warme Funktionsunterwäsche (Wolle) sowie Mütze und Handschuhe sollten zumindest im Gepäck dabei sein. Ebenso sollte ein Mückenschutzmittel in der Ausrüstung nicht fehlen.
Bei Mehrtagestouren muss ein passender Rucksack mit ausreichend Proviant, Schlafsack, Isomatte und Wechselkleidung mitgeführt werden.
Ein GPS-Gerät hilft bei der Eigen-Lokalisierung und der Orientierung und dient auch als Höhenmesser und Barometer. Wer längere Touren unternimmt, sollte stets eine Stirnlampe im Rucksack mitführen.
Wanderschuhe mit griffigen Sohlen und die Knöchel umschließenden Schäften ermöglichen ermüdungsfreies Gehen, sorgen für Rutschfestigkeit auf feuchtem Fels, bieten relative Sicherheit in sumpfigem Gelände und verhindern ein Umknicken des Fußes. Zusätzlichen Nässeschutz in Gras- und Buschgelände bieten Gamaschen.

Beste Wanderzeit, Klima und Wetter

Die Gegensätze zwischen dem atlantisch beeinflussten Küstenbereich und der kontinentalen Binnenregion sind in Mittelnorwegen extrem. Der war-

me Nordatlantikstrom sorgt ganzjährig für ein mildes Klima an den Küsten und auf den Inseln, während das Fjell im Binnenland erst im Juli ausapert und sich ab September/Oktober wieder in Schnee hüllt. Die weite Wasserfläche des Trondheimsfjorden gleicht ganzjährig als Wärme- bzw. Kältespeicher die Temperaturen aus, sodass hier verhältnismäßig milde Winter und Sommer die Regel sind. Am kältesten wird es im Gebirge im Grenzgebiet zu Schweden mit Wintertemperaturen von bis zu −40 °C.
Werden im langjährigen Schnitt vor der Namdalsküste 0 Wintertage gezählt, kommen Regionen im Grenzbereich zum schwedischen Jämtland auf 181 Winter- und 63 Sommertage. Im Gebiet um die ebenfalls an der Grenze zu Schweden gelegene historische Bergwerksstadt Røros sind 200 Frosttage im Jahr keine Seltenheit. Die atlantischen Westwinde bringen den küstennahen Gebieten Niederschläge von 1000 bis 2000 mm im Jahr, diese Niederschlagsmenge nimmt ab, je weiter man landeinwärts kommt, und liegt in den Grenzgebieten bei nur noch 500 bis 1000 mm jährlich.
Auch wenn das Phänomen der Mitternachtssonne in Mittelnorwegen nicht existiert, sind die Auswirkungen doch wahrnehmbar. Je nördlicher man unterwegs ist, desto länger ist es im Juni und Juli hell. Im Herbst und Winter kann man hingegen mit etwas Glück Polarlichter bestaunen.

Wettervorhersage

Um die Wetterlagen besser einschätzen zu können, sollte man das sehr gute Wetterportal yr.no des Norwegischen Meteorologischen Instituts verfolgen, welches detaillierte Angaben zu Orten und teilweise auch Gipfeln gibt. yr.no stellt die Wetterdaten einschließlich einer Zehn-Tages-Tendenz (langtidsvarsel) bereit.

Fjell

Als Fjell wird das Bergland oberhalb der Waldgrenze unabhängig von der Höhe über dem Meeresspiegel bezeichnet. Es umfasst in großer Vielfalt alle Geländeformen: Gipfel und Grate aller Schwierigkeitsgrade ebenso wie Gletscher, fruchtbare Almen und idyllische Seen, sanfte Kuppen und steile Geröllflanken, Moore, Schluchten, Canyons und Wasserfälle. Die landschaftlich schönsten Fjellregionen stehen als

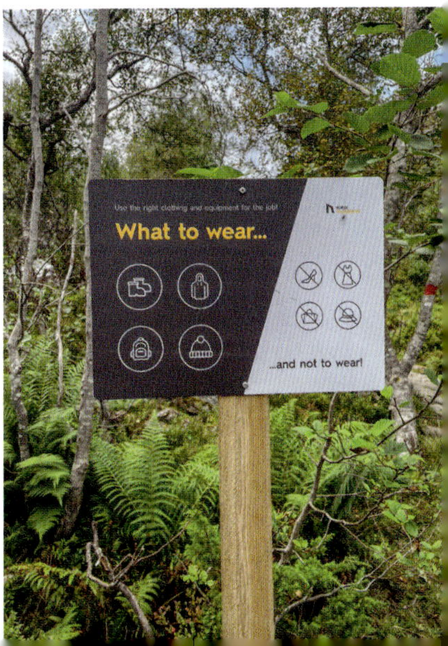

Hinweise für den Romsdalseggen (Tour 17).

Der Umwelt zuliebe ...

Auch beim Wandern hinterlassen wir einen ökologischen Fußabdruck, aber im Einklang mit der Natur unterwegs zu sein, ist gar nicht so schwer!

VORBEREITUNG UND ANFAHRT

- Sich vorab informieren, worauf in Bezug auf Natur und Umwelt in der jeweiligen Wanderregion besonders zu achten ist.
- Soweit möglich mit Bahn und Bus anreisen, Wander- und Rufbusse nutzen.
- Ist eine Anfahrt mit dem Auto nötig, Fahrgemeinschaften bilden.
- Bei weiten Anfahrten Mehrtagestouren planen oder von einem Quartier vor Ort aus mehrere Touren absolvieren.
- Flugreisen möglichst reduzieren und durch Beiträge zu Klimaschutzprojekten kompensieren.

KLEIDUNG UND AUSRÜSTUNG

- Beim Kauf von Outdoor-Kleidung auf umweltfreundliche und faire Herstellung achten und Kleidungsstücke möglichst viele Jahre nutzen.
- Ausrüstung kann man eventuell auch gebraucht kaufen oder ausleihen.
- Reparieren statt neu kaufen.

VERPFLEGUNG

- Beim Einkauf Bio-Ware, regionale und saisonale Erzeugnisse bevorzugen.
- Hütten und Gasthäuser auswählen, die regionale Produkte verwenden.
- Auf Einwegflaschen und Plastikverpackungen verzichten, stattdessen wiederverwendbare Trinkflaschen und Brotzeitboxen benutzen.

ÜBERNACHTUNG

- Bei lokalen Anbietern buchen, damit Menschen vor Ort profitieren.
- Auf Hütten und in anderen Unterkünften Strom und Wasser sparen.

UNTERWEGS

- Wege benutzen und Abkürzer vermeiden.
- Sperrungen von Wegen und Schutzgebieten respektieren.
- Keine Blumen pflücken und keine Pflanzen entnehmen.
- Waldbrandgefahr beachten.
- Müll wieder mit nach Hause nehmen und dort entsorgen.
- Toilettengänge in freier Natur möglichst vermeiden.
- Lärm vermeiden.
- Hunde an die Leine nehmen.

ROTHER
BERGVERLAG

Nationalparks unter Schutz. Ab dem 19. Jahrhundert wurde das Fjell für Bergsportaktivitäten und Zivilisationsfluchten entdeckt, heute sind die Fjellgebiete ein Eldorado für nahezu alle outdoororientierten Aktivitäten. Die Höhe der Nadelwaldgrenze variiert erheblich. In Ostnorwegen liegt sie bei 900–1100 m und im Fjordland bei nur 400–500 m, in Nordnorwegen sinkt sie bis auf Meeresniveau ab.

Vegetationszonen

Das Fjell gliedert sich in drei Vegetationszonen: Die artenreichste, aus der Wanderperspektive jedoch unbequemste untere Zone ist der feuchte, vergleichsweise fruchtbare Weidengürtel (lavalpin region/vierbeltet). Er wird geprägt von verschiedenen Weidenarten (Lappland-, Blaugrüne, Wollige Weide u. a.), einzeln stehenden Fjellbirken und kälteresistenten Laubbäumen wie Espe und Eberesche sowie einer üppigen Flora entlang von Bachläufen, in Mooren und Heiden mit typischen Pflanzen wie Moltebeere, Wollgras, Zwergbirke, Heidekraut und Heidelbeere. In der Vegetationszone oberhalb des Weidengürtels dominieren Gräser und grasartige Pflanzen (mellomalpin region). Diese aussichtsreiche Zone kann beim Wandern als am komfortabelsten empfunden werden. Wo die zusammenhängende Pflanzendecke endet und Fels, Verwitterungsgestein, Moose und Flechten dominieren, liegt der Hochgebirgsgürtel (høyalpin region).

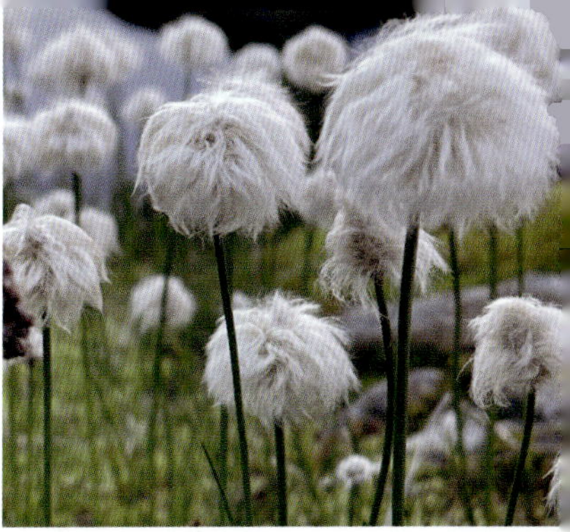

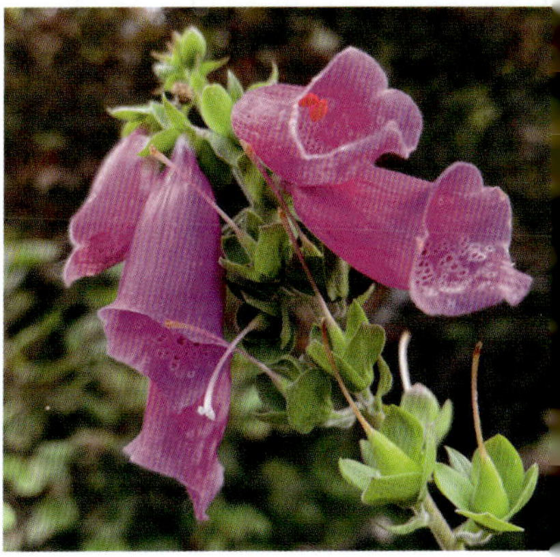

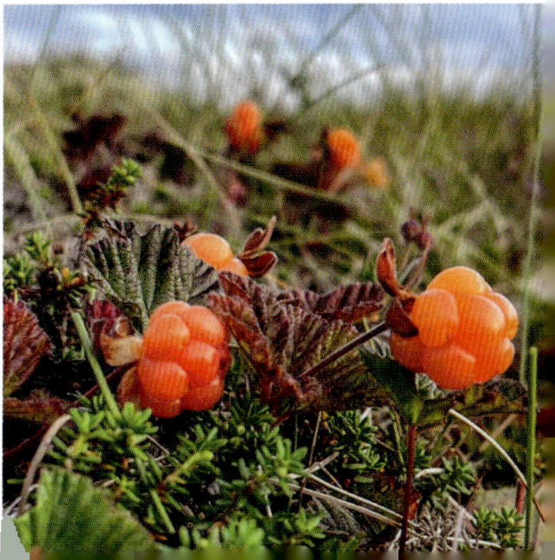

Wollgras, Fingerhut und Moltebeeren.

Wildren

In Norwegen gibt es einen Wildrentierbestand von 37.000 Tieren, die auf insgesamt 24 Wildrentiergebiete verteilt sind. Die Tiere leben in Fjellregionen, wie z. B. im Gebiet des Forollhogna nasjonalpark. Nähere Informationen hierzu findet man auf villrein.no.

In vielen Regionen führen die Ausweitung bebauter Areale (Hüttensiedlungen, touristische Infrastruktur) und das Erstarken des Wandertourismus bei den Rentieren zu einem hohen Stresspegel. Die für die Herdenwanderung notwendigen Areale werden immer mehr zerschnitten, sodass die Herden in ihrer Existenz bedroht sind. Daher hat der DNT beschlossen, bei einigen seiner Hütten zu bestimmten Zeiten nur eine eingeschränkte Nutzung zu erlauben. Andere Hütten werden rückgebaut sowie Straßen (zeitweise) geschlossen, Wanderwege gesperrt. In dem vorliegenden Wanderführer betrifft dies momentan nur das Gebiet der Touren 29 und 30. Bitte informieren Sie sich im Vorfeld einer Wanderung über den aktuellen Stand. Sollten Sie auf Ihren Wanderungen Rentieren begegnen, beachten Sie bitte folgende Verhaltensregeln: Halten Sie Abstand, gehen Sie den Tieren nicht entgegen und rufen Sie nicht nach ihnen. Beobachten und fotografieren Sie die Tiere aus großem Abstand sowie respektvoll und ruhig.

Gemütliche Übernachtung in der DNT-Hütte Vollasetra (Tour 32).

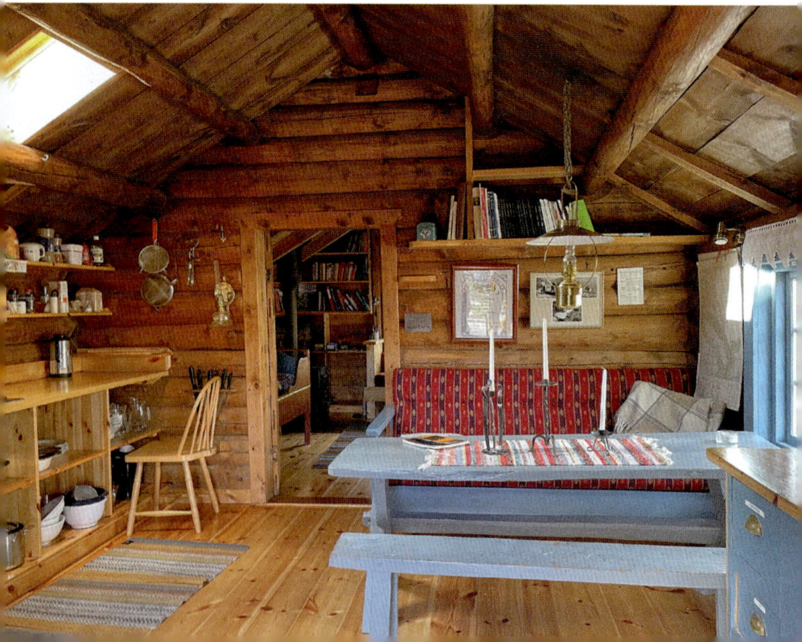

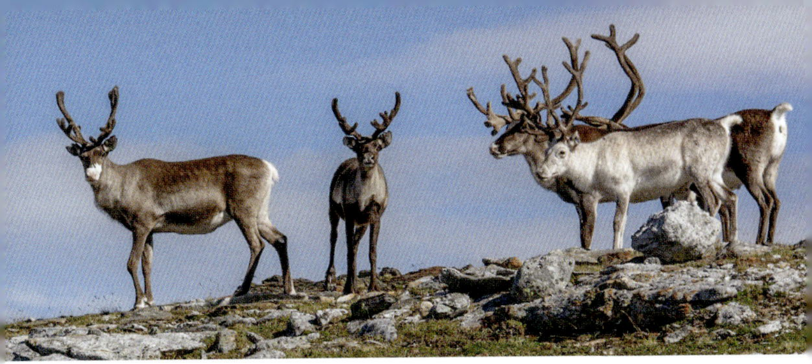

Rangifer tarandus: 25.000 Wildrentiere beweiden Süd- und Mittelnorwegen.

Wanderverein DNT

Der norwegische Wanderverein DNT (Den Norske Turistforening) ist mit über 300.000 Mitgliedern Norwegens größte Outdoororganisation. Das oberste Ziel des 1868 gegründeten Vereins lautet, sich für ein einfaches, aktives, vielseitiges und naturfreundliches Leben im Freien einzusetzen sowie die dazugehörenden natürlichen und kulturellen Grundlagen zu sichern. Organisiert sind die Mitglieder in 57 regionalen Mitgliedsvereinen im ganzen Land.

Neben dem Unterhalt von 20.000 km markierten Wanderwegen und über 7000 km Wintermarkierungen werden Gletscher-, Kletter- und andere Kurse sowie gemeinsame Touren für Jung und Alt organisiert. Insgesamt werden über 550 eigene Wanderherbergen und -hütten betrieben, die, zumindest wenn sie bewirtschaftet sind, auch Nichtmitgliedern offenstehen. Eine Mitgliedschaft lohnt sich bei einem Aufenthalt in den Herbergen und Hütten allemal und kann über die Internetpräsenz des DNT (deutsch.dnt.no) erworben werden. Man erhält gegen eine geringe Kaution den Generalschlüssel (nøkkel) für die Selbstversorgerhütten. Als Nichtmitglied zahlt man für die Übernachtung und Verpflegung einen weitaus höheren Preis.

Übernachtung in Hütten

Ist man nicht mit seinem eigenen Zelt unterwegs, ist der traditionelle Übernachtungsstandard in Norwegen die hytta (Hütte). Diese Hütten werden nicht nur vom DNT, sondern auch vom Staatsforst, dem Norwegischen Jäger- und Anglerverein, Gemeinden oder privaten Unternehmungen geführt. Die Hütten sind unterschiedlich ausgestattet und bieten eine Bandbreite, die vom Berghotel mit Vollpension bis hin zur einfachen Selbstversorgerhütte mit nur zwei Schlafplätzen reicht. Sie werden in drei Kategorien unterteilt: betjent (bewirtschaftete Hütte), selvbetjent (verproviantierte Selbstversorgerhütte) und ubetjent (unverproviantierte Selbstversorgerhütte).

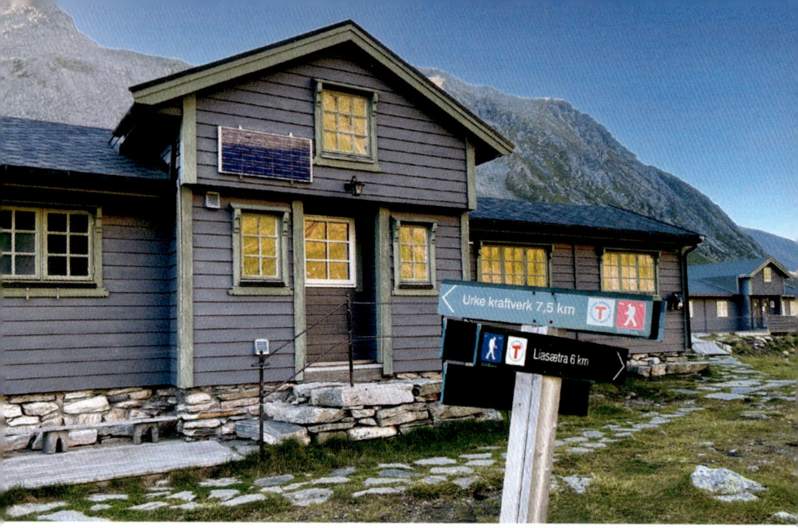

Die Patchellhytta im Slogen-Gebiet (Touren 10 und 11).

- **Betjent:** Hierbei handelt es sich um Hütten (Herbergen, Berghotels) mit zum Teil hohem Standard: mit 1- bis 4-Personen-Zimmern, Schlafsälen und Matratzenlagern sowie buchbarer (Voll-) Verpflegung. Als Mitglied muss bei Vollverpflegung (inklusive Wegproviant) für Erwachsene mit einem Preis von mindestens 90 € aufwärts (je nach Übernachtungskategorie) gerechnet werden. Der reine Übernachtungspreis beträgt ca. 40 € aufwärts, es können auch einzelne Mahlzeiten gebucht werden. Ebenso kann nur die Verpflegung in Anspruch genommen werden. Mitgebrachtes Essen darf in der Regel nicht verzehrt werden. Die Unterkünfte sind nicht ganzjährig geöffnet, teilweise haben sie für die unbewirtschaftete Zeit separate, mit einem Schlüssel zugängliche Räumlichkeiten (Selbstversorgertrakt).
- **Selvbetjent:** Hierbei handelt es sich um verproviantierte Selbstversorgerhütten mit 1- bis 8-Personen-Schlafräumen, Küchenausrüstung und einem umfangreichen Trocken- und Konserven-Lebensmittellager. Die Hütten sind (wenn sie dem DNT gehören) mit dem Generalschlüssel (nøkkel) verschlossen und können gegen Gebühr auch für einen Tagesbesuch genutzt werden.
- **Ubetjent:** Diese Selbstversorgerhütten haben keinerlei Lebensmitteldepot. Sie bieten 2 bis 30 Schlafplätze, verfügen über eine Küchenausstattung und sind sehr gemütlich. Auch diese Hütten sind gegebenenfalls mit einem Generalschlüssel verschlossen und können für eine Rast tagsüber genutzt werden.

Mittlerweile sind alle DNT-Hütten reservierbar, bei einigen ist dies sogar dringend anzuraten. Aktuelle Öffnungszeiten sowie weitere Informationen zu den Hütten findet man auf ut.no. Auch ein Schlafplatz in einer der Selbstversorgerhütten kann meistens reserviert werden. Bezahlt wird dann nach erfolgter Übernachtung (und eventueller Lebensmittelentnahme) bequem per Hüttenbezahl-App (DNT-Hyttebetaling) oder per Überweisung. Prinzipiell sollte man einen Hüttenschlafsack oder einen eigenen Schlafsack mitführen. Man ist dazu aufgefordert, aufzuräumen und alles so zu hinterlassen, wie man es vorgefunden hat.

Mehrtagestouren, Zelten

Übernachtet man auf den Mehrtagestouren nicht auf Hütten, sondern ist mit dem Zelt unterwegs, so müssen einige Dinge beachtet werden. Generell gelten die Regeln des Jedermannsrechts (Seite 13). Bei der Auswahl des Schlafplatzes ist besondere Vorsicht geboten. So darf nicht zu nah an Gewässern gecampt werden, das Benutzen von Seifen und Ähnlichem sollte man unterlassen, sämtlicher Müll muss wieder mitgenommen werden (nicht vergraben oder verbrennen). Die für die Touren benutzten Zelte sollten eine möglichst hohe Windstabilität aufweisen; 3-Jahreszeiten-Schlafsäcke sind empfehlenswert. Die Versorgung mit Wasser stellt in der Regel kein Problem dar (Vorsicht in Gebieten mit weidenden Tieren).
Einige DNT-Herbergen haben einen kleinen Zeltplatz, der sich gut als »Basislager« eignet, da man einiges von der Infrastruktur der Herberge mitbenutzen kann.

Die neue Ramsjøhytta am Rande des Skarvan og Roltdalen nasjonalpark (Tour 47).

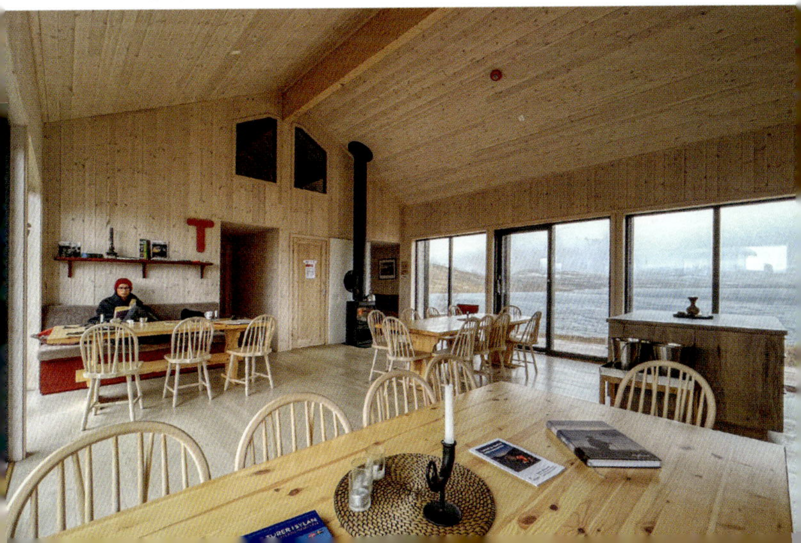

Wandern im Nationalpark

Bei Wanderungen innerhalb eines Nationalparks gelten im Großen und Ganzen die Regeln des Jedermannsrechts (Seite 13). Es gibt jedoch von Park zu Park verschiedene gesonderte Regeln, die es zu beachten gilt. Geregelt wird dort u. a. das prinzipielle Übernachten, das Fliegen von Drohnen (in der Regel verboten) und die Nutzung von nichtmotorisierten Fahrrädern (E-Bikes sind verboten). Die jeweiligen Regeln findet man auf Informationstafeln und in Informationsbroschüren.

Wandern mit Kindern

Wir haben einige der Touren mit dem Symbol »für Kinder geeignet« versehen. Diese Wanderungen sind für jüngere Kinder oder aber auch für prinzipiell weniger geübte Wanderer gut geeignet. Sie zeichnen sich durch verschiedene Qualitäten aus: Entweder sind sie besonders kurz und einfach zu wandern oder sie bieten eine abwechslungsreiche Tageswanderung an. Je nach Alter, Fähigkeiten und Kondition sind natürlich so gut wie alle der im Wanderführer vorgestellten Touren auch für Kinder und Jugendliche machbar. Bei Wanderungen in heterogenen Gruppen sollte prinzipiell klar sein: Das schwächste Glied bestimmt das Tempo und den zu meisternden Schwierigkeitsgrad. Bei der Auswahl der Touren ist es notwendig, die Fähigkeiten aller Gruppenmitglieder zu berücksichtigen. Manche Touren lassen sich auch in einen leichteren und schwereren Abschnitt teilen.

Rechts oder links entlang?

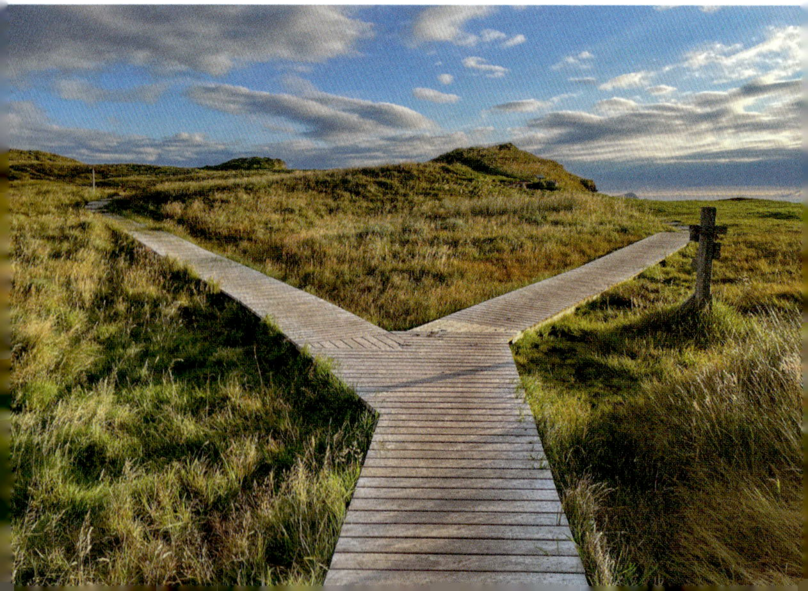

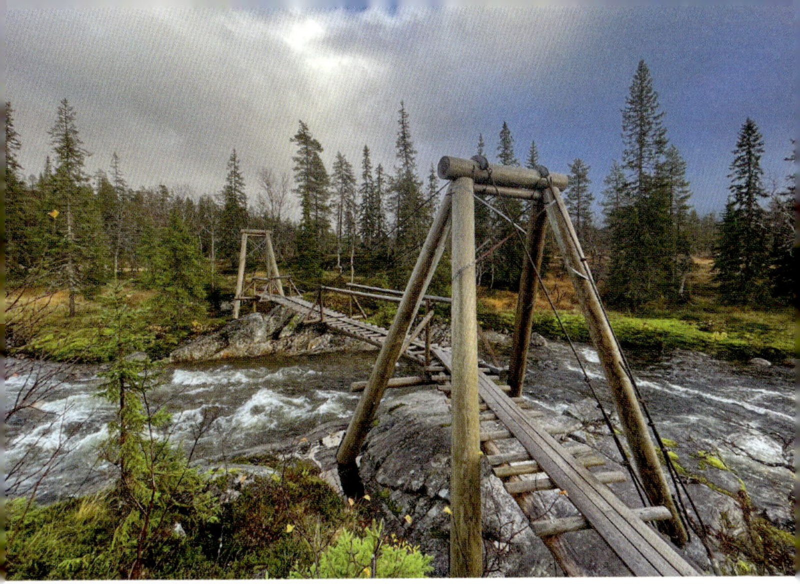

Hängebrücke über die Smeelehjohke/Storelva im Børgefjell nasjonalpark (Tour 52).

Bachquerungen

Immer wieder müssen Bäche, auch breitere, auf Trittsteinen durchquert werden. Diese können wackeln sowie rutschig und je nach Witterung so hoch überflutet sein, dass sie nicht mehr sichtbar sind. Ein Handtuch gehört also zur Rucksack-Grundausstattung. Als praktisch haben sich Wandersandalen oder Turnschuhe erwiesen, die vor Verletzungen auf dem Stein- und Felsuntergrund schützen; Wanderstöcke können beim Balancieren unterstützen. Während der Schneeschmelze oder nach starken Niederschlägen können größere Wasserläufe so reißend sein, dass vom Versuch einer Durchquerung dringend abzuraten ist.

Die meisten Wasserläufe werden auf Brücken überquert. Sommerbrücken werden im Unterschied zu festen Ganzjahresbrücken nach der Schneeschmelze montiert und bei Einsetzen der Schneefälle wieder abgebaut. Sie sind meist geländerlos und oftmals nur schmale Holzstege, gerne auch schräg; manchmal handelt es sich nur um einen Baumstamm (der rutschig sein kann). Ganzjahresbrücken hingegen sind häufig mit Geländern ausgestattet. Hängebrücken erschrecken so manche Wanderer durch ihre Trampolinwirkung, wenn sie bei unvorsichtigem Schritttakt zu schwingen beginnen. Die Hängebrücken sollten nur langsam begangen und dürfen nur einzeln betreten werden. Für nicht Schwindelfreie können Hängebrücken sowie Brücken über felsige Schluchten ein mentales Problem darstellen.

NÜTZLICHES VON A BIS Z

Anreise

Die Hauptanfahrtsrouten mit dem Auto verlaufen über die verschiedenen Fährverbindungen.

Die Kreuzfahrtfährschiffe der Reederei Color Line (colorline.de) laufen täglich um 14 Uhr in Kiel aus und machen am nächsten Vormittag um 10 Uhr in Oslo fest; sie sind die größten Autofähren der Welt.

Die Autofähren der Reederei Fjordline (fjordline.de) verbinden in 20 Stunden (mit Zwischenstopp in der Ölmetropole Stavanger) die dänische Hafenstadt Hirtshals und die westnorwegische Hansestadt Bergen miteinander.

Stena Line bietet die Verbindung Kiel – Göteborg (Abfahrt 18.45 Uhr, am Wochenende 17.45 Uhr; Ankunft 9.15 Uhr) an, ab Göteborg geht es via Autobahn bis Oslo oder über Schweden in die Gebiete entlang der Grenze zwischen Norwegen und Schweden.

Weitere Möglichkeiten sind tagsüber verkehrende Fähren von Kopenhagen nach Oslo und von Hirtshals nach Kristiansand, Langesund und Larvik sowie nach Oslo von Hirtshals und Frederikshavn aus.

Am längsten ist man unterwegs, wenn man fährfrei über den Store Belt und den Öresund reist.

Die Hurtigruten-Schiffslinie zwischen Bergen und Kirkenes wird von den Reedereien Hurtigruten AS (hurtigruten.de) und Havila Kystruten (havilavoyages.com) bedient. Ab Bergen folgt sie via Måløy, Ålesund, Molde, Kris-

Auf der Landschaftsroute Atlanterhavsvegen.

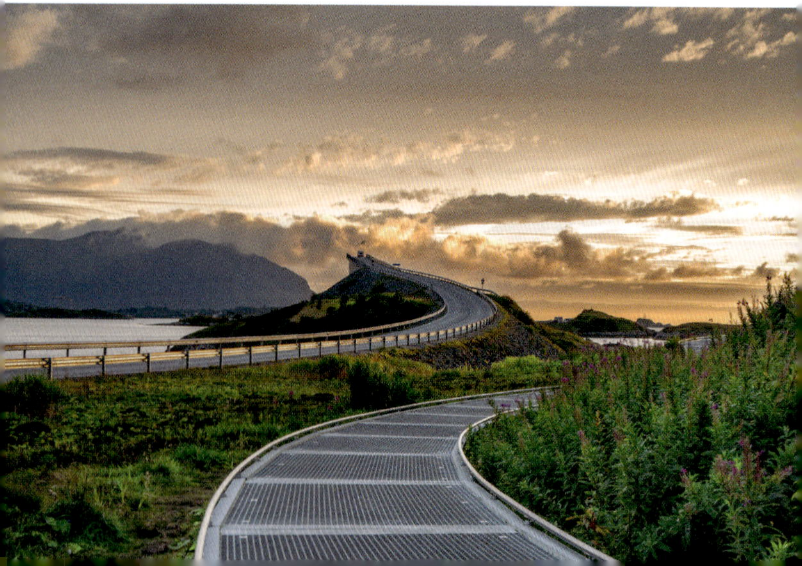

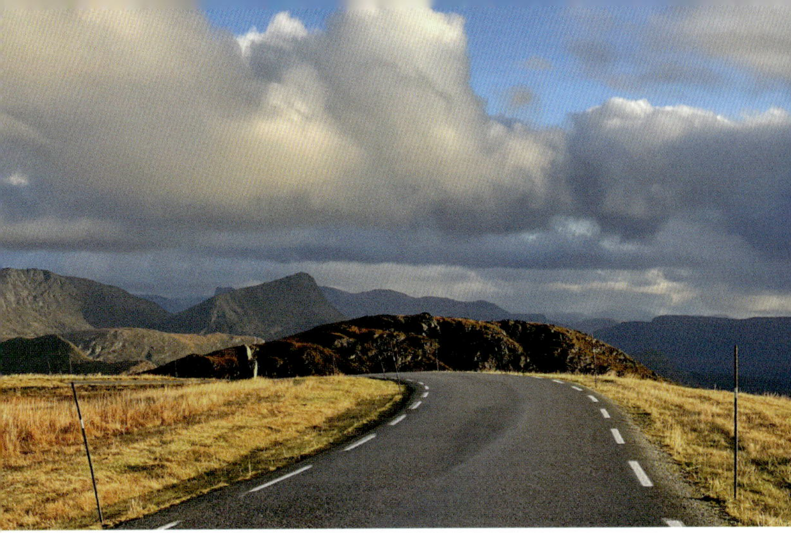

Auf dem Weg nach Kråkenes fyr auf der Insel Vågsøy.

tiansund, Trondheim und Rørvik der Küste Mittelnorwegens. Die Schiffe werden als Kreuzfahrtschiffe und als öffentliche Verkehrsmittel genutzt.
Die zentrale Verkehrsader durch ganz Norwegen ist die Europastraße 6 (E 6), die von Oslo bis Kirkenes führt. Von ihr zweigen alle wichtigen Straßen zur Küste sowie ins Fjell im Grenzgebiet zu Schweden ab.
Mit dem Zug gelangt man von Deutschland aus via Hamburg, Kopenhagen und Göteborg bis Oslo. Von da aus geht es weiter mit der Dovrebanen bis Trondheim, der Raumabanen nach Åndalsnes und der Rørosbanen bis nach Plaassja/Røros.
Flugtechnisch ist Norwegens größter Flughafen Oslo Gardermoen die zentrale Drehscheibe, um weiterzukommen. Von hier aus geht es weiter mit einem gemieteten Auto, per Bus oder Bahn sowie mit weiteren Flugzeugen in die verschiedenen Regionen des Landes.

Einkaufen und Einkehren

Bei seinen Planungen sollte man bedenken, dass die Entfernungen zwischen den einzelnen Ortschaften zuweilen sehr groß sein können. Insbesondere wenn man in entlegenen Gebieten wandert, kann im nächstgelegenen kleinen Ort ein Landhandel gänzlich fehlen bzw. er hat nach der Tour bereits geschlossen.
Prinzipiell gilt: je größer die Ortschaft, desto größer das Angebot und die Auswahl. Grundsätzlich gibt es aber selbst im kleinsten Landhandel Frischwaren in guter Qualität. In den letzten Jahren hat sich auch das Angebot

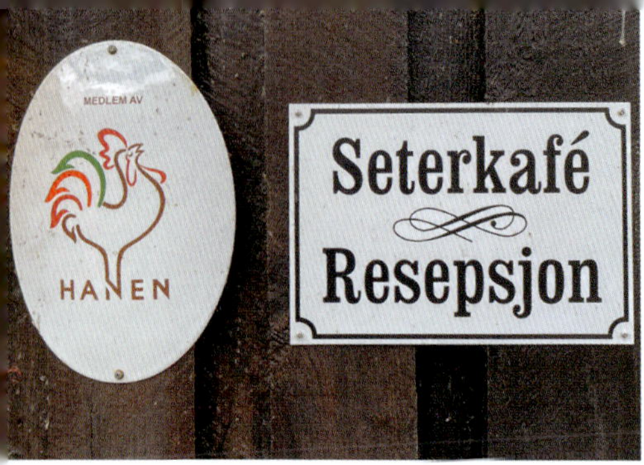

Café am Renndølsetra im Innerdalen (Tour 28).

für Vegetarier vergrößert. Das Preisniveau für Lebensmittel ist in Norwegen höher als in Deutschland oder Österreich bzw. ähnlich dem der Schweiz.

Einkehrmöglichkeiten gibt es insgesamt relativ viele, insbesondere in größeren Städten und entlang der nationalen Landschaftsrouten. In den Berghotels und Herbergen kann auch ohne Übernachtung gespeist werden. Das Frühstücksbuffet (frokost) gibt es relativ preisgünstig. Das norwegische Mittagessen (lunsj) besteht aus einem Imbiss oder einer reinen Brotmahlzeit. Die Hauptmahlzeit des Tages ist das warme middag, das am späten Nachmittag und frühen Abend serviert wird. Die traditionelle norwegische Küche ist sehr stark von Fisch- und Fleischspeisen geprägt. Sehr beliebt sind zudem Waffeln mit Sahne und Marmelade. Die Auswahl an verschiedenen Molkereiprodukten ist zwar nicht groß, aber dafür von herausragender Qualität. Immer wieder findet man auch kleine Hofläden und Käsereien mit leckeren Spezialitäten. Hinzugekommen sind in den letzten Jahren, wie überall, Pizzen, Burger (besonders beliebt an Tankstellen, auch in vegetarischen Varianten oder mit Kabeljau erhältlich) und Tex-Mex-Gerichte. Die früher allgegenwärtigen pølse (Wiener) mit lomper (ein Kartoffelmehlfladen) sind beinahe vollkommen verschwunden. Für die gesunde Ernährung der Bevölkerung wird von staatlicher Seite (sowie der Supermarktketten) ein großer Aufwand betrieben – bis hin zum ordentlichen Schulfach »Gesundheit und Ernährung«. Mittlerweile gibt es immer mehr Spitzenrestaurants mit einer sehr modernen und experimentellen Küche.

Nicht vergessen sollte man, dass alkoholische Getränke (mit der Ausnahme von Bier) in Norwegen außerhalb von Restaurants nur in den Läden des Vinmonopolet verkauft werden, welche zu eingeschränkten Zeiten geöffnet haben.

Fähren

Reist man nicht gerade im Binnenland, so wird man in Norwegen mehr oder weniger häufig Fährverbindungen nutzen. Zur Überwindung der Fjorde, die bis zu 100 km ins Landesinnere hineinragen oder um auf Inseln zu gelangen – es gibt unzählige Fährrouten, auch entlang bedeutender Straßenverbindungen. Nach und nach werden immer mehr E-Fähren eingesetzt. Das erste Schiff dieser Art war die »Ampere«, welches seit 2015 über den Sognefjord fährt (auf der E 39 zwischen Lavik und Oppedal).

Die Fährpreise sind für Fahrzeuge bis 6 m Länge sehr moderat, vereinzelt gibt es sogar Verbindungen, die gratis sind. Mittlerweile zahlt man auf Autofähren nur noch für das zu befördernde Fahrzeug, Fuß- und Fahrradpassagiere fahren gratis mit.
Die Bezahlung erfolgt mittels elektronischer Erfassung. Die Kennzeichen werden fotografiert und man erhält eine (gebührenpflichtige) Rechnung zugesandt. Mit FerryPay gibt es die Möglichkeit, eine gebührenfreie Direktabbuchung von der Kreditkarte zu vereinbaren (Informationen auf Englisch zu dieser und weiteren Bezahlmöglichkeiten findet man unter autopassferje.no/en). Die Fahrpläne findet man online bei den jeweiligen Fährgesellschaften oder über entur.no.

Feiertage und Ferien

Gesetzliche Feiertage sind Gründonnerstag (skjærtorsdag), Karfreitag (langfredag), Ostermontag (annen påskedag), Christi Himmelfahrt (Kristi himmelfartsdag), Pfingstmontag (annen pinsedag) und erster und zweiter Weihnachtsfeiertag (første und annen juledag) sowie Neujahr (nyttår), der 1. Mai (første mai) und der Nationalfeiertag (nasjonaldag) am 17. Mai (søttende mai). Der Nationalfeiertag der Sami ist der 6. Februar.
Hauptreisezeit in den Ferienzeiten sind jeweils die Woche vor und nach Ostern sowie Anfang Juli bis Anfang August.

Internet, Telekommunikation

Unterkünfte, auch Campingplätze, bieten meistens einen kostenfreien Zugang zum Internet an. Zu beachten ist, dass beim Wandern nicht immer mit einer durchgehenden Netzabdeckung gerechnet werden kann! In Norwegen fallen keine Roaminggebühren an.

NOTRUFE

Europäischer Notruf: 112
Notfalldienst: 113
Arzt: 116 117
Feuerwehr: 110
Polizei: 112
Abschleppdienst Falck: 02 222
Abschleppdienst Viking: 06 000

Öffentliche Verkehrsmittel

Der nationale Online-Reiseplaner entur.no listet alle Verkehrsverbindungen – Bus, Bahn, Schiff, Flugzeug – zwischen Ausgangs- und Zielpunkt einschließlich aller Zwischenstopps und Umsteigehaltestellen auf. In besonderen Fällen wird bei den Touren in der Kurzinfo auf lokale Fahrdienstleister hingewiesen.
NOR-WAY Bussekspress (nor-way.no) bedient ein weitläufiges Netz an Expressbusverbindungen und wird bei der Anreise zu Wanderausgangspunkten an großen Straßen viel benutzt. Abseits der großen Straßen kann man von Glück sprechen, wenn zumindest im Sommerhalbjahr einmal täglich ein Bus fährt. Man sagt dem Fahrer, wo man aussteigen will, und fragt, wann man am nächsten Tag wieder zusteigen kann.

KLEINES WANDER-WÖRTERBUCH

Norwegisch	Deutsch
å, åa	kleiner Fluss
bekk, -en	Bach
berg, -et	Berg
botn, -en	inneres Tal-/ Fjordende
bre, -en	Gletscher
bro, -a/bru, -a	Brücke
bu, -a	(Alm-)Hütte
bukt, -a	Bucht
by, -en	Stadt
dal, -en	Tal
egg, -en	Grat
eid, -et	Landenge
elv, -a	Fluss
fare, -en	Gefahr
ferge, -a/ferje, -a	Fähre
fjell, -et	Bergland über der Baumgrenze
fly, -a/-en	Hochfläche
fonn, -a/-en	Firn
foss, -en	Wasserfall
fylke, -et	Provinz
fyr, -et	Leuchtturm
gjel, -et	Klamm
grotte, -a/-en	Höhle
haug, -en	Anhöhe, Hügel
hav, -et	Meer, die See, Ozean
hei, -a/-en	grasbewachsene Hochfläche
hjelp, -en	Hilfe
hola, -a/-en	Höhle
hule, -a/-en	Höhle
holm/holme, -en	Schäre
hytte, -a/-en	Hütte, Berghotel
hø, -a/-en	Kuppe
høgd, -a/høyde,-en	Höhe, Anhöhe, Höhenzug
is, -en	Eis
juv, -et	Schlucht
kommune	Gemeinde
kyst, -en	Küste
myr, -a/-en	Moor
nasjonalpark, -en	Nationalpark
nykkel, -en	Schlüssel
nøkkel, -en	Schlüssel
ras, -et	Lawine

Norwegisch	Deutsch
regn, -et	Regen
rygg, -en	Bergrücken
seter, -a/-en	Alm
sjø, -en	der/die See
skar, -et/skard,-et	Scharte, Sattel
skog, -en/skau, -en	Wald
snø, -en	Schnee
sol, -a/-en	Sonne
sti, -en	Pfad, Steig
strand, -a/-en	Strand
støl, -en	Alm, Almhütte
telt, -et	Zelt
tid, -a/-en	Zeit
time, -en	Stunde
tind, -en	Gipfel (spitz, alpin)
tjørn, -a/tjern, -et	kleiner See
topp, -a/-en	Gipfel (generell)
tur, -en	Tour
ur, -a/-en/urd, -a	Geröll
utsikt, -a/-en	Aussicht
vann, -et/vatn, -et	See
varde, -en	Steinmännchen
veg, -en/vei, -en	Straße, Weg
vidde, -a/-en	Hochfläche
vær, -et	Wetter
øy, -a/-en	Insel
bratt	steil
farlig/farleg	gefährlich
forbudt/forby	verboten
full	voll
gå	gehen
krevende	anspruchsvoll
ledig	frei
lille/litle	klein
nedre/nedra	untere/-r/-s
nord	Norden
nordlig/nordleg	nördlich
stengt	geschlossen
stor	groß
sør, søre/søndre	Süden, südlich
ut	hinaus, heraus
vandre/vandra	wandern
vest, vestre	Westen, westlich
øst/aust, østre/austre	Osten, östlich
øvre	obere/-r/-s
åpen/open	offen

Sprachen und Schreibweisen

Amtssprachen sind in Norwegen die zwei Standardvarietäten der norwegischen Schriftsprache bokmål (von 88 % der Bevölkerung benutzt) und nynorsk (von 12 % der Bevölkerung benutzt) sowie die drei samischen Sprachen nordsamisk, lulesamisk und sørsamisk. Bei bokmål handelt es sich um eine überwiegend auf dem Dänischen basierende norwegisierte Sprachvarietät, während nynorsk vor allem auf ländlichen norwegischen Dialekten basiert. Zu diesen standardisierten und immer wieder reformierten Schriftformen kommen verschiedene Dialekte hinzu. Die Gemeinden (kommune) sowie Schulbezirke entscheiden über die für sie geltende Schriftsprache. In 25 % der Gemeinden (die sich überwiegend in Westnorwegen befinden) ist die Amtssprache nynorsk, in 33 % der Gemeinden bokmål und die restlichen Gemeinden sind neutral. Dies alles erleichtert das Verstehen der norwegischen Sprachen nicht gerade, zumal geschriebenes und gesprochenes Wort häufig auch stark voneinander abweichen. Die amtliche Schreibweise von Statens kartverket auf Karten und auf Schildern basiert auf der vor Ort angewendeten Schriftsprache. Diese wiederum wird von den Internetsuchmaschinen, den Informationsportalen- und Broschüren sowie dem DNT benutzt. Ebenso wird im vorliegenden Wanderführer verfahren.

Straßenverkehr und Infrastruktur

Das öffentliche Straßennetz Norwegens besteht aus über 93.000 Kilometern, von denen ca. 10.000 km sogenannte riksveier (Staatsstraßen, zu denen auch die mit einem »E« gekennzeichneten Europastraßen gehören) und 44.000 km fylkesveier (Provinzstraßen) sind. Sie werden auch häufig mit den Kürzeln »Rv« und »Fv« benannt. Eine nummerierte Beschilderung der Straßen erfolgt nur bei den Europastraßen (grün), den Rv (grün) und in der Regel bei den zwei- und dreistelligen Fv (weiß). Nichtsdestotrotz werden im vorliegenden Wanderführer bei den Anfahrtsbeschreibungen auch die vierstelligen Straßennummern genannt. Bei älteren Straßenkarten (und google) muss beachtet werden,

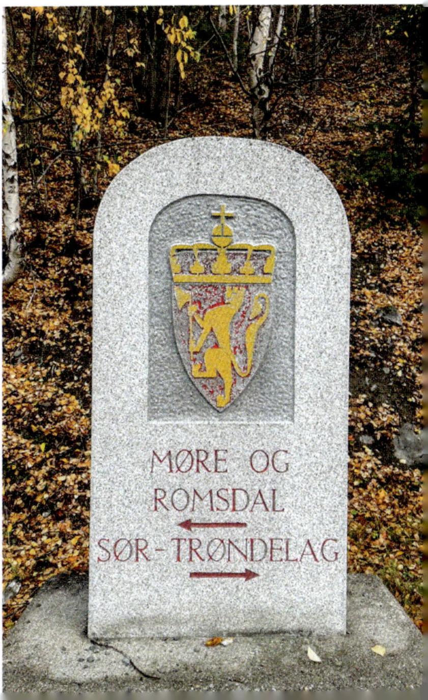

Grenzstein im Tal der Driva.

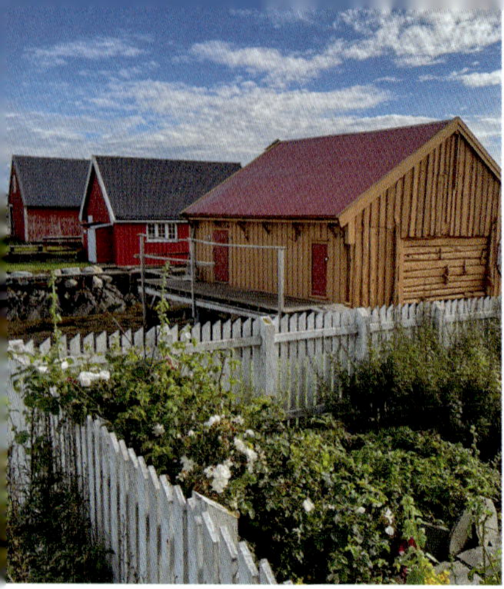

Auf Veiholmen (Smøla).

dass nach den neuesten Reformen die Nummerierung zum Teil nicht mehr übereinstimmt. Eine sehr gute Orientierung über das Straßennetz gibt die von Statens vegvesen (staatliche Kraftfahrzeug- und Verkehrsbehörde) betriebene Site vegkart.atlas.vegvesen.no. Zusätzlich zu den öffentlichen Straßen gibt es viele privat unterhaltene Mautstraßen (bomveier), für die eine Maut – entweder bar oder per Kreditkarte – entrichtet werden muss. Eine Maut wird in Norwegen außerdem auf öffentlichen Straßen erhoben, um die Straßennutzung zu steuern (bevorzugt in Großstädten) und um Verkehrsbauprojekte wie Straßen-, Brücken- und Tunnelbauten zu refinanzieren. Zur Begleichung der Maut werden die Fahrzeuge elektronisch per Kamera erfasst. Die Rechnung erhält der Fahrzeughalter von der schwedischen Firma Epass 24 direkt nach Hause. Es ist auch eine vorherige Registrierung unter epass24.com möglich.

Die zulässige Höchstgeschwindigkeit beträgt in Norwegen innerhalb geschlossener Ortschaften 50 km/h, außerhalb 80 km/h, auf Schnellstraßen/Autobahnen 90–110 km/h; die Alkoholgrenze liegt bei 0,2 Promille. Verkehrsverstöße werden mit drastischen Strafen bis hin zu Gefängnis geahndet.

18 Straßenabschnitte sind zu Nasjonale turistvegene (Landschaftsrouten) gekürt worden. Sie bestechen durch eine außergewöhnlich schöne Landschaft kombiniert mit touristischen Attraktionen und architektonischen Highlights sowie Rastplätzen und Aussichtspunkten am Wegesrand. Schlussendlich führen aber viele Straßen durch fantastische Landschaften – über Fjelle, entlang der Küsten, über grandiose Brückenbauten, durch (zuweilen gewöhnungsbedürftige) Tunnel und über steile, sich in Serpentinen windende Passstraßen. Mancher Streckenabschnitt ist nicht für jedes Gefährt und auch nicht für jedermanns Nerven geeignet. Hinweise zur Unpassierbarkeit für größere Wohnmobile und Gespanne sollte man unbedingt beherzigen. Lässt die geringe Breite mancher Gebirgsstraßen eine Zweispurigkeit nicht zu, so signalisieren Schilder mit dem Buchstaben »M« (møteplass = Treffpunkt) Ausweichstellen.

Gebirgsstraßen und insbesondere private Mautstraßen können bis in den kalendarischen Sommer hinein von Schnee bedeckt sein. Viele Passstraßen sind – in Abhängigkeit von den Schneeverhältnissen – von Oktober bis in den Frühsommer hinein gesperrt (stengt). Über Sperrungen (stengninger)

und vorgeschriebenes Kolonnefahren (kolonnekjøring) informiert Statens vegvesen auf vegvesen.no, genaue Informationen über die Wetterverhältnisse erhält man auf dem Wetterportal yr.no.
Insbesondere in Berggegenden ist jederzeit damit zu rechnen, dass sowohl Wildtiere (Elche, Füchse u.a.) als auch Nutztiere (Schafe, Kühe) die Fahrbahn queren.
Obwohl das Tankstellennetz gut ausgebaut ist, sollte man, insbesondere bei entlegenen Straßen im Fjell, daran denken, dass die nächste Tankmöglichkeit weit entfernt sein kann. Viele Tankstellen sind zudem Selbstbedienungs-Tankstellen, sodass man seine Kreditkarte nebst PIN parat haben sollte.

Unterkünfte

Übernachtungsmöglichkeiten gibt es in verschiedenen Preiskategorien. Neben Hotels mit sehr gutem Standard findet man in vielen Gegenden auch Unterkünfte in Ferienhäusern oder über Airbnb. Campingplätze sind meistens sehr schön gelegen und großzügig angelegt. Die Preise sind moderat, der Standard eher rustikal. Häufig bieten sie Hütten als eine alternative Übernachtungsmöglichkeit an.

Zahlungsmittel

In Norwegen kann fast überall mit Kreditkarte und PIN bezahlt werden, sodass prinzipiell kein Bargeld nötig ist. Dennoch ist das Mitführen einer kleinen Summe in Kronen empfehlenswert, da nicht alle Mautstellen im Fjell mit elektronischen Schranken und Kartenautomaten ausgerüstet sind. Geldautomaten (Minibank) gibt es bei den Bankinstituten in den größeren Orten bzw. an Supermärkten.
Ein Bargeldumtausch vor Ort ist nicht möglich. Achtung: Für das in Norwegen übliche Bezahlen mit der Bezahlapp vipps benötigt man ein norwegisches Bankkonto.

Zollbestimmungen

Die aktuellen Zollbestimmungen erfährt man unter toll.no. In der Rubrik »Reise« stehen alle notwendigen Informationen in deutscher Sprache. Insbesondere sind hier die Bestimmungen für die Einfuhr von Alkoholika und Lebensmitteln sowie die Ausfuhr von gefangenem Fisch von Bedeutung.

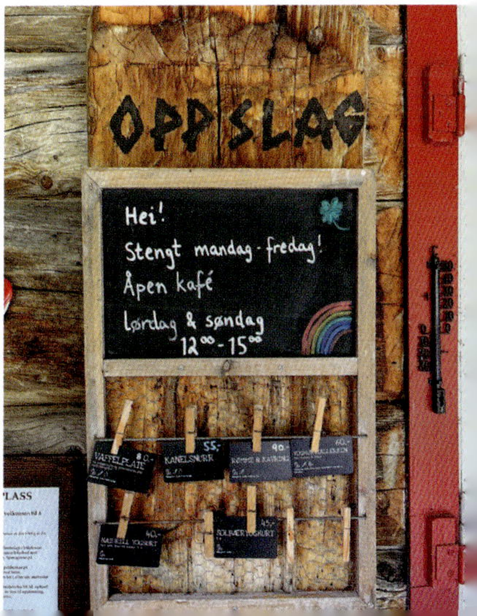

Im Innerdalen (Tour 28).

DIE WANDERGEBIETE IN NORWEGEN MITTE

Nordfjord

Die Wandergebiete rund um den Nordfjord gehören administrativ zur Fylke Vestland (bis 2020 Sogn og Fjordane). Der Fjord ist der sechstlängste Norwegens und erstreckt sich von der Insel Husevågøy im Westen bis an die Ausläufer des Jostedalsbreen über 100 km weiter östlich in der Kommune Stryn.

Neben dem Aufstieg in die hochalpine Gipfelwelt der Skåla (Tour 1) mit Weitblicken über den faszinierenden Jostedalsbreen halten die Bergtäler in der Region Stryn eine Vielfalt an Aktivitäten und Attraktionen bereit: Wanderungen zu Gletscherzungen des Jostedalsbreen und malerischen Setersiedlungen im Lodalen und Oldendalen oder auch Radtouren, Angelausflüge sowie die spektakuläre Fahrt mit einer der steilsten Seilbahnen der Welt, dem Loen Skylift (Tour 2).

Fährt man in Richtung Westen entlang des Nordfjord, so gelangt man in den Verwaltungssitz Nordfjordeid mit seiner schönen Altstadt und dem Wikingerzentrum Skagastad, welches den Nachbau des Myklebustskipet beherbergt. Die Überreste des größten in Norwegen gefundenen Wikingerschiffes wurden in der Nähe in einem Grabhügel ausgegraben.

Oberhalb des Berlepollen auf dem Weg zum Gipfel des Hornelen (Tour 3).

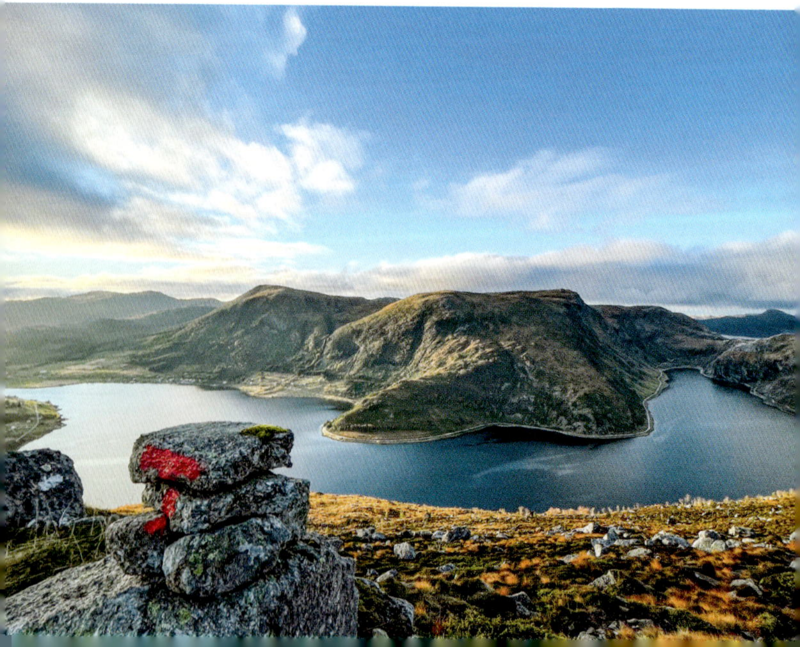

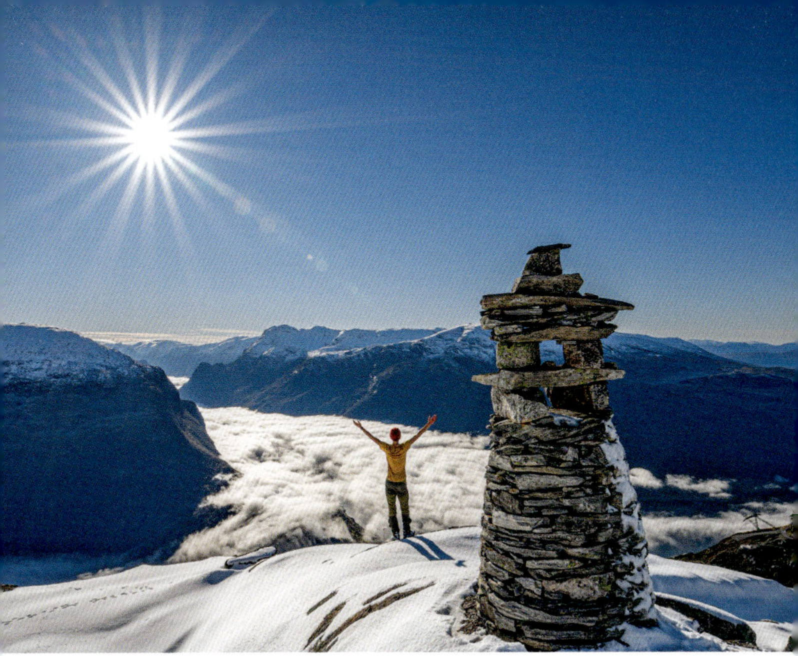

Im Anstieg zur Staurinibba mit Blick ins Oldedalen (Tour 2).

Auf der Südseite des Nordfjord befindet sich auf einem plateauartigen Felsmassiv, eingebettet in eine der außergewöhnlichsten Felsformationen, der Ålfotbreen, Norwegens westlichster Gletscher.
Zum Meer hin wird die Region Nordfjord von vielen Inseln und Halbinseln abgeschlossen. Die größte ist die südlich gelegene Insel Bremangerlandet, auf der sich mit 860 m Höhe die höchste Klippe Europas, der Hornelen (Tour 3), befindet. Auf Vågsøy laden weiße Sandstrände zum Verweilen ein und Küstenstraßen und -steige bringen einen zu entlegenen Leuchttürmen (Tour 4) und zum berühmten Kannesteinen, einem gut 4 m hohen Stein, der durch die Kraft des Wassers und losen Gesteins in die Form eines Pilzes geschliffen wurde. Um die raue und für kleinere Schiffe gefährliche See Stadhavet nicht mehr umschiffen zu müssen, wird in den kommenden Jahren im Süden der Halbinsel Stadlandet ein Schiffstunnel gebaut. In unmittelbarer Nähe liegt die Klosterinsel Selja, auf der sich gut erhaltene Überreste eines Benediktinerklosters befinden. Die gesamte Halbinsel Stadlandet wartet mit Wandermöglichkeiten auf, welche die Küstenlandschaft zur Geltung bringen. An der Außenseite befindet sich neben dem so genannten Westkap eine ehemalige Bunkeranlage aus dem Zweiten Weltkrieg.

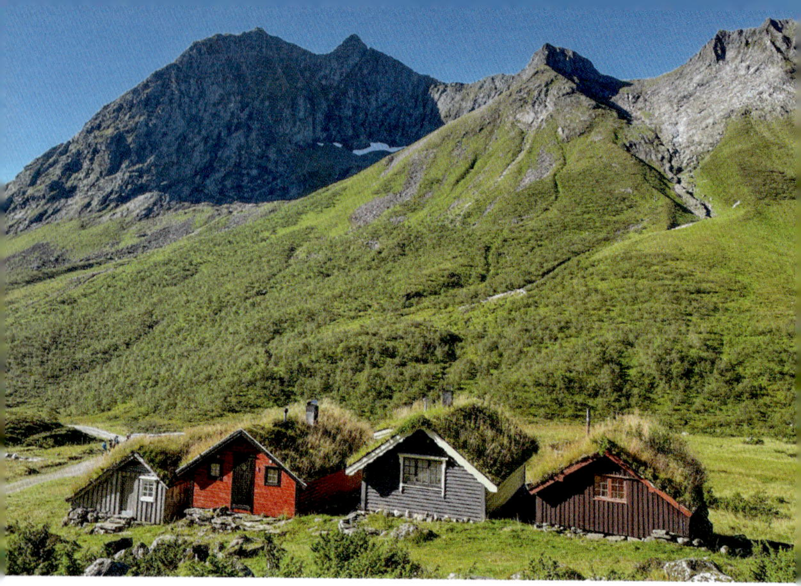

Die Hütten von Steinstøylen im Romedalen (Tour 9).

Sunnmøre

Die Küstenregion Sunnmøre, im südwestlichen Teil der fylke Møre og Romsdal gelegen, zählt mit ihren Inseln, Fjorden und vergletscherten Gebirgen zu den abwechslungsreichsten Landschaften Norwegens. Hauptort ist die Jugendstilstadt Ålesund (Tour 7), die mit knapp 50.000 Einwohnern die größte Stadt zwischen Bergen und Trondheim ist.

Auf den unzähligen kleinen und größeren Inseln, die sich um Ålesund herum entlang der Küste gruppieren, wechseln sich wildromantische Küsten mit Ortschaften und kleinen Sandstränden ab. Berge (Touren 6 und 8) erreichen Höhen von bis weit über 700 m und bieten umfassende Meeres- und Fjordausblicke sowie Panoramen der Sunnmørsalpene, deren Gipfel steil zwischen den Fjorden am Festland emporragen.

Fährt man auf die berühmte Vogelinsel Runde, so vereint man das Wandern mit intensiven Vogelbeobachtungen (Tour 5).

Die Sunnmørsalpene bieten Wanderungen (und Klettertouren) direkt vom Fjord und aus wunderschönen Tälern hinauf in alpines Terrain. Bereits zum Beginn der Wanderung wird man, wie im Romedalen (Tour 9) und im Liadalen (Tour 11), mit romantisch gelegenen ehemaligen Almansiedlungen oder auch mit geschichtsträchtigen Hotels, wie am Norangsfjorden, belohnt. Von Letzterem steigt man steil zum Slogen hinauf, von wo aus der Blick aus der Vogelperspektive 1564 Meter hinab zum Fjord fällt (Touren 10).

Für viele Besucher Fjordnorwegens ist das UNESCO-Weltnaturerbe Geirangerfjord das absolute Highlight. Doch nicht nur vom Wasser aus ist dieser zu bewundern, sondern kann auch per Fuß erkundet werden (Tour 12 und 13).

Romsdal

Die Region Romsdal im Zentrum der Provinz Møre og Romsdal umfasst das namensgebende Tal, den weit verzweigten Romsdalsfjorden und die Romsdalshalbinsel. Hauptort ist die »Rosenstadt« Molde. Das legendäre Moldepanorama (Tour 20) und die klimatisch geschützte Lage sowie die imposanten Berggestalten in ihrer Umgebung haben diese Landschaft zu einer Hauptsehenswürdigkeit Norwegens werden lassen. Die Romsdalshalbinsel erstreckt sich von Molde bis zur Landschaftsroute Atlanterhavsvegen am offenen Atlantik. Neben der faszinierenden Marmorhöhle Trollkyrkja (Tour 21), gibt es Küstensteige (Tour 22) und luftige Höhen hoch über dem Atlantik zu erklimmen (Tour 23), bevor man über die beeindruckenden Brücken des Atlanterhavsvegen fährt.
Über dem östlichsten Ausläufer des Romsdalsfjorden, zwischen Eidsvågen und Eresfjorden, erhebt sich ein wenig unscheinbar die Prestaksla (Tour 19) und lässt tief in Richtung der Bergwelt des Eikesdalen blicken. In diesem »Eichental« mit dem See Eikedalsvatnet ragen monumentale Felswände 1800 m in die Höhe. Etwas versteckt findet sich hier der industriegeschichtsträchtige Wasserfall Mardalsfossen (Tour 18).
Westlich des Eikesdalen, am innersten Teil des Romsdalsfjorden, erstreckt sich südlich der Hafenstadt Åndalsnes das monumentale Romsdalen. Das an der Mündung der Rauma gelegene Klettersport- und Bergwanderzentrum liegt quasi zu Füßen der über 1800 m hohen Romsdalsalpen. Dutzende Kreuzfahrtschiffe laufen jedes Jahr die 2200-Einwohner-Stadt an, um den Passagieren einen Blick in die majestätische Bergwelt zu ermöglichen. Die weitaus spektakulärere Sicht in das Romsdalen und die umgebende Gebirgsszenerie erhält man definitiv auf einer Wanderung über den

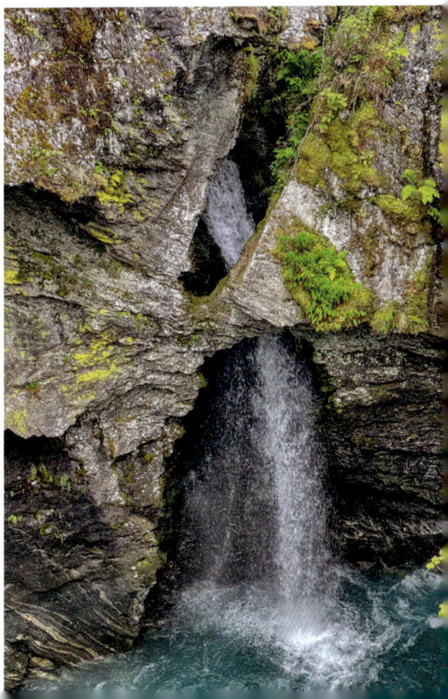

Wasserfälle in der Schlucht Gudbrandsjuvet an der Landschaftsroute Geiranger–Trollstigen.

atemberaubenden Romsdalseggen (Tour 17). Von hier oben schaut man direkt auf Europas höchste Felswand, den Trollveggen. Über die Serpentinenstraße Trollstigen schraubt man sich von Åndalsnes nicht minder atemberaubend aus dem Romsdalen zum Aussichtsplateau Stigrøra hinauf. Die Wanderung zu den alpinen Gipfeln der Trolltindene und dem Trollveggen (Tour 16) bietet hier sozusagen einen Perspektivwechsel: Man steht nun auf der höchsten Felswand Europas. Die Gipfel sind die nördlichen Ausläufer des Gebirges Reinheimen und liegen bereits im Reinheimen nasjonalpark, der sich bis nach Dombås zieht. Das große und durch Wege nicht erschlossene Gebiet des Nationalparks erschließt man sich am besten mit Mehrtagestouren (Tour 15).

Nordmøre und Trollheimen

Die Landschaft Nordmøre mit der Hauptstadt Kristiansund bildet den nördlichsten Teil der Provinz Møre og Romsdal. Sie erstreckt sich im Atlantik von der flachen Moorinsel Smøla, die von Tausenden kleinerer Inseln und Schären umgeben ist, bis zu den Berghäuptern des Trollheimen-Gebirges und den alpinen Gipfelfluren der Sunndalsfjella, welche zum größten Teil im Dovrefjell-Sunndalsfjella nasjonalpark geschützt sind.
An die Insel Smøla reihen sich, einem Schutzgürtel gleich, eine Kette von Inseln aneinander, in deren Mitte die auf mehreren kleineren Inseln gelegene Hafenstadt Kristiansund (Tour 24) liegt. Östlich der Stadt schließen sich die Inseln Tustna und Stabblandet an, auf denen sich die sogenannten Tustnastabban emporheben (Tour 25).

Gehöft in der Region Oppdal.

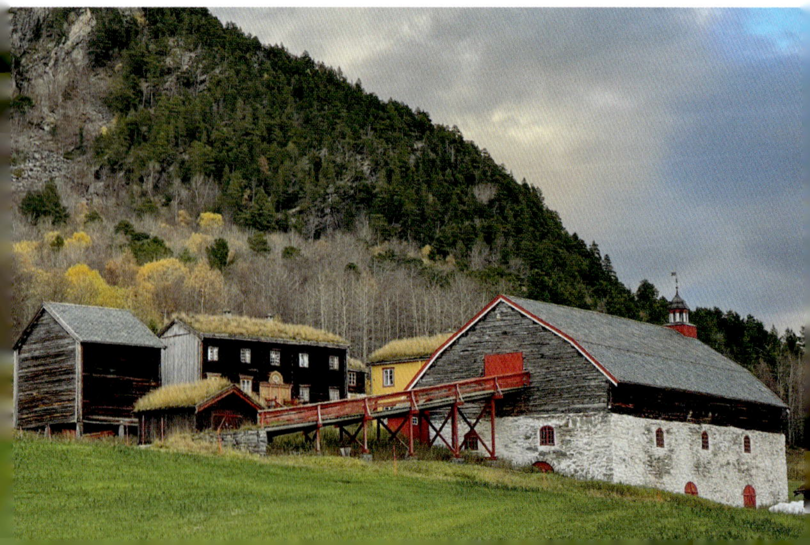

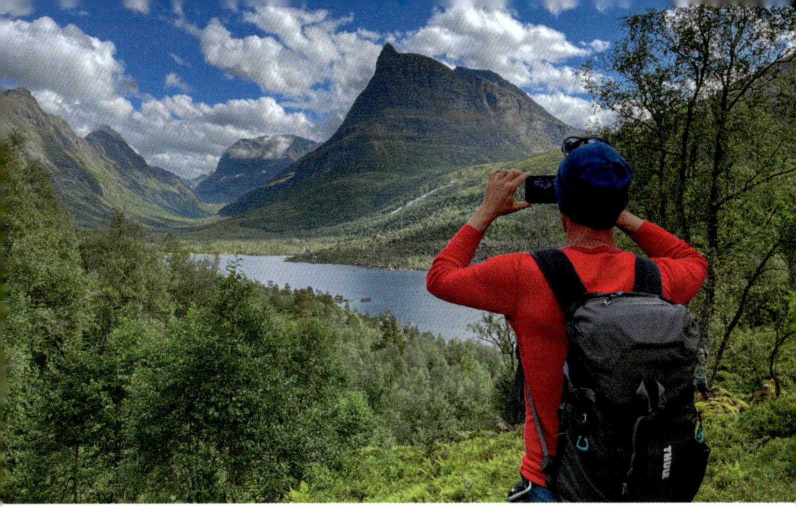

Fotoblick in das Innerdalen (Tour 28).

Im Osten von Nordmøre erstrecken sich die großen Gebirgsareale der Sunndalsfjella (Touren 29–30), welches schlussendlich in das Dovrefjell übergeht, und des Gebirges Trollheimen. Beide bieten ausgiebige Möglichkeiten von einfachen Eintagestouren bis hin zu Mehrtagestouren, die man als Rundwanderungen gehen kann oder aber als Querungen. Das Trollheimen kann sowohl aus dem Zentrum Nordmøres erkundet werden (Touren 26–27) als auch von Oppdal aus (Touren 33–35). Eines der schönsten Täler Norwegens ist ein weiterer Einstieg in diese Gebirgswelt: das Innerdalen, Norwegens erstes Landschaftsschutzgebiet (Tour 28).
Beide Gebirge trennt das tief eingeschnittene Sunndalen, welches vom Sunndalsfjorden in südöstlicher Richtung verläuft und mit dem Ekkertinden (Tour 32) Nordmøres Preikestolen beherbergt. Ganz in der Nähe rauschen fünf Gebirgsflüsse Åmotan, dem Zusammenfluss, entgegen und komponieren eine einzigartige Wasserfall-Symphonie (Tour 31).

Femunden und Umgebung

Der gut 60 km lange und 9 km breite See Femunden liegt im Osten Norwegens an der schwedischen Grenze. Östlich erstreckt sich die Femundsmarka, welche an das schwedische Härjedalen grenzt und zum größten Teil im Femundsmarka nasjonalpark geschützt ist. Mit 1561 m ist der Storviglen im Norden der Femundsmarka der höchste Gipfel der Region. Weiter südlich fließt der den schwedischen See Rogen entwässernde Fluss Røa durch eine ausgedehnte Seen- und Flusslandschaft, einem Eldorado für Kanufahrer. Die Røa bildet den Anfang des 460 km langen Flusssystems Klarälven, der,

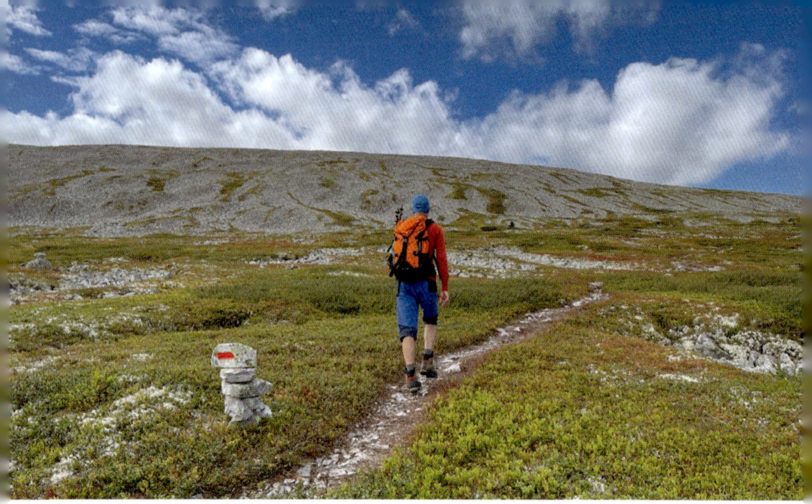

Unterhalb des Gipfels des Tverfjellet (Tour 37).

nachdem er die Seen Femunden, Isteren und Galtsjøen durchquert hat, als Femundselva und Trysilelva weiter gen Süden fließt, um nach der Überquerung der norwegisch-schwedischen Grenze als Klarälven schlussendlich bei Karlstad in den See Vänern zu münden.

Das gesamte Gebiet um den Femunden ist mit seinen Moränenlandschaften, mit Blockgeröll überzogenen Gipfeln (Touren 36–38, 41–43) und Seen ein eiszeitliches Zeugnis. Etwas weiter westlich liegt solitär in der Ebene und von weiterher gut erkennbar das Sølen-Massiv (Tour 39).

Südlich des Femundsmarka nasjonalpark befindet sich der kleinste Nationalpark Norwegens, der Gutulia nasjonalpark (Tour 40) – ein des Urwaldes und der Seterkultur wegen geschütztes Areal.

Die Region ist ebenfalls das südlichste Siedlungsgebiet der Südsamen.

Von industriell-historischer Bedeutung für die gesamte Region, insbesondere im nördlichen Teil des Femunden, waren die ausgedehnten Bergbauaktivitäten der Region Røros (Tour 44) vom 17. bis 20. Jahrhundert, die mit ihren Waldrodungen und Gruben die Landschaft nachhaltig prägten.

Trøndelag

Der Trondheimsfjorden ist mit 130 km Norwegens drittlängster Fjord. Dank seiner durch die Fosenhalbinsel vor dem Atlantik geschützten Lage avancierten dieses sichere Fahrwasser und seine Küstenbereiche in Wikingerzeiten zum Kerngebiet Mittelnorwegens. 997 ließ König Olav I. Tryggvason im Süden des Fjords den Königshof Nidaros errichten – die heutige Dom- und Universitätsstadt Trondheim.

Am inneren Trondheimsfjorden liegt Steinkjer, das heutige Verwaltungszentrum der fylke Trøndelag. 204 Jahre lang war Trøndelag in die Provinzen Nord- und Sør-Trøndelag geteilt, 2018 fusionierten diese.

Der Süden der Provinz Trøndelag erstreckt sich vom Nationalpark Dovrefjell-Sunndalsfjella und den Gipfeln des östlichen Trollheimen-Gebirges über den Forollhogna nasjonalpark (Tour 45) bis zur Weltkulturerbe-Bergbaustadt Røros (Tour 44) im Grenzgebiet zu Schweden sowie nordwärts zur Halbinsel Fosen. Größter Fluss ist der Fluss Orkla, der an der Orkelhøa (Tour 46) entspringt und in den Trondheimsfjorden mündet. Mit 1985 m ist der Storskrymten auf dem Dreiländereck die fylken Innlandet, Møre og Romsdal sowie Trøndelag die höchste Erhebung Südtrøndelags.

Während das Gebirge Trollheimen von hohen Gipfeln und tiefen Tälern geprägt ist, wandert man in den Fjelllandschaften der Forollhogna und östlich von Røros auf Höhen von 1000 m, aus denen sich die Bergkuppen mit nicht allzu großer Höhe emporrecken. Erst die Gipfel des Sylan-Massivs, dem höchsten Grenzgebirge zwischen Mittelnorwegen und Schweden auf der Grenze zwischen Trøndelag und Jämtland, erreichen wieder Höhen von über 1700 m.

Neben dem entlang des Trondheimfjorden verlaufenden Hügellandes ziehen sich bis in den Norden hinauf entlang der schwedischen Grenze die verschiedenen Gebirgszüge mit ihren bis über 1000 m hohen abgerundeten Gipfeln, deren Landschaft zu großen Teilen in Nationalparks geschützt ist (Touren 47–52). Wie bereits in der Region um Røros, spielten in den Fjellregionen in den vergangenen Jahrhunderten Bergbauaktivitäten, aber auch die Almwirtschaft eine große Rolle.

Der gesamte Norden Trøndelags wird Namdalen genannt und umfasst die Region nördlich der Fosenhalbinsel von der Namdalsküste bis zu den Fjellregionen an der schwedischen Grenze. Mittig verläuft das Namdalen mit dem 230 km langen Namsen, Norwegens bekanntestem Lachsfluss. Durch dieses Tal führt ebenfalls die einzige durchgehende Verkehrsachse in den Norden, die E 6, sowie die Zugverbindung nach Bodø.

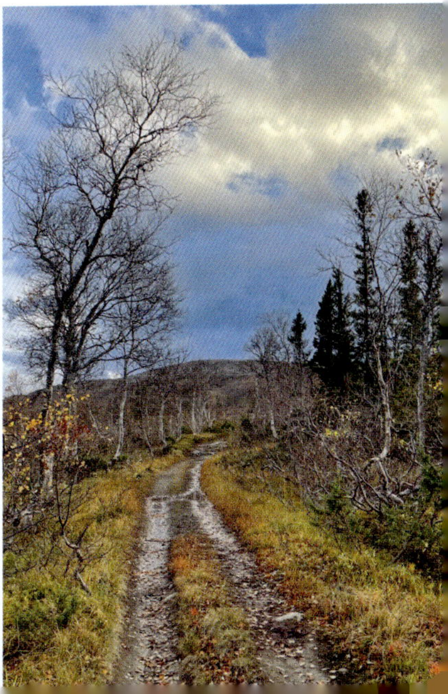

Im Gilsåfjellet (Tour 47).

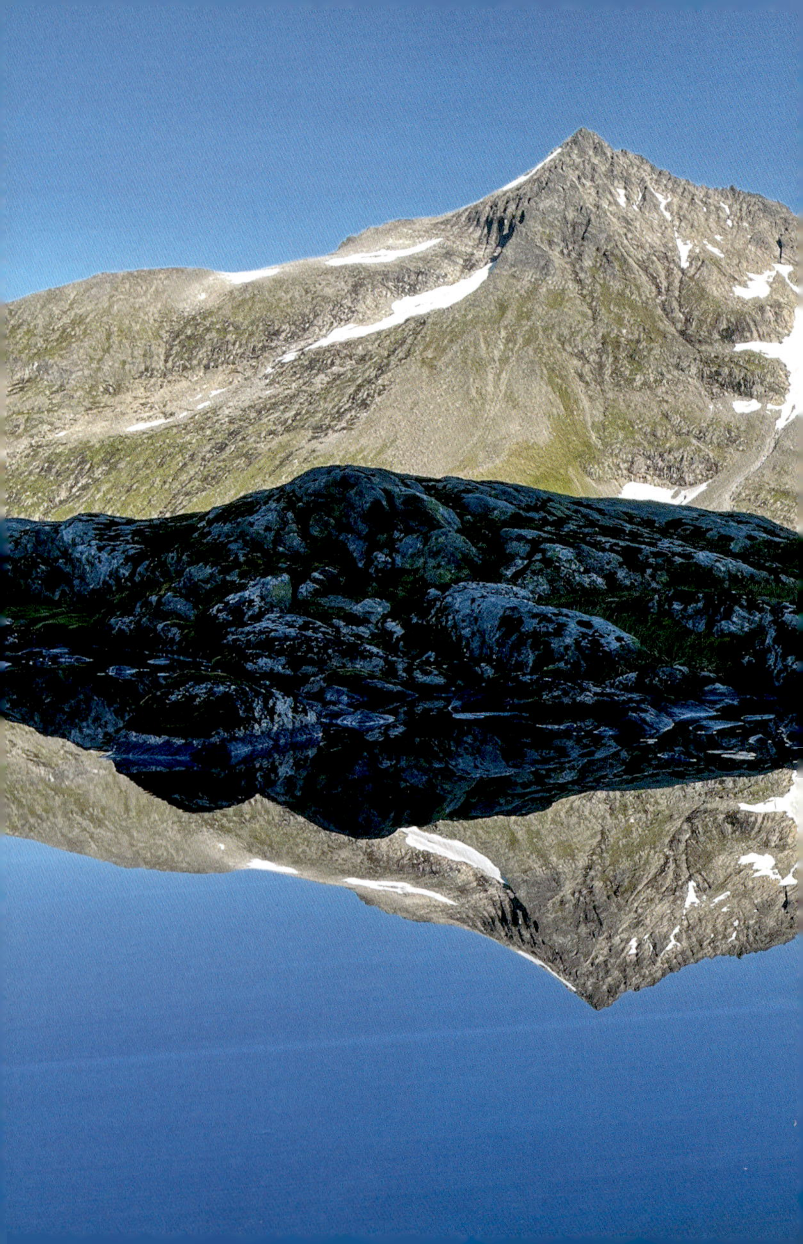

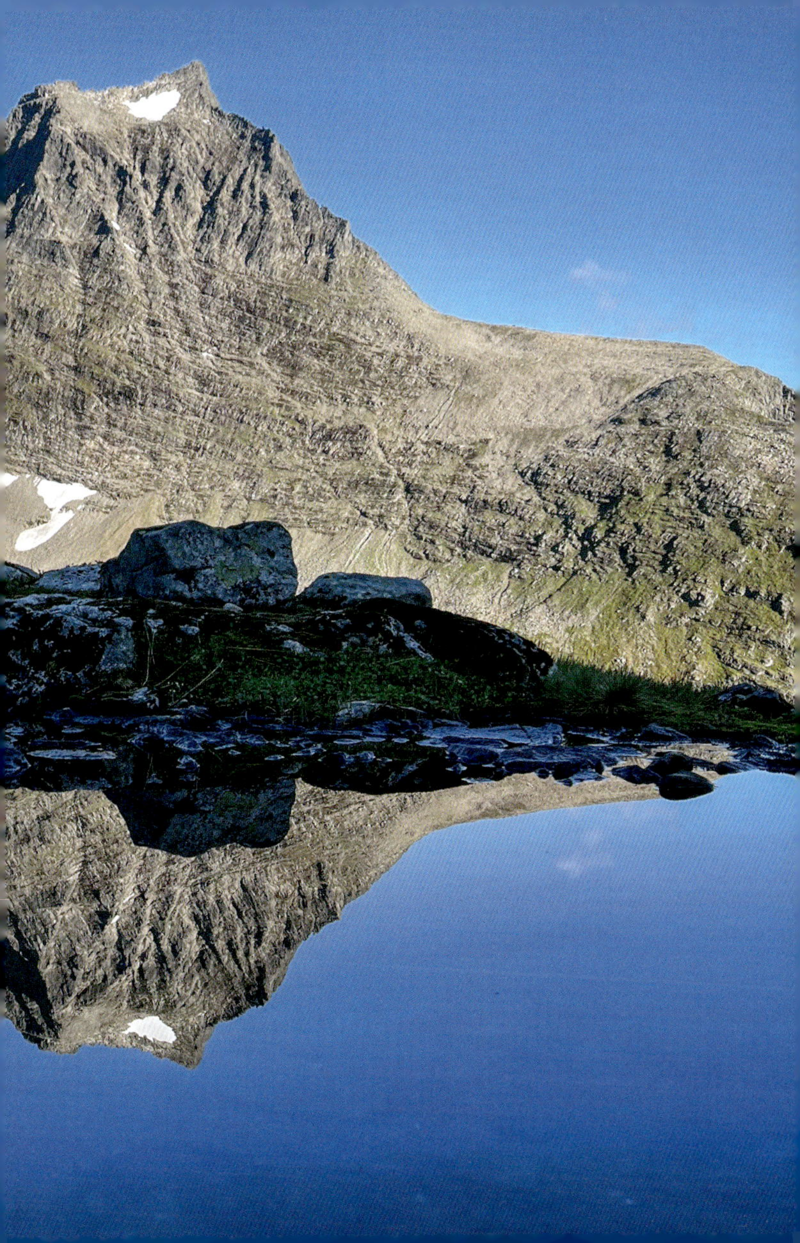

TOP

1 Skålatårnet, 1843 m

↗ 1800 m | ↘ 1800 m | 15.5 km

9.15 h

Ein Superlativ in jeder Hinsicht mit Blicken auf den Jostedalsbreen

Im äußersten Westen des Nationalparks Jostedalsbreen wacht der Gipfelturm Skålatårnet, einem mittelalterlicher Wehrturm gleich, auf der an eine Schale (skål) erinnernden Skåla. Er wurde 1891 als Wanderunterkunft mit mehr als 1 Meter dicken Mauern errichtet und gehört seit 1897 dem DNT. 2016 wurde direkt neben dem Turm eine moderne, architektonisch hervorragend an die Umgebung angepasste Unterkunft eröffnet. Mit Panoramafenstern und Sitzgelegenheiten im Außenbereich lädt sie nicht nur Übernachtungsgäste zum Verweilen ein. Der zwischen 1905 bis 1914 erbaute Skålastien gilt als Norwegens längste Bergsteigung, was wenig verwundert, ist die Skåla doch der höchste norwegische Gipfel, der mit den »Füßen im Salzwasser« steht. Im August führt der Volkslauf »Skåla rett opp« steil zum Gipfel hinauf. Auf dem Weg nach oben wird man immer wieder von zügig und zielstrebig aufwärtsstrebenden Trailrunnern überholt.

Ausgangspunkt: Skåla parkering (gebührenpflichtiger Parkplatz), 36 m, 300 m nach dem Tjugen Camping an der Straße 5723 bei Loen in der Gemeinde Stryn. Von der RV 15 in Stryn auf die Fv 60 nach Loen und dort auf die Stichstraße 5723 Richtung Lodalen abzweigen.
Anforderungen: Sehr steile, anstrengende Tour, markierter Bergpfad, passagenweise Geröll und Steinstufen.
Infrastruktur: Skålatårnet und Skålabu, unverschlossene verproviantierte DNT-Selbstversorgerhütten mit insgesamt 40 Schlafplätzen. Unterkünfte, Camping, Restaurant, Supermarkt und Tankstelle in Loen.
Hinweis: Am Skålavatnet 5 besteht die letzte Möglichkeit, Wasser aufzufüllen.
Tipps: 1. In Loen führt der Loen Skylift in gemäßigtere Höhen im Gebiet der Staurinibba und des Skredfjellet. Alternativ geht es dort auch mittels eines Klettersteiges aufwärts.
2. Am Ende des vom Norfjord südlich abzweigenden Oldedalen lohnt sich eine Wanderung in das Briksdalen hinauf zum Briksdalsbreen.
Karte: Topo 3000 1:50.000 Jostedalsbreen nasjonalpark.

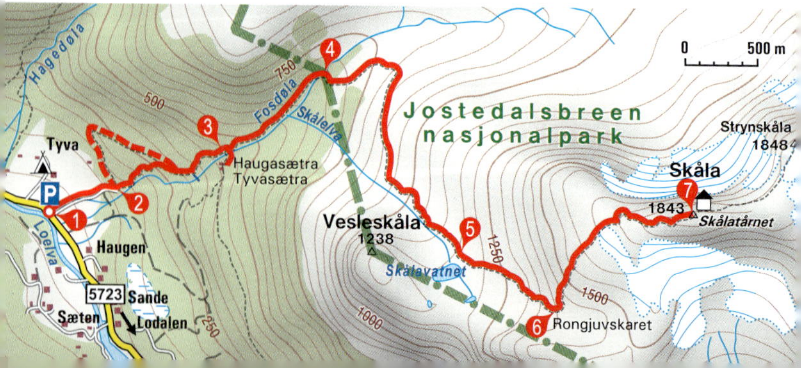

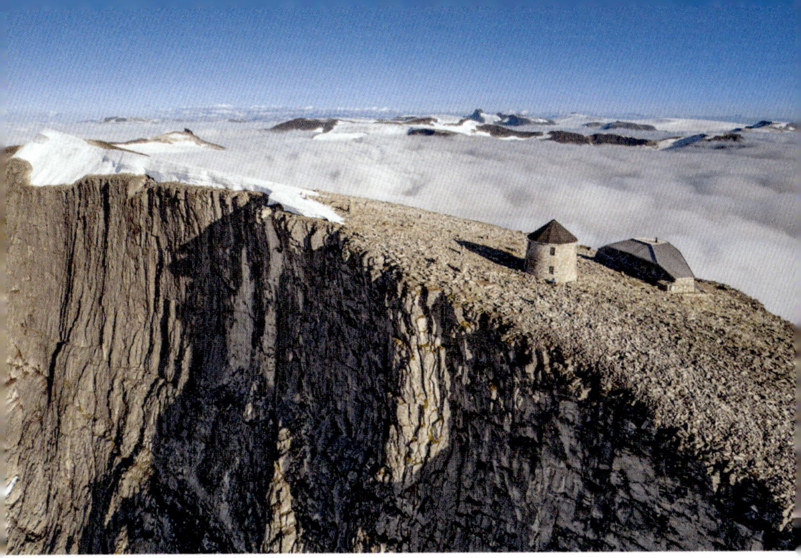

Skålatårnet und Skålabu.

Vom **Skåla parkering** ❶ folgen wir auf der gegenüberliegenden Straßenseite einem Wirtschaftsweg (Ausschilderung). Es geht gemütlich und sanft aufwärts, bis wir nach dem letzten Gebäude und einem Viehgatter zu einem **Abzweig** ❷ gelangen. Wir wählen den nach rechts abgehenden Skålasti, der uns gleich steil bergauf parallel zum rauschenden Gebirgsbach Fosdøla leitet. Der schmale, zuweilen steinig-wurzelige Pfad führt zunächst noch durch bewirtschafteten Kiefernwald, der aber schon bald in einen verwunschenen urwüchsigen Mischwald übergeht. Auf gut 280 m Höhe treffen wir wieder auf den aus dem Tal kommenden (und bald enden-

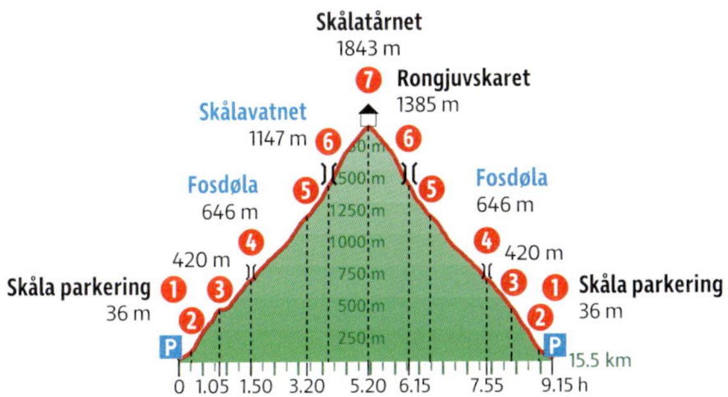

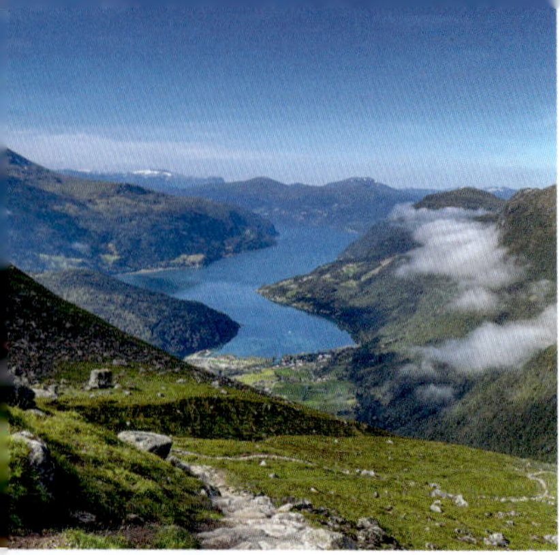

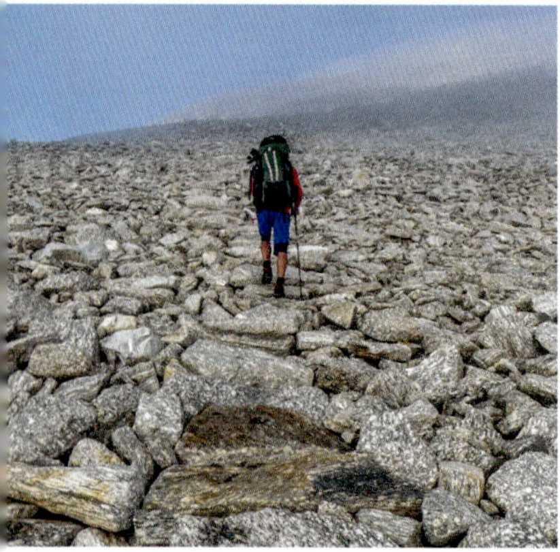

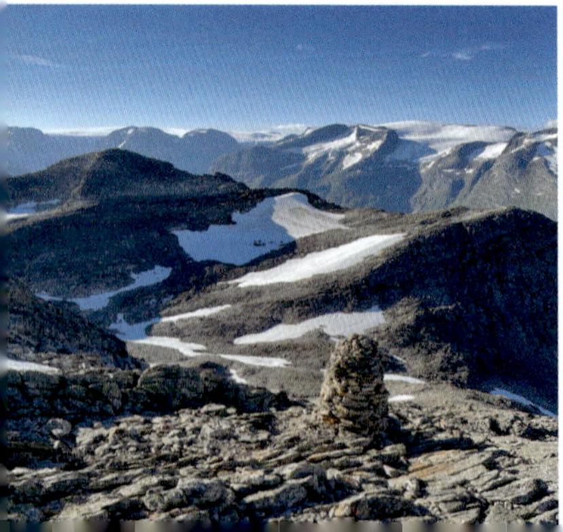

den) Wirtschaftsweg, den wir zuvor verlassen hatten. Nach nur wenigen Metern lohnt sich ein Abstecher auf einem schmalen nach rechts führenden Pfad, der zu einem tosenden Wasserfall führt. Nach weiteren 100 Höhenmetern kommen wir zu einem nach rechts abgehenden **Abzweig ❸**. Hier führt uns ein kurzer Abstecher über eine Brücke zu den ehemaligen Almen Haugen und Tjugen seter (in den Karten Haugaund Tyvasætra genannt), wo wir bei einer Rast einen Ausblick über Loen und den Nordfjord genießen.
Auf unserem Weg weiter das Fosdalen/Tyvadalen hinauf lichtet sich allmählich der Bewuchs. In der sich östlich von uns erhebenden Bergflanke stürzt die Skålelva herab und vereint sich mit der ebenfalls in Kaskaden herabrauschenden Fosdøla. Am hinteren Ende des Tales überqueren wir die **Fosdøla ❹** und betreten den Jostedalsbreen nasjonalpark.
Der Weg führt nun (anfangs) gut ausgebaut in einer Serpentine in die Westflanke des Skålamassivs. Nach dem ersten Schwenk geht das Gelände endgültig in Heidebewuchs über, zwischen Beeren- und Kräuterbewuchs grasen Schafe. Rückblickend schauen wir hinab auf Loen und den Nordfjord. In Richtung Norden richtet sich der Blick auf die Gipfel von Geitafjellhyrna und Storskredfjellet sowie auf den aus dessen Flanke herabrauschenden Wasserfall. In südlicher Richtung, in kleinen Serpentinen aufwärts steigend, gelangen wir entlang der Skålelva über einen Absatz hinauf zum

Auf dem Weg zur Skålatårnet.

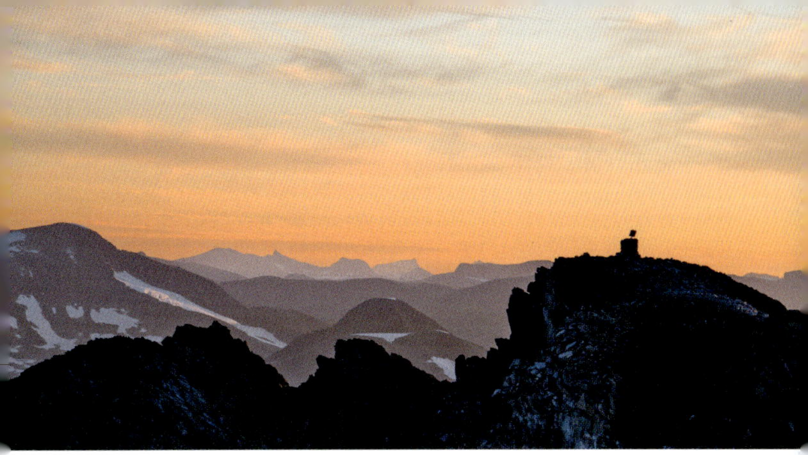

Gipfelblick von der Skåla.

glasklaren Bergsee **Skålavatnet** ❺ auf 1147 m Höhe. Hat man nicht bereits vorher eine Rast mit Fernblicken ins Tal eingelegt, so finden sich hier am See jede Menge Möglichkeiten, wenn auch in einem viel kargeren Ambiente. Auf jeden Fall sollte man seine Wasservorräte auffüllen.
Die nächsten gut 700 Höhenmeter führt der Weg von nun an durch Geröll- und Blockgelände. Je nach Jahreszeit sind größere und kleinere Schneefelder zu überwinden, bei denen Vorsicht geboten ist. Besonders der erste Teil, der Anstieg in den in südöstlicher Richtung vor uns liegenden Sattel Rongjuvskaret, ist teilweise mit Felssteinen (sherpatrappa) ausgebaut, was das Steigen ungemein erleichtert. Der **Rongjuvskaret** ❻ weitet sich in einen Karkessel, an dessen Anfang der Weg in einem Bogen nach links schwenkt, um dann den breiten Rücken der westlichen Flanke der Skåla hinauf zu führen. Die Wegfindung wird hier zum Teil (insbesondere im Abstieg) schwierig, sodass es gut ist, wenn man sich von einem Markierungs-T zum nächsten navigiert. Große Steintürme helfen zusätzlich bei der Orientierung. Das Gelände ist vor allem bei Bewölkung nicht zu unterschätzen, da man schnell die Orientierung verlieren kann. Die letzten Meter hinauf zum nicht allzu breiten Gipfelgrat der lang gestreckten Skåla sind leicht zu erklimmen, da sie mit Steinplatten gut ausgebaut sind und man vor sich bereits die Turmspitze des Skålatårnet erblickt. Rechts und links geht es tief hinab. Unser auf einer Höhe von 1835 m stehendes Ziel **Skålatårnet** ❼ und die neue Skålabu thronen über einer überwältigenden Szenerie aus Bergen, Gletschern und Fjord. Das Panorama ist von hier oben schier überwältigend und zählt, insbesondere zur Sonnenuntergangszeit, zu den faszinierendsten im ganzen Land.
Der Rückweg zum **Skåla parkering** ❶ erfolgt auf demselben Weg.

↗ 550 m | ↘ 550 m | 8.2 km

2 Loen Skylift

3.20 h

Norwegens einfachste Gipfeltour

Über 100 km lang zieht sich der Nordfjord von der Küste ins Landesinnere, bevor er bei Loen in der Lobukta endet. Neben der hier beschriebenen Wanderung bietet die Region viele abwechslungsreiche Möglichkeiten, sich der den Fjord umgebenden Gebirgslandschaft anzunähern. Neben Seekajaktouren und Angelausflügen sind Radtouren entlang der Seen Lovatnet und Oldevatnet sehr beliebt. Die Via Ferrata zur Bergstation des Loen Skylifts hinauf wartet mit verschiedenen Schwierigkeitsgraden auf, von denen die schwierigste Norwegens den verheißungsvollen Namen »Ragnarok« trägt. Wer es noch luftiger mag, wählt die Zipline, welche phänomenale Ausblicke mit einer gehörigen Portion Nervenkitzel verbindet.

In der Umgebung von Loen können vielfältige Gebirgstouren unternommen werden. Neben der Besteigung der Skåla mit der außergewöhnlichsten Wanderhütte Norwegens sind insbesondere die kürzeren und längeren Touren im Briksdalen und seiner Umgebung beliebt. Die Gletscherzunge des Briksdalsbreen lockt bereits seit dem Ende des 19. Jahrhunderts wander- und schaufreudige Touristen an. Sie ist ein westlicher Ausläufer des mit über 450 km^2 größten Festlandgletschers Europas – des Jostedalsbreen, dessen bis zu 500 m dicke Eisschicht sich südöstlich von Loen erstreckt.

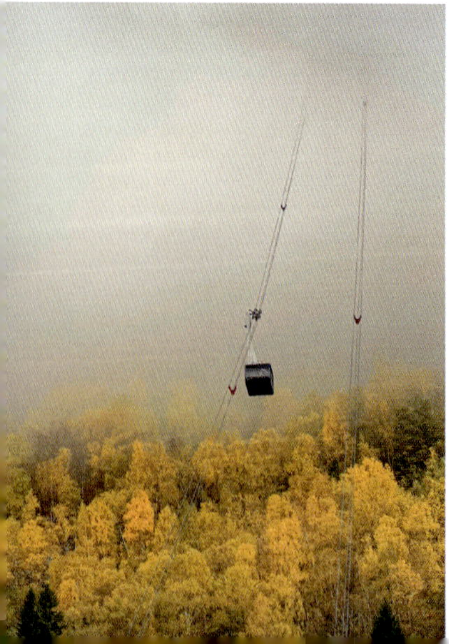

Ausgangspunkt: Loen, 9 m, Talstation der Seilbahn Loen Skylift in der Gemeinde Stryn. In Stryn von der E 15 auf die Fv 60 in Richtung Byrkjelo und Førde abbiegen, 10 km bis zum Ortseingang von Loen fahren.

Anforderungen: Einfacher, gut ausgebauter und geschotterter Bergweg, ausgeschildert und markiert sowie teilweise mit Steintreppen befestigt.

Infrastruktur: Unterkunft, Camping, Restaurant, Supermarkt und Tankstelle in Loen. Cafeteria und Restaurant in der Bergstation.

Tipp: Der Aufstieg zur Bergstation ist über verschiedene Klettersteige möglich. Informationen unter loenskylift.no/loenactive.

Karte: Topo 3000 1:50.000 Jostedalsbreen.

Aufwärts im Loen Skylift.

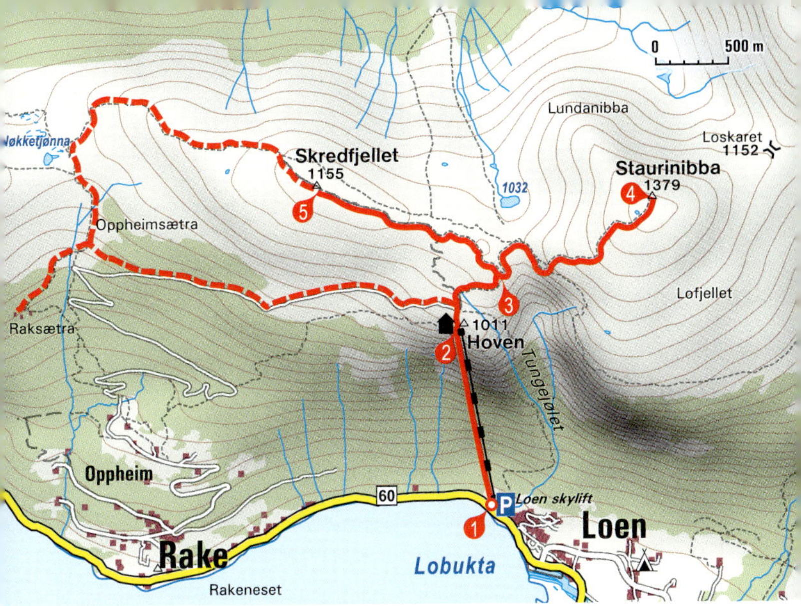

Wir starten unsere Wanderung in **Loen** 1 an der Talstation des Loen Skylift. Die Seilbahn bringt uns mit einer spektakulären Fahrt hinauf auf 1000 m, wo sich auf dem Hoven die **Bergstation** 2 befindet. Eine große Aussichtsterrasse und mehrere Aussichtspunkte ermöglichen einen grandiosen Ausblick über die unter uns liegende Fjordlandschaft und die sie überragende Bergwelt. Ganz in der Nähe befindet sich ein Startplatz für Paraglider.

An einer Glaswand, die Auskunft über die umliegenden Gipfel gibt, und einem Riesenhufeisen vorbei gelangen wir zu einer Wegkreuzung. Hier steigen wir aufwärts in Richtung Norden. Nach gut 100 m zweigt nach rechts in Richtung Osten der ausgeschilderte Wanderweg zur Staurinibba ab. Auf diesem Weg nähern wir uns der tiefen Schlucht Tungegjølet und erreichen einen **Abzweig** 3, der nach links zum Skredfjellet führt. Wir ignorieren diesen und steigen weiter bis in den Sattel oberhalb der Schlucht. Vor uns liegt der Geröllhang der Staurinibba. Der weitere Weg ist nun in Abschnitten mit Steintreppen ausgelegt. Nach

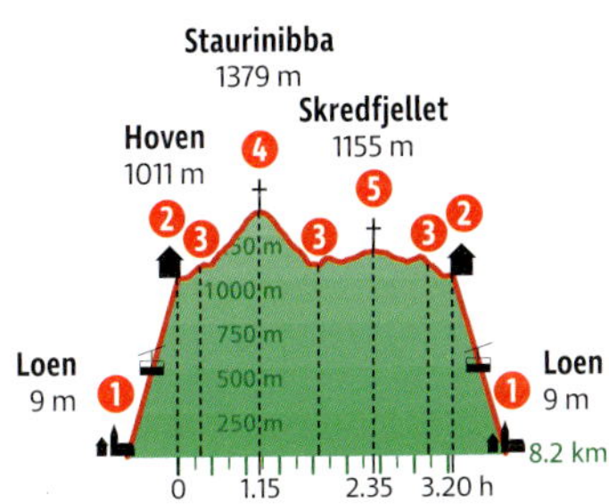

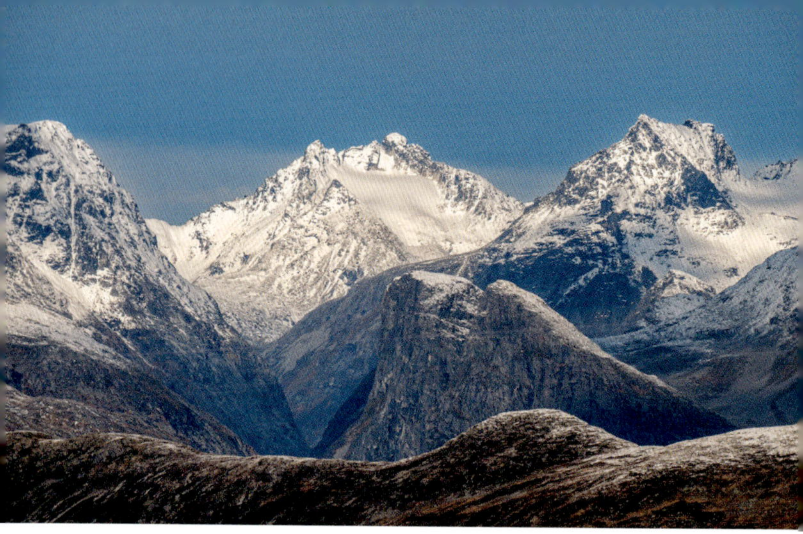

Blick in die Bergwelt des Norangsdalen – nördlich des Skredfjellet.

einem beschilderten 90-Grad-Knick geht es über gestuftes Gelände, von großen varden (Steintürmen) geleitet, dem Gipfel entgegen. Noch sehen wir zurückblickend die Bergstation und den darunter liegenden Fjord, je mehr wir uns jedoch von der Schlucht entfernen, desto mehr entschwindet die unter uns liegende Landschaft. Auf der **Staurinibba** ❹ angekommen, werden wir mit einem 360° Panoramablick belohnt. In südlicher Richtung offenbaren sich uns die gigantischen, bis zu 500 m dicken Eismassen des Jostedalsbreen, Europas größtem Festlandgletscher. In direkter Nachbarschaft steht die Skåla, mit bloßem Auge erkennt man die beiden DNT-Hütten Skålatårnet und Skålabu.

Wir steigen wieder ab bis zum **Abzweig** ❸ und wenden uns dort nach rechts. Nach einer kleinen Anhöhe sehen wir den sich durch gerölliges Terrain schlängelnden Pfad, der zum Skredfjellet hinaufführt. Im folgenden Sattel stoßen wir auf den von links von der Bergstation kommenden breiten Schotterweg, auf dem wir unseren sanft ansteigenden und lang gestreckten Weg zum Gipfel hinauf fortführen. Auf dem **Skredfjellet** ❺ angekommen offenbart sich uns wieder ein 360-Grad-Blick, vor allem in die Bergwelt im Norden und Westen sowie auf den im Süden gelegenen Oldevatnet.

Nun haben wir drei Möglichkeiten für unseren Rückweg zur Bergstation. Entweder gehen wir unseren Aufstiegsweg zurück bis zum **Abzweig** ❸ und biegen dort nach rechts ab. Oder aber wir wählen den kürzesten Weg und biegen bereits vorher auf den breiten Schotterweg ab, der uns am schnellsten zur **Bergstation** ❷ führt, von wo aus wir mit dem Lift wieder ins Tal nach **Loen** ❶ fahren. Als dritte Option haben wir die Möglichkeit, unsere Wanderung zu verlängern.

Variante: Wanderung über Oppheimssætra und Raksætra und zurück zur Bergstation (1.10 Std., Abstieg 625 m, Aufstieg 475 m, »blau«)
Wir steigen in nordwestlicher Richtung sanft bis in den Sattel zwischen Skredfjellet und Årheimsfjellet hinab. Vor der großen Moorfläche mit dem See Nøkketjønna gehen wir an einer Wegkreuzung nach links. Über Natursteintreppen folgen wir der Ausschilderung »Hoven« steil abwärts bis zur nächsten beschilderten Wegkreuzung, an der wir uns rechts haltend ein paar Meter bis zur ehemaligen Almsiedlung Oppheimssætra wandern. Hier weist uns ein einfaches Holzschild den Weg nach Raksætra. Ein steinig-schlammiger Pfad führt durch dichten Laubmischwald zur ehemaligen Almsiedlung. Dicht an dicht stehen die alten Hütten mit einem wunderbaren Blick in das Oldedalen.
Um unsere Runde zu vollenden, gehen wir zurück nach Oppheimssætra und zur oberhalb liegenden Wegkreuzung. Hier biegen wir nach rechts und stoßen schon bald auf einen aus dem Tal heraufkommenden Fahrweg. Auf diesem wandern wir stetig aufwärts (insgesamt gilt es fast 500 Höhenmeter zu überwinden) zurück zur **Bergstation** ❷. Von da aus geht es mit dem Lift wieder hinab ins Tal nach **Loen** ❶.

An der Alm Raksætra (Variante).

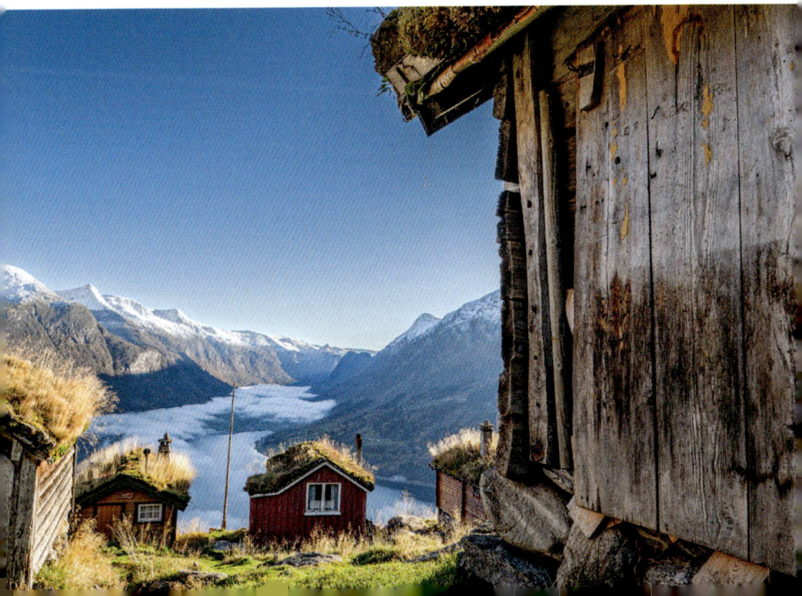

↗ 1000 m | ↘ 1000 m | 16.0 km

3 Hornelen, 860 m

6.20 h

Auf Europas höchster Meeresklippe

Der Hornelen auf der Insel Bremangerlandet ist die höchste Meeresklippe Europas. 860 m ragt der sagenumwobene Sandsteinkoloss nahezu senkrecht aus dem Hornelsfjorden heraus. In Sogn og Fjordane ist der Hornelen der bekannteste Hexenfelsen. An Mittsommer und zur Weihnacht versammelt sich auf dem Gipfel das Hexenvolk, um mit dem Teufel zu buhlen. Laut der Saga soll König Olav Tryggvason um 995 die Wand durchstiegen und auf dem Gipfel seinen Wappenschild aufgerichtet haben. Als ein Hirte versuchte, den Schild zu holen, verstieg er sich in der Wand und kam weder vor noch zurück. Olav kletterte ein zweites Mal hinauf, klemmte den Mann unter den Arm und brachte ihn sicher zurück. An diese Tradition knüpft die »Olavsruta« an, eine neu eingerichtete Via Ferrata in der Klippenwand.

Ausgangspunkt: Parkplatz im Weiler Lisete, 12 m, am Ende der Stichstraße Berleneset am Ostufer der Bucht Berlepollen in der Gemeinde Bremanger. Von der Straße 616 auf der Insel Bremangerlandet auf die Straße 5712 Richtung Berle abzweigen und nach Durchfahren des Berletunnelen (Berleporten) links in Richtung Berleneset bis fast ans Ende der Straße fahren.
Anforderungen: Längere, anstrengende Tour, überwiegend in Felsgelände, im oberen Bereich Blockgeröll, morastige Abschnitte, markiert.
Infrastruktur: Übernachtung, Supermarkt und Tankstelle in Måløy (Fähre) und Bremanger; Restaurant in Måløy.
Variante: Vom Weiler Hornskor (Hunskår; Abzweig vor dem Skatestraumtunnelen an der Straße 616) gibt es einen alternativen Aufstiegsweg, der kürzer, aber dafür steiler und anstrengender ist (7–8 Stunden).
Tipp: Geführte Touren in der Via Ferrata: hornelenviaferrata.no.
Karte: Norge-serien 1:50.000 Florø.

Oberhalb des Berlepollen.

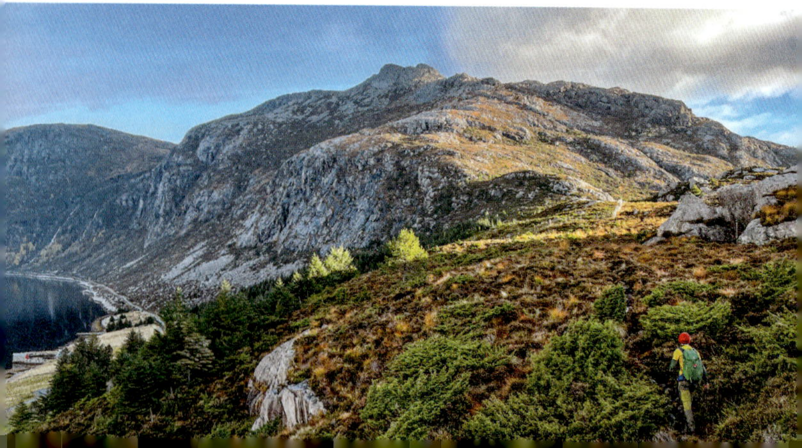

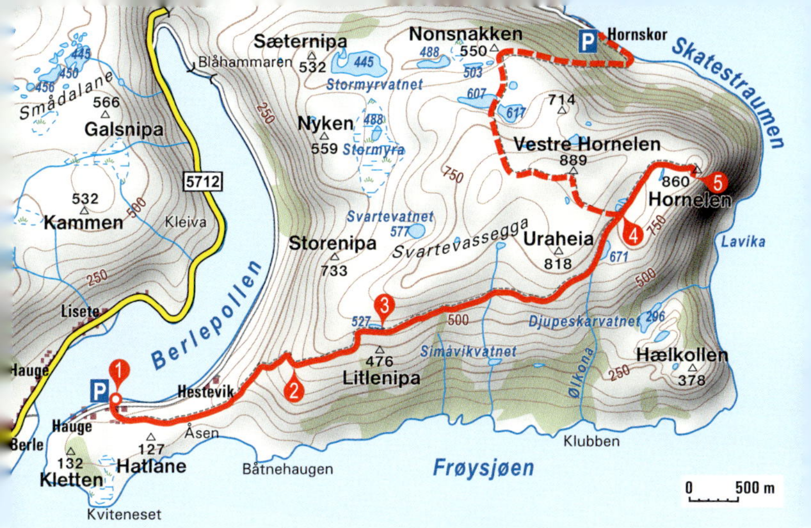

Vom Wanderparkplatz in **Lisete** ❶ startet unser Weg durch eine Erika- und Wacholderheide und überquert in einem Linksbogen auf einem Plankensteg eine Moorfläche. Der folgende steinig-morastige Weg steigt im Hang langsam auf den vor uns liegenden Höhenrücken an und ist teilweise mühsam zu gehen. Auf dem breiten Rücken wandern wir zunächst rechts an einem Weidezaun vorbei, um danach links haltend in felsigem Terrain in nordöstlicher Richtung hinaufzusteigen. Mit jedem Schritt weitet sich der Blick auf die hinter und unter uns liegenden Fjorde und die Landzunge Berleneset. Unterhalb eines vor uns liegendem Felsriegels schwenkt der Pfad deutlich markiert steil nach rechts hinauf auf die nächste **Anhöhe** ❷, von der aus wir einen fantastischen Blick auf das Ende des tief unter uns liegenden Berlepollen haben. In der Ferne sieht man unterhalb der Berghänge des Veten und des Brurahornet die Häuser von Måløy. Der Weg schwenkt nun in östliche Richtung und führt uns im südlichen Hang des Bergmassivs weiter. Nach dem Durchqueren einer kleinen Rinne gelangen

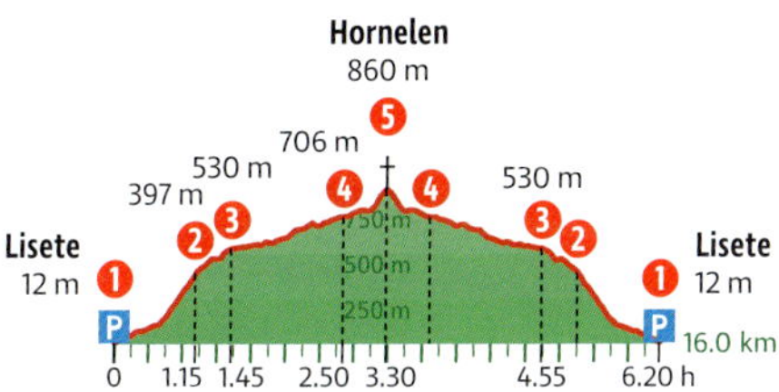

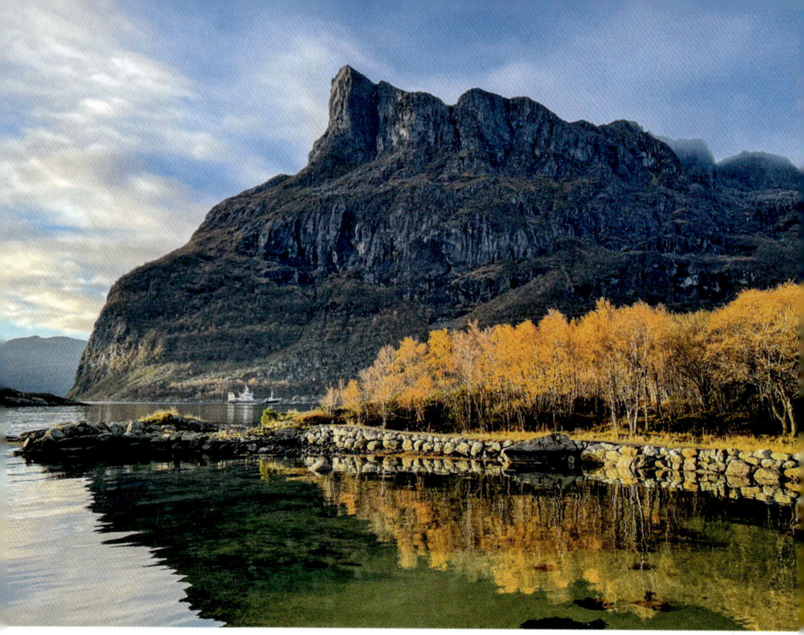

Europas höchste Klippe in ihrer ganzen Pracht.

wir in terrassiertes Gelände mit Blicken über den Frøysjøen und die auf der gegenüberliegenden Seite sichtbaren Windparkanlagen Hennøy vindpark und Guleslettene vindpark. Beide liefern Strom für das einen Fjordarm weiter südlich liegende Siliziumwerk in Svelgen.

Der Weg steigt nun links hinauf und anschließend in ein kleines Tal, das uns zwischen Storenipa und Litlnipa zu einem kleinen lang gestreckten **Bergsee** 3 führt, den wir rechts passieren. Der Pfad leitet wieder in den Hang hinein, wo das Gehen mühsamer wird, denn kleine Geröllfelder und störrische Wacholderbüsche müssen überwunden werden. Vor uns liegen deutlich sichtbar der felsige Hang und der Gipfel der 818 m hohen Uraheia. Nach dem Überqueren eines Bächleins, das aus einem Karkessel herabfließt, schlängelt sich der Pfad durch einen felsigen Absatz und führt danach durch den südlichen, zuvor nicht durchsteigbar wirkenden, Hang der Uraheia.

In südöstliche Richtung blickend, sehen wir auf die in Norwegen einzigartigen, faszinierenden Felsformationen im Ålfotbreen landskapsvernområde. Die Landschaft ist von gigantischen Felsstufen geprägt, deren kliffartige Ränder Höhen von bis zu 100 Metern erreichen. Weiter östlich liegt in diesem Gebiet der Ålfotbreen, ein Plateaugletscher, der nicht nur der kleinste

Gletscher Norwegens ist, sondern auch mit einer Niederschlagsmenge von 5000 mm am stärksten vom Küstenklima beeinflusst wird.
Vor einem weiteren felsigen Bergrücken schwenken wir in nördlicher Richtung in das davor liegende Tal hinein, wo ein großer Bergsee zum Rasten einlädt. Wir gehen oberhalb des linken Ufers und erblicken in nordöstlicher Richtung den markanten Gipfelaufbau des Hornelen. An einem weiteren, kleineren Bergsee mündet der aus Hunskår kommende **Pfad** 4. Zum Talende hin führt unser Weg durch Geröllfelder hindurch und in einem großen Rechtsbogen um eine Felserhebung. Steinmale helfen uns hier bei der Orientierung. Vor uns liegt nun der durch Frosterosion gesprengte Westhang des Hornelen. In grobblockigem Gelände müssen wir den roten T-Markierungen folgen. Achtung: Die nach Osten abgesperrte Kante darf wegen Absturzgefahr nicht betreten werden! Der markierte Weg schwenkt nach Süden, wo das Gelände einflacht. Ein letzter kurzer Anstieg führt auf den felsigen Gipfel des **Hornelen** 5, der mit einem varden markiert ist. Etwas unterhalb des Steinturms befindet sich die Olavsbu – eine kleine Schutzhütte. Das Gipfelplateau hat viele Spalten und an der östlichen steilen Abbruchkante hinab in den Fjord ist absolute Vorsicht geboten.
Neben all der Vorsicht – der 360-Grad-Panorama-Ausblick ist grandios!
Der Rückweg erfolgt auf demselben Weg zum Wanderparkplatz in **Lisete** 1.

Schwindelfreiheit ist auf dem Hornelen ein absolutes Muss.

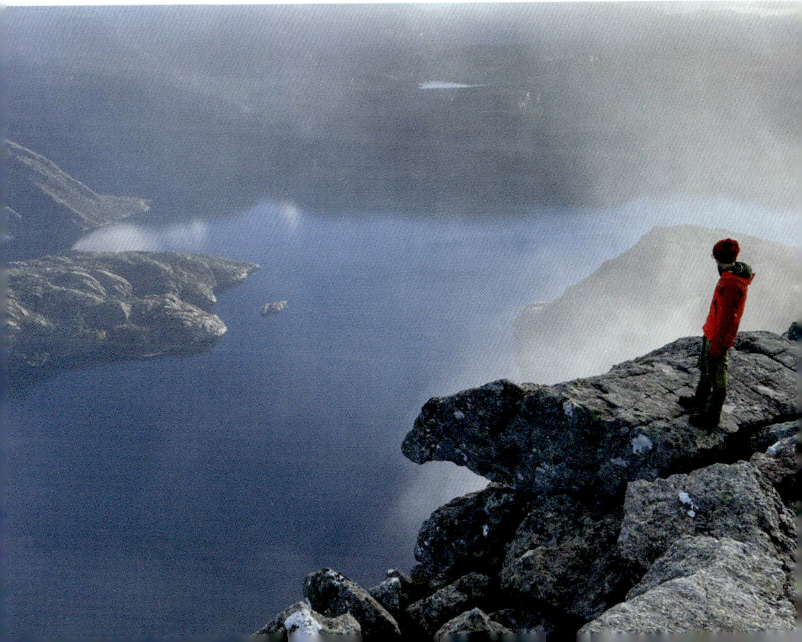

↗ 340 m | ↘ 340 m | 5.6 km

4 Skongenes fyr

2.10 h

Leuchtturm am Sildegapet

Der Leuchtturm Skongenes fyr blinkt seit 1870 auf einer Landzunge der Insel Vågsøy in der Bucht Sildegapet als wichtiges Seezeichen vor der von Stürmen umtosten Stadland-Halbinsel. Die um einen Innenhof gruppierten ehemaligen Wärtergebäude können beim Wanderverein DNT als Übernachtungsstätten gebucht werden.

Ausgangspunkt: Setra, 59 m, Weiler im Norden der Gemeinde Vågsø. Anfahrt auf der Straße 617 von Måløy bis Raudeberg, dort der Straße 5717 (Nordvågsøyvegen) Richtung Vedvid für 4,3 km folgen. Nach dem Abzweig zum Strand Sætrasanden kommt nach einer Bushaltestelle eine scharfe Kurve und anschließend links eine Parkbucht.
Anforderungen: Überwiegend gut begehbarer Pfad.

Infrastruktur: Übernachtung, Restaurant, Supermarkt und Tankstelle in Måløy. Supermarkt in Raudeberg. Skongenes fyr, verschlossene, unverproviantierte DNT-Selbstversorgerhütte mit 17 Betten in 4 Zimmern, über den DNT sind nur ganze Zimmer buchbar.
Tipp: Fährt man die Straße 5717 weiter, so gelangt man zum großen Strand Refviksanden.
Karte: Norge-serien 1:50.000 Stad.

Wir starten unsere Wanderung an der Parkbucht an der Fv 5717 in **Setra** ❶. Direkt in der Haarnadelkurve zweigt ein Schotterweg in Richtung Norden ab und ein Wanderschild weist uns nach Skongenes fyr. Der Weg führt an Wohnhäusern vorbei und hinab zu einem Hüttenparkplatz. Neben der letzten Hütte links folgen wir einer Quadspur, die aufwärts führt. Als Orientierung wird uns von nun an eine Stromleitung dienen. Der steinigwurzelige und immer wieder morastige Weg leitet uns durch welliges Gelände mit Wacholderbüschen, Kiefern und kleinen Fichtenschonungen sowie über Moorflächen. Nach dem See **Forklevatnet** ❷ steigen wir hinab in eine moorige Senke, die wir auf einem Plankensteg überqueren, um anschließend auf der gegenüberliegenden Hangseite durch eine Kiefernschonung wieder aufzusteigen. An einer steil zur Küste hinabfallenden Schlucht öffnet sich der Wald und wir haben Aus-

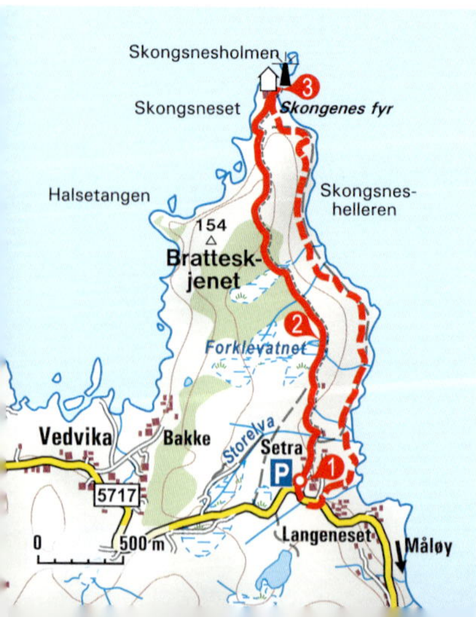

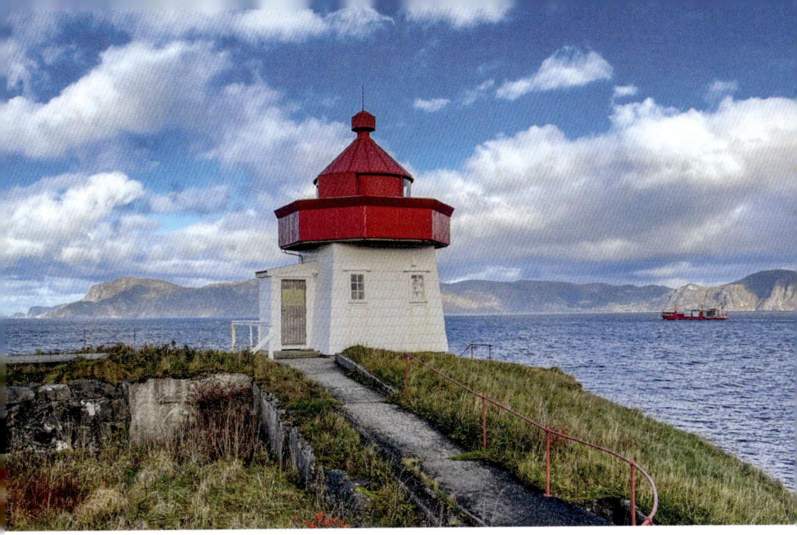

Skongenes fyr mit Stadlandet im Hintergrund.

blick über die Bucht Sildegapet und die gegenüberliegende Steilküste mit der weit herausragenden Halbinsel Stadlandet. Weiter geht es über moorige Flächen und liegenden Fels, bis der Wald sich lichtet und vor uns ein breiter Rücken liegt. Hier zieht der Weg mit einem Rechtsschwung um eine Kuppe herum. Vor uns befindet sich das Ende der Landzunge und Skongenes fyr wird sichtbar. Der Weg fällt morastig steil abwärts, vor uns liegt ein Hügel mit einem vom Wetter gebeutelten Kiefernhain. Nach Westen hin wird der Blick auf die nächste Landzunge frei – an deren Spitze der Leuchtturm Kråkenes fyr sitzt. Auf dem Bergrücken darüber thront der Windpark Mehuken. Nach dem Durchqueren des Hains haben wir von einer weiteren Kuppe einen schönen Ausblick auf das unter uns liegende Leuchtturmensemble, aber auch auf die raue Küste von Stadlandet. Das Fahrwasser an deren Nordspitze gehört durch seine Exponiertheit zu den gefährlichsten Küstengewässern Norwegens – daher soll an der schmalsten Stelle der Halbinsel im Süden der 1,7 km lange Stad-Schiffstunnel gebaut werden. Ein letztes Mal geht es steil hinab, um zum Leuchtturm **Skongenes fyr** ❸ und den davor liegenden Leuchtturmwärterhäuschen zu gelangen. Der Rückweg führt auf demselben Pfad zurück zum Ausgangspunkt in **Setra** ❶ oder für Abenteuerlustige über die Variante.

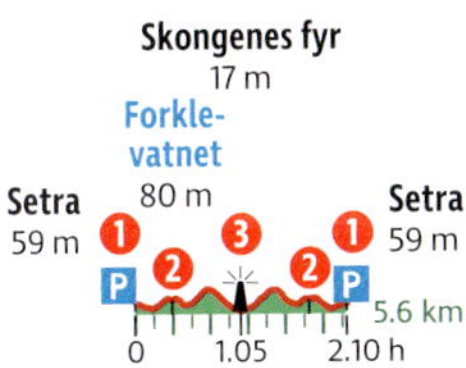

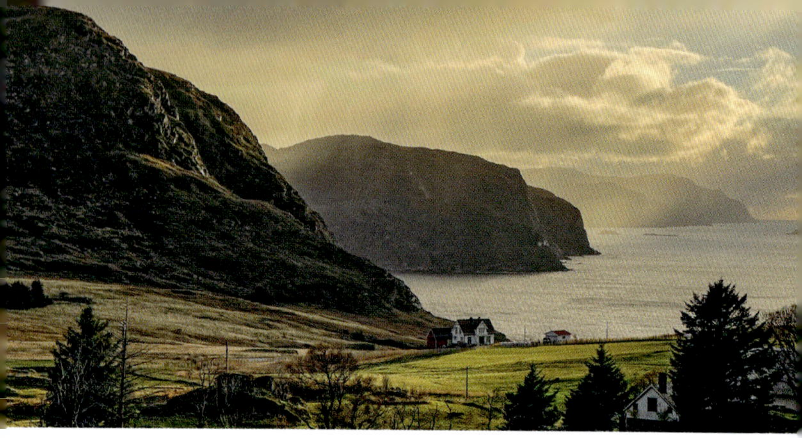

Über die Kvalheimsvika auf Vagsøy.

Variante: Entlang der Ostküste der Landzunge bis zum Strand Setrasanden (1.15 Std., »rot«). Es gibt felsige, steile Abschnitte, bei denen die Hände zu Hilfe genommen werden müssen. Der Fels ist recht griffig, aber bei nassen Stellen besteht Rutschgefahr. Daher nicht bei Flut, starkem Wind und Regen begehen.

Vom Leuchtturm aus folgen wir dem alten Fahrweg hinab zum kleinen alten Hafen. Von hier aus wandern wir über den schräg liegenden Fels oberhalb der Wasserlinie, darauf achtend, nicht zu hoch zu steigen. Der vom Meer freigelegte Fels zeigt wunderschöne von den Urgewalten gefaltete und gebogene Felsformationen. Nach 15 Minuten springt die Steilkante nach hinten zurück. Über feuchte Steine steigen wir zum Wandfuß und stehen unter der sich vorwölbenden Felswand und dem Eingang in die Höhle Skongsneshellaren, die bereits in der Steinzeit bewohnt war. Meterdicke Ablagerungen aus Schafkot befinden sich hier.

Auf dem weiteren Weg haben wir zwischen der Steilwand rechts und den frei gespülten Felsen links einen flachen mit Gras bewachsenen Bereich. Pfadspuren sind sichtbar. An den Stellen, an denen die Felswand dicht an die Küste heranrückt, sollte man nicht versucht sein, zu hoch zu steigen, da man dann im unwegsamen Steilgelände landet.

Nach dem Passieren der Landzunge Kveldstøytneset sehen wir in Entfernung die Wohnhäuser um die Bucht Setrasanden herum. Wir folgen weiterhin der Küstenlinie (teilweise etwas mühsam) bis zu einem Bootshaus. Dieses lassen wir rechts liegen, wandern nah am Meer entlang, müssen einen Viehzaun überqueren und gelangen so bis an den Sandstrand Setrasanden. Hier folgen wir einem Fahrweg an Ferienhütten vorbei über die Wiesenfläche hinauf bis zur Straße Fv 5717. Auf dieser geht es nach rechts bis zur Spitzkehre und der Parkbucht in **Setra** ❶.

↗ 420 m | ↘ 420 m | 7.3 km

2.45 h

TOP

Runde 5

Auf der Vogelinsel Runde

Runde ist Norwegens südlichste große Seevogel-Brutstätte. An den Steilabbrüchen im Westen der kleinen Insel befinden sich die unter Naturschutz stehenden Vogelfelsen. Bis zu 700.000 Vögel brüten jedes Jahr in den Felsen. Der Papageitaucher (lat. Fratercula arctica, arktisches Brüderchen) ist das Wahrzeichen von Runde. Von Ende Februar bis März ziehen die Alkenvögel mit den leuchtend roten, dreieckigen Schnäbeln von den Überwinterungsgebieten im Atlantik auf die felsige Insel und bilden etwa 100.000 Brutpaare. Norwegen hat mit 2 Millionen Papageitauchern den zweitgrößten Bestand nach Island (7 Millionen). Nackten Fels meiden die Vögel. Sie benötigen für die Eiablage Höhlen oder zumindest eine spärliche Grasunterlage.

Ausgangspunkt: Goksøyr, 4 m, großer Parkplatz am Ortseingang auf der Insel Runde in der Gemeinde Herøy. Von Ålesund aus über die E 39 in Richtung Bergen, in Eidsnes auf die Fv 61 in Richtung Hareid abzweigen, in Dragsund geradeaus (nun Straße 654) weiterfahren. Auf der Insel Leinøya auf die Ausschilderungen nach Runde achten und der Straße 5976 bis Goksøyr folgen.
Anforderungen: Anfangs sehr steil, insgesamt morastig, in großen Abschnitten mit Plankenstegen versehen.

Infrastruktur: Übernachtung und Camping auf Runde; Übernachtung, Restaurant, Supermarkt und Tankstelle auf Bergsøya. Runde fyr, verschlossene verproviantierte DNT-Selbstversorgerhütte mit 24 Betten.
Variante: Abstieg zum Leuchtturm Runde fyr.
Tipp: An der Zufahrtsstraße liegt das Besucherzentrum »Runde Miljøsenter«, in dem auch die Tourist-Information untergebracht ist.
Karte: Norge-serien 1:50.000 Ålesund.

Vom Parkplatz in **Goksøyr** ❶ gehen wir zunächst die Straße entlang am Campingplatz vorbei, bis nach knapp 600 m links ein unscheinbares Holzschild auf einen **Weg** ❷ leitet. Bald kommen wir an Informationstafeln vorbei und durchschreiten ein massives Weidetor. Linker Hand steht ein altes Mühlenhäuschen. Der anfangs breit ausgebaute und asphaltierte Weg bringt uns extrem steil hinauf auf die weitläufige mit Moorflächen durchsetzte, gras-

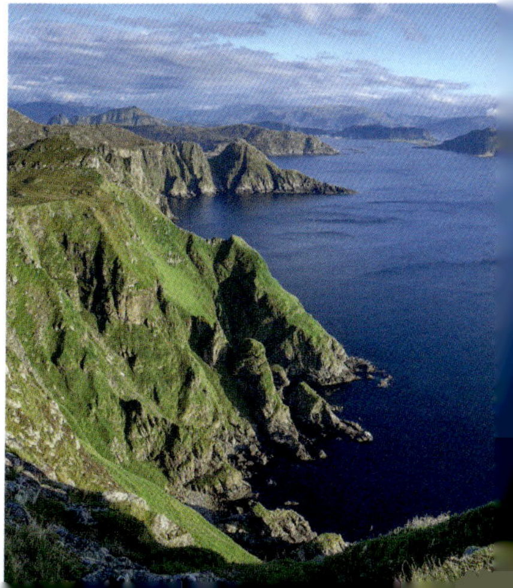

Die Seevogelklippen Otreskredene an Rundes Westseite.

bewachsene heia, die den gesamten nördlichen Teil der Insel einnimmt. An einer **Wegverzweigung** ❸ wählen wir den Weg geradeaus, der uns auf Steinplatten und bequemen Holzstegen durch eine große Moorfläche in Richtung Westen auf die andere Seite der Insel führt, wo wir uns hoch über dem Nordmeer wiederfinden. Von einer **Verzweigung** ❹ gelangen wir mit einem kurzen Abstecher an die Klippenkante und folgen danach einem nach Süden führenden Weg, der uns zu den besten Beobachtungspunkten für Papageitaucher führt. Von dem aus Holz gezimmerten Aussichtspunkt **Lundeura** ❺ aus können wir in ein Felslabyrinth hinabsteigen bis hin zum fantastischen Felsbalkon, hoch über den Klippen der mächtigen Steilküste. Sowohl zum Wohl der Vögel als auch zu seinem eigenen gilt es, die Hinweis- und Verbotsschilder zu beachten! Wir gehen zurück zur **Verzweigung** ❹ und steigen in Richtung Norden an der westlichen Kante des vor uns liegenden Bergrückens hinauf. Hierbei ignorieren wir den schmalen Pfad nahe der Abbruchkante und folgen der breit ausgetretenen Wegspur hinauf zum **Rundabranden** ❻. Bevor es wieder steil abwärts geht, können wir tief unter uns die über der Bucht schwebenden Seevögel beobachten. Nach dem Abstieg vom Rundabranden wählen wir den links am Moor Storemyr vorbeiführenden Pfad und halten auf den vor uns liegenden, tiefen Klippeneinschnitt zu. Hier haben wir nochmals einen fantastischen Blick hinab zu den Steilklippen mit den Hunderttausenden brütenden Seevögeln. Nach dem Passieren der Moorfläche treffen wir auf eine Wegverzweigung (von rechts

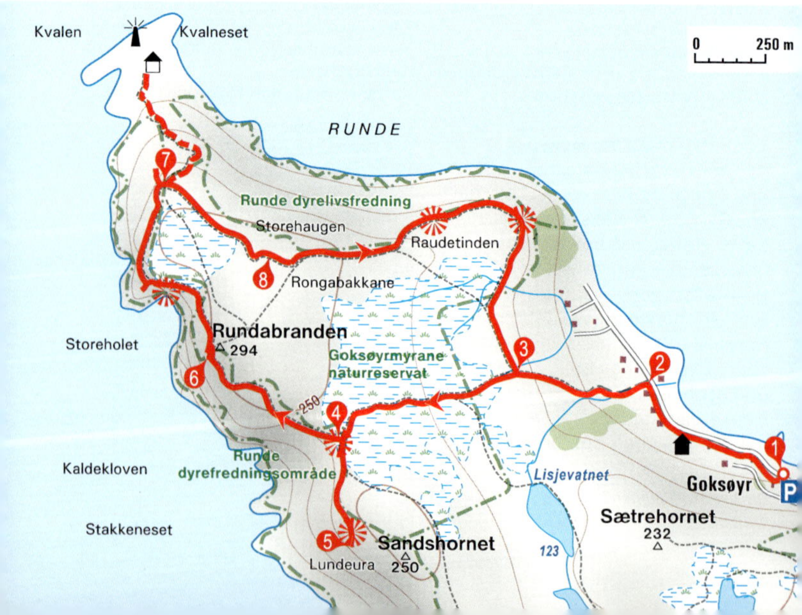

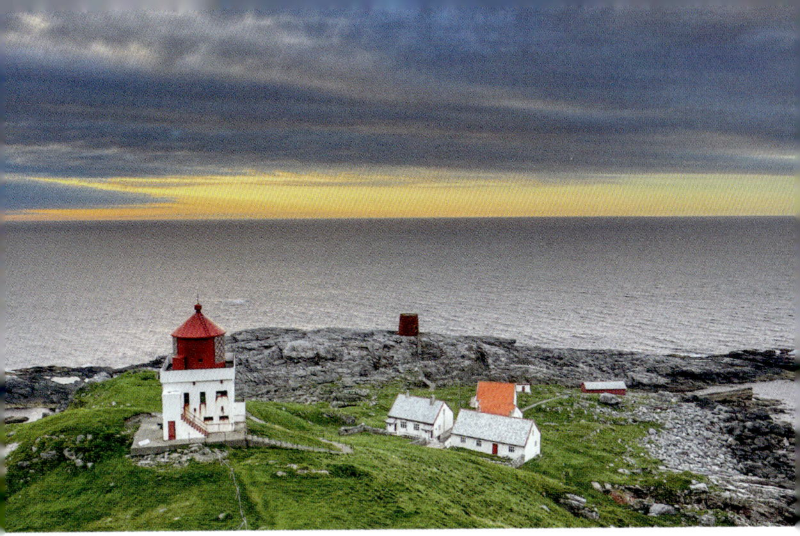

Runde fyr am Nordende von Runde.

kommt der durch das Moor führende Weg) und biegen nach links ab. Nach einem kurzen Abstieg den Wiesenhang hinunter, stehen wir an einem Weidezaun und einer **Wegkreuzung** ❼. Geradeaus kann man hinab zum alten Leuchtturm Runde fyr gehen. Wir wenden uns nach links, übersteigen den Weidezaun und blicken von einer kleinen Anhöhe hinab auf das Leuchtturmensemble. Hier stehen auch Überreste des alten Lorenaufzuges, der als Versorgungslinie für die Bewohner des Leuchtturms genutzt wurde.
Zurück an der Wegkreuzung gehen wir nun geradeaus weiter und umgehen somit das Storemyr an der nordöstlichen Seite. Ein breiter Holzsteg führt uns hinauf auf die Anhöhe **Storehaugen** ❽. Unterwegs können wir deutlich die Abstiche des früheren Torfabbaus erkennen. Uns links haltend wandern wir nun wieder auf einem breit ausgetretenen Pfad den teilweise feuchten Wiesenhang hinab, diesmal oberhalb der nördlichen Steilküste von Runde. In Laufrichtung erblicken wir am Horizont Ålesund mit dem Sukkertoppen und das umliegende Inselreich. Nach hinten öffnet sich der Blick in Richtung der nördlichen Steilküste bis zur Inselspitze mit Runde fyr. In einem großen Rechtsbogen schwenkt der Pfad weiter entlang der Steilkante abwärts. Bald erblicken wir unter uns die Bucht von Goksøyr und kommen über die **Wegverzweigung** ❸ zurück nach **Goksøyr** ❶.

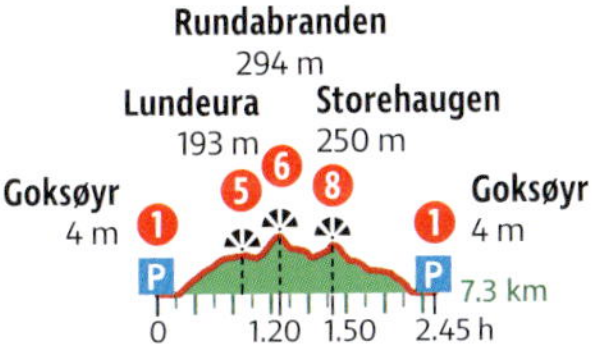

↗ 540 m | ↘ 540 m | 12.1 km

6 Brørene

4.00 h

Höhenrunde auf der Insel Hareidlandet

Die Brørene (Brüder) sind drei unterschiedlich hohe sagenumwobene Gipfel im Norden der Insel Hareidlandet in Sunnmøre, deren höchste Erhebung der Søre Broren (auch Store Broren – Großer Bruder) ist. Die Wanderung bietet Aussichten auf die Inseln von Sunnmøre und hinauf zu den schneebedeckten Sunnmørsalpen. Nach Norden hin fällt die Bergkette extrem steil zum Brørevatnet im oberen Flødalen ab, wo unsere Wanderung beginnt.

Ausgangspunkt: Brørevatnet, 382 m, Parkbucht am Ende des Mautwegs von Flø zum See Brørevatnet in der Gemeinde Ulstein. In Ulsteinvik von der Fv 61 auf die Küstenstraße 5882 in Richtung Flø abzweigen. 500 m nach dem Flø Feriesenter zweigt rechts die nicht asphaltierte Straße zum Brørevatnet (Wanderschilder) ab.
Anforderungen: Zum großen Teil einfach zu gehende Pfade, an der Bergkante ist Schwindelfreiheit erforderlich.
Infrastruktur: Camping in Flø; Übernachtung, Restaurant, Supermarkt und Tankstelle in Ulsteinvik.
Karte: Norge-serien 1:50.000 Ålesund.

Am Parkplatz am **Brørevatnet** ❶ passieren wir einen Viehzaun und wandern den Fahrweg weiter, bis wir nach wenigen Metern zu einer eingezäunten Weide kommen. Wir biegen nach links und gehen entlang des Weidezauns bis zum Ende der Weide, wo wir uns an einer alten Fahrspur orientieren, die uns in Richtung Osten führt. Bald mündet die Spur in einen kaum erkennbaren Pfad, der durch morastiges Terrain führt. Bei der Orientierung helfen uns Holzpflöcke mit weiß-roter Markierung. In wenigen Höhenmetern gelangen wir auf den Sattel **Tørlingeskaret** ❷, wo ein Pfad von links kommt und wir uns nach rechts wenden. Es geht sich nun wesentlich besser, denn es ist nur noch an vereinzelten Stellen morastig. Unser Pfad führt uns durch artenreichen Heidebewuchs hinauf zu den Tørlingehaugane, wobei wir zuerst auf den Litle Tørlingehaug steigen und danach auf den etwas höheren Tørlingehaugen. Mit jedem Höhenmeter genießen wir eine bessere Aussicht auf die Sunnmørsalpen. Bevor wir den Kamm zu den Brørene-Gipfeln hinaufsteigen, geht es hinab zur beschilderten Wegverzweigung auf dem Sattel **Tørlyngskaret** ❸. Hier halten wir uns rechts. Das kuppige Gelände und die Gräser geben uns das Gefühl, inmitten einer Steppenlandschaft zu stehen. An der nun

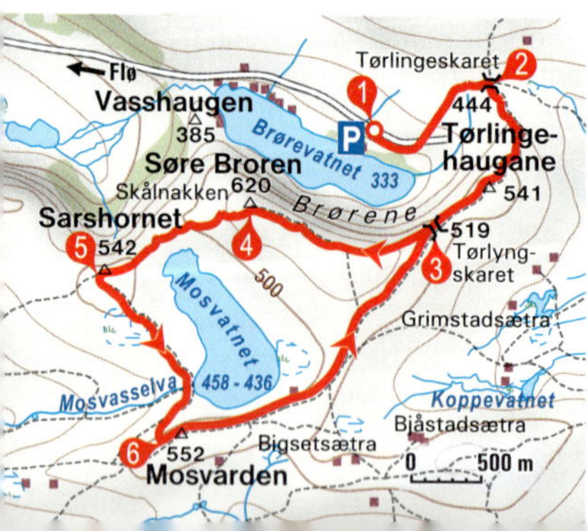

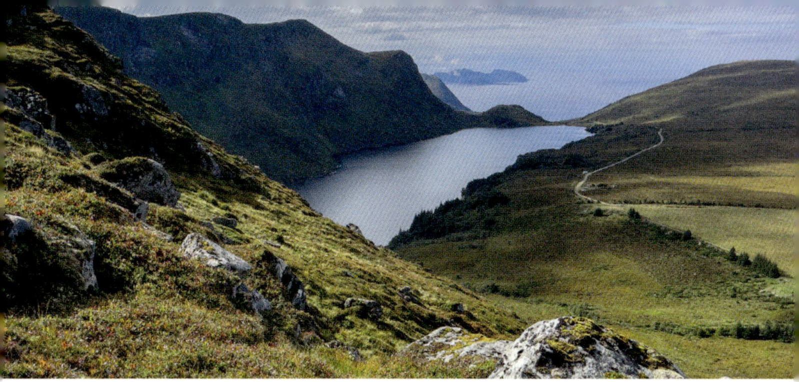

Der See Brørevatnet und die Bergwand der Brørene.

folgenden Abbruchkante ist Vorsicht geboten! Wer nicht schwindelfrei ist, wählt bei der Überschreitung der zwei ersten Brørene einen tiefer gelegenen Pfad. Von den Gipfeln zweigen jeweils Pfade in Richtung Süden ab, die wir jedoch ignorieren, bis wir auf dem höchsten der drei Brüder stehen, dem **Søre Broren** ❹. Hier laden Sitzhölzer an einem Steinkreis zur Rast ein. Nach dem Bestaunen des umfangreichen Bergpanoramas geht es, nun auf gerölligerem Pfad, in südwestlicher Richtung zum ebenfalls aussichtsreichen **Sarshornet** ❺. Gleich nach dem Gipfel wenden wir uns an einer Wegkreuzung nach links. Nach einem gemütlichen Abstieg im weitläufigen Heidehang wird das Terrain morastiger (auch hier navigieren Holzpflöcke gut hindurch). Am Mosvatnet angekommen überqueren wir auf einer Brücke den Überlauf des Trinkwasserstausees und betreten kurz darauf den Damm. Anschließend gibt es zwei Wege, die auf den Mosvarden hinauf führen. Wir wählen den linken Pfad, der uns steiler bis zum großen **varden** ❻ kurz unterhalb des Gipfelplateaus leitet. Mit Weitblicken geht es sanft weiter über grasbewachsene Flächen hinab zum Mossvasseidet, das wie eine trockene Landbrücke zwischen zwei Moorflächen liegt. Rechts blickt man auf ehemalige Almen. Verschiedene Wegabzweigungen ignorierend führt unser Pfad uns wieder hinauf zur Wegverzweigung am Sattel **Tørlyngskaret** ❸ und weiter bis zu unserem Startpunkt am **Brørevatnet** ❶.

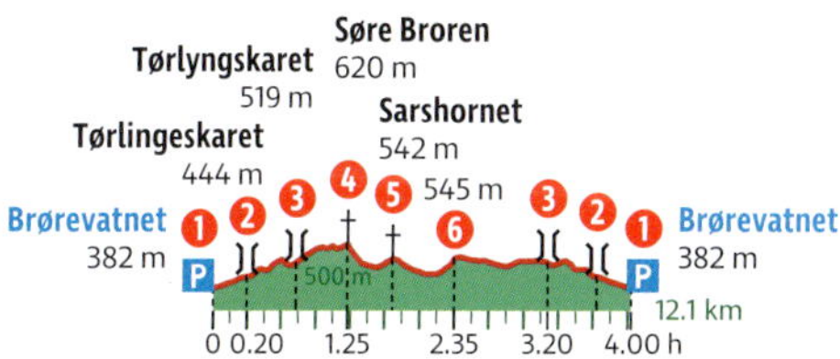

↗ 270 m | ↘ 270 m | 3.5 km

1.30 h

7 Sukkertoppen, 314 m

Ålesunds »Zuckerhut«

Der spitzkegelige Sukkertoppen auf der Insel Hessa ist der höchste Berg der Jugendstilstadt Ålesund und bietet einen fulminanten Rundblick von den Inseln Sunnmøres bis zu den Sunnmørsalpen.

Ålesund ist der Hauptort der Region Sunnmøre und ein wichtiger Klippfisch-Exporthafen. Während der Brandkatastrophe von 1904 fielen rund 850 Holzhäuser den Flammen zum Opfer, 10.000 Menschen wurden obdachlos. Insbesondere mit der Unterstützung von Kaiser Wilhelm II., der ein großer Norwegenverehrer war, wurde Ålesund innerhalb nur weniger Jahre in Stein und im Jugendstil neu aufgebaut. Neben Geld schickte der Kaiser Schiffe mit Medikamenten, Kleidung, Nahrungsmitteln und Wohnraum für die Obdachlosen.

Ausgangspunkt: Hessa skole, 50 m, Bushaltestelle auf der Insel Hessa im Südwesten von Ålesund. Bei einer Anfahrt mit dem Auto befindet sich der Parkplatz im Stadtteil Osen am Kaptein Linges veg (drei Kurven nach der Brücke Steinvågbrua). Zusätzliche Wegstrecke pro Richtung: 1,3 km.
Anforderungen: Momentan wird der vielbenutzte, ausgetretene und stark erodierte Pfad mit Schotter und Steinstufen in verschiedenen Abschnitten saniert. Nach längerem Regen kann der Weg sehr morastig sein.
Infrastruktur: Übernachtung, Camping, Restaurant, Supermarkt und Tankstelle in Ålesund.
Tipps: 1. Das lohnenswerte Meerwasser-Aquarium Atlanterhavsparken befindet sich auf dem nördlichen Teil von Hessa. 2. Neben dem Aquarium kann man auf der Halbinsel Tueneset einen schönen Spaziergang unternehmen, inklusive der Besichtigung der Tueneset Kystbatteri. 3. In Ålesund thront die gerade einmal knapp 190 m hohe Aksla (mit Restaurant), die man sowohl zu Fuß als auch über eine Straße erreichen kann. Von hier aus hat man unter anderem einen wunderschönen Blick über die Altstadt von Ålesund hin zum Sukkertoppen.
Karte: Norge-serien 1:50.000 Ålesund.

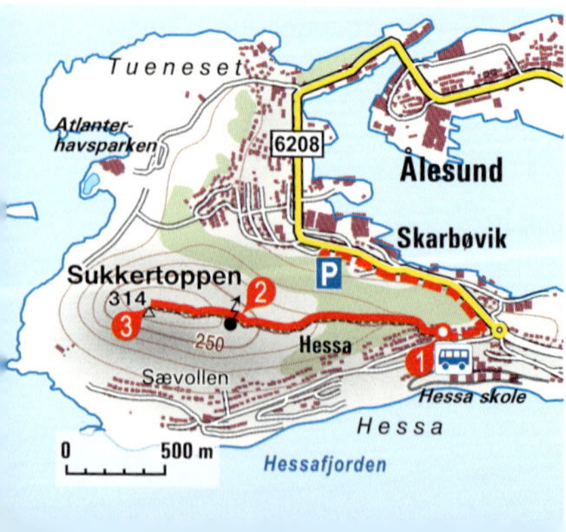

Wir starten unsere Wanderung auf der Insel Hessa an der Bushaltestelle **Hessa skole** ❶. Gleich oberhalb verläuft die schmale Anwohnerstraße Sukkertoppvegen. Auf dieser Straße wandern wir gut 120 m bis zu einer Ausschilderung, an der zwischen zwei Gärten ein schmaler Schotterpfad nach rechts abzweigt. Von dichten Büschen umgeben gehen wir bergan und ein Linksschwenk führt uns durch den Laubwald ober-

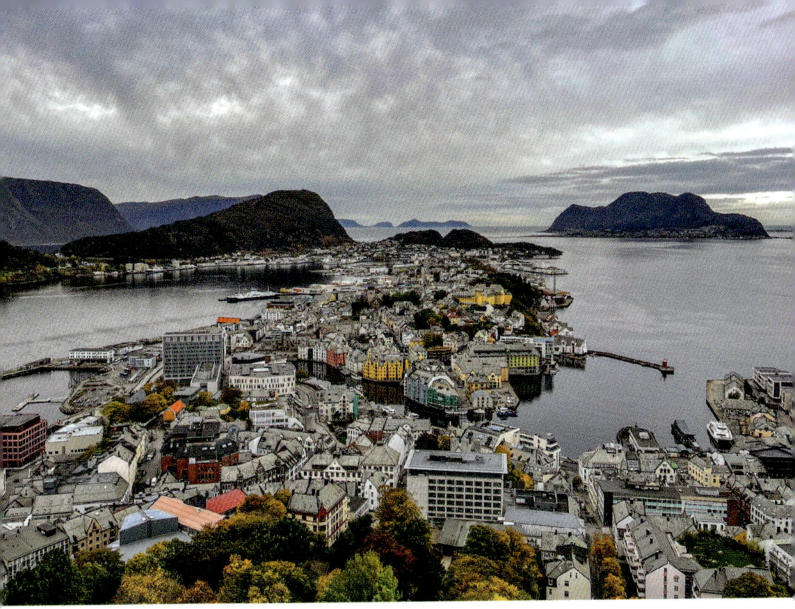

Der Sukkertoppen überragt die Jugendstilstadt Ålesund.

halb der Gärten. Ein wurzelig-steiniger Pfad führt uns weiter bergauf und relativ rasch in eine Nadelwaldzone. Nach rund 80 Höhenmetern in der Bergflanke gelangen wir auf den lang gezogenen Rücken des Sukkertoppen. Der Baumbewuchs wird nun zunehmend niedriger, bis schlussendlich nur noch Büsche den Bergrücken zieren. Vor uns liegen als markante Zwischenziele ein Mobilfunkmast und ein großer (bei Dunkelheit) beleuchteter Stern, die wir an einem steinigen **Absatz** ❷ erreichen. Bereits von hier genießen wir ein beeindruckendes Panorama hinab auf die Insel Hessa, nach Ålesund und über die die Stadt umgebenden Fjorde und Inseln.
Unser Weg führt uns weiter felsig und über Steintreppen den lang gezogenen Rücken hinauf. Immer wieder sind kleine Felsabsätze zu überwinden. Kurz vor unserem Ziel kommen wir an einem alten Grenzstein vorbei.
Ein letzter Felsabsatz ist zu erklimmen und wir stehen am varden auf dem Gipfel des **Sukkertoppen** ❸. Auf dem Steinturm befindet sich eine runde Orientierungstafel, die uns bei der Lokalisierung der umgebenden Bergwelt behilflich ist.
Der Abstieg zur Bushaltestelle **Hessa skole** ❶ erfolgt auf derselben Route.

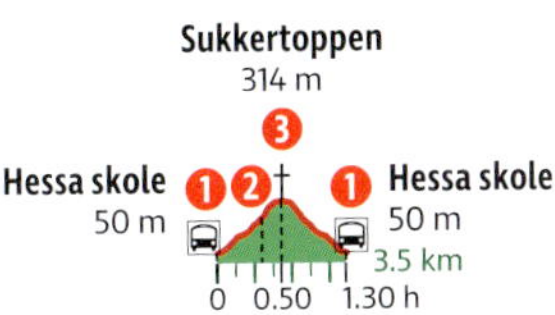

↗ 500 m | ↘ 500 m | 4.8 km

8 Melen, 805 m

2.45 h

Panoramablick auf majestätische Gipfelpracht

Eine schnelle Wanderung mit nicht all zu vielen Höhenmetern bringt uns zügig zu einem Aussichtsgipfel mit Blicken auf das gesamte Panorama der Sunnmørs- und Romsdalsalpene.

Ausgangspunkt: Reset, 306 m, Parkplatz am gleichnamigen Sattel. Von Ålesund der E 136 und der E 39 in Richtung Osten folgen, am großen Industrie- und Einkaufszentrum Digernes auf die Straße 661 in Richtung Vatne fahren, dort auf die Straße 5970 abbiegen und 9 km in Richtung Osten fahren.

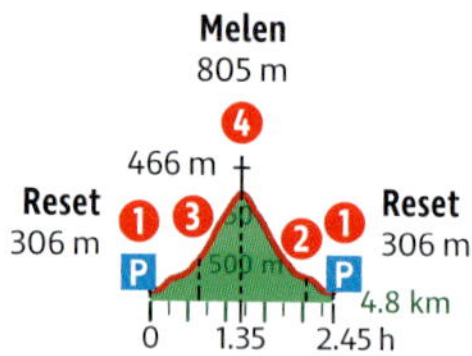

Anforderungen: Zum Teil markierter Pfad mit großen moorigen Abschnitten und einigen Geröllpassagen.

Infrastruktur: Restaurant, Supermarkt und Tankstelle in Vatne.

Karte: Norge-serien 1:50.000 Romsdalsfjorden.

In **Reset** ❶ starten wir auf dem ausgeschilderten und ausgetretenen Pfad an der nordöstlichen Ecke des Parkplatzes und steuern direkt den sich vor uns erhebenden Bergrücken des Melen an. Die Schilder weisen darauf hin, dass dies auch der Pfad zum Frostadtinden ist.
Zunächst gehen wir leicht ansteigend durch offenes Moorgelände mit vereinzelten Kiefern und Birken auf eine Anhöhe, von der aus die Aufstiegsroute auf den nun direkt vor uns liegenden Melen bereits zu erahnen ist. Sobald wir zum Bach **Storelva** ❷ kommen, zweigt kurz davor nach links ein unmarkierter Pfad vom weiter zum Frostadtinden führenden Haupt-

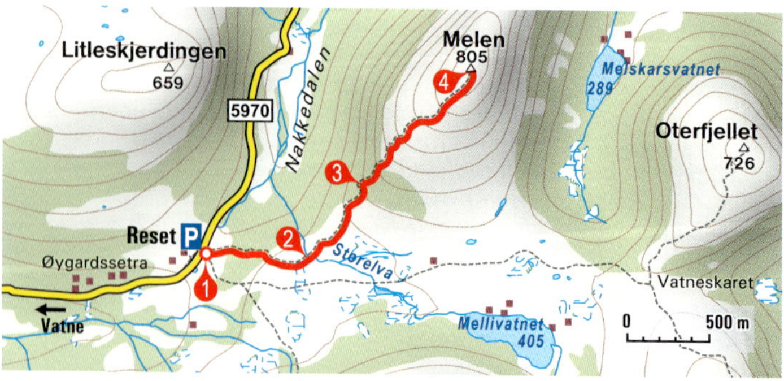

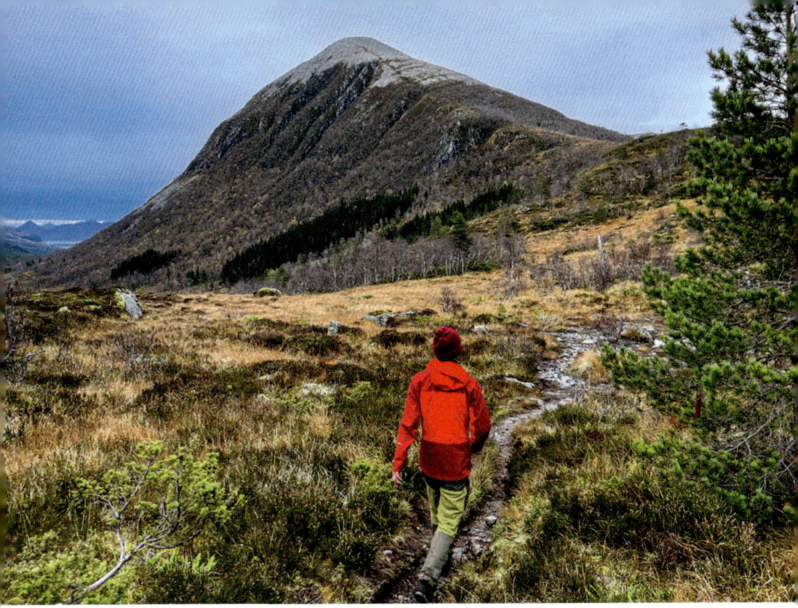

Abendtour zum Melen-Gipfel.

pfad ab. Mehrere schmale Bacharme müssen übersprungen werden, bevor wir durch Moor- und Heidelandschaft und ein anschließendes Birkenwäldchen weiterwandern. Auf einem kleinen **Absatz** ❸ angekommen, haben wir bereits einen guten Fernblick über den Sattel Reset und das Vatnedalen bis weit hinaus in Richtung Ålesund, wo man auch den Sukkertoppen erkennen kann.

Der Weg schlängelt sich im Hang weiter aufwärts zwischen Weidenbüschen und Birken hindurch. Auf gut 600 m Höhe erreichen wir schlussendlich die Geröllzone. Der Pfad leitet zwischen den Geröllfeldern hindurch, wobei uns Steinmännchen bei der Orientierung helfen. Teilweise existieren mehrere Pfadspuren nebeneinander her. Je höher wir steigen, desto mehr führt der Pfad zur östlichen Seite des Bergrückens. Zum Ende hin wird die Wegfindung etwas schwierig, aber es gibt nur eine Richtung: nach oben. Auf 800 m Höhe erreichen wir das Gipfelplateau und etwas nach hinten versetzt den höchsten Punkt des **Melen** ❹, auf dem sich auch ein Gipfelbuch befindet.

Hier erwartet uns ein 360-Grad-Panorama über die Küstenbergwelt und vor allem auf die majestätischen Sunnmørsalpene und Romsdalsalpene, die sich, je nach Jahreszeit, schneebedeckt am südöstlichen Horizont zeigen.

Der Rückweg zum Wanderparkplatz **Reset** ❶ erfolgt auf demselben Pfad.

↗ 560 m | ↘ 560 m | 6.9 km

9 Romedalen – Molladalen

3.15 h

Zwischen Klettergipfeln vom Rome- ins Molladalen

In der Gemeinde Ørsta westlich des Hjørundfjorden führt diese Wanderung durch eine traumhaft schöne Bergkulisse. Vom landschaftlich großartigen Romedalen geht es hinüber in den südlichen Schlussbereich des Molladalen. Schon die Anfahrt durch das Romedalen ist berauschend schön. Letztendlich ist die Mautstraße auch als bequemer Wander- bzw. Radweg entlang des Romedalselva mit seinen steilen Kletterwänden nutzbar. Unterhalb des Romedalstinden (1295 m) endet die gebührenpflichtige Straße an der Alm Steinstøylen mit ihren malerischen Almhütten.

Ausgangspunkt: Steinstøylen, 361 m, Parkplatz am Ende des Mautwegs im Romedalen in der Gemeinde Ørsta. Anfahrt auf der E 39 vom Nordfjord Richtung Ålesund, in Ørsta auf die Straße 655 Richtung Hellesylt/Sæbø abzweigen und nach knapp 5 km geradeaus ins Folestaddalen fahren (Straße 5900), nach gut 7 km zweigt kurz vor einer Brücke nach links unscheinbar die Straße ins Romedalen ab. Achtung: Die enge Mautstraße ist nicht für größere Wohnmobile geeignet!

Anforderungen: Anfangs sehr steiler, später auch felsiger Pfad, zum Teil glitschige Geröllpassagen. Verblassende Markierung.

Infrastruktur: Übernachtung, Camping, Restaurant, Supermarkt und Tankstelle in Ørsta.

Karte: Turkart 1:50.000 Sunnmørsalpene Vest.

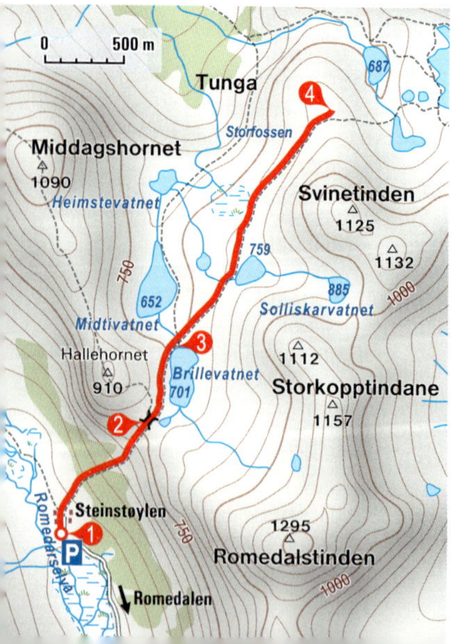

Vom Parkplatz in **Steinstøylen** ❶ gehen wir zu den zwei rechten vorderen grassodengedeckten Hütten. Hier führt ein Pfad in Richtung des vor uns liegenden Sattels. Links von uns ragt die senkrecht abfallende Westflanke des Hallehornet, dem südlichsten Gipfel des lang gestreckten Middagshornet-Massivs, empor. Rechter Hand zieht sich die Westflanke des Romedalstinden hinauf. Der Pfad steigt durch Zwergstrauchheiden-Bewuchs, ist sandig, passagenweise steinig und vor allem augetreten und steil. Besonders die letzten 100 Höhenmeter sind extrem steil und zum Teil müssen die Hände zu Hilfe genommen werden. Im **Sattel** ❷ angekommen, blicken wir hinab in das lang gestreckte Ro-

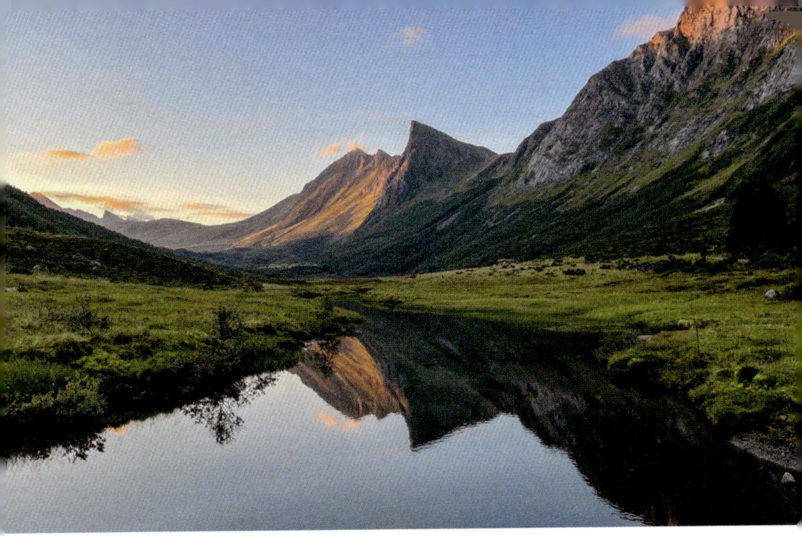

Abendstimmung im Romedalen.

medalen mit seinen 1000 m hohen Gebirgswänden und der sich durch das Tal schlängelnden Romedalselva. An einem kleinen Bergseelein vorbei führt uns der Pfad zum Brillevatnet, an dem wir links entlangwandern. Hinter uns ragt der spitz zulaufende Romedalstinden mit seinem gezackten Grat und Schneefeldern empor. Unser Weg ist hier ein Wiesenpfad, hin und wieder finden sich alte T-Markierungen. Den Abfluss des **Brillevatnet** ❸ überqueren wir auf Steinen. In Richtung Norden schaut man hinab zum Midtivatnet und in der Ferne in den Sulafjorden und über Inseln hinweg in Richtung Ålesund. In westlicher Richtung schauen wir auf den lang gestreckten Grat des Middagshornet. Wir wandern moderat ansteigend in die Ausläufer der Nordflanke der Storkopptindane. Hier ist der Pfad größtenteils steinig mit felsigen Passagen. Bald erscheint links unter uns ein kleiner See und ein weiterer, dessen Abfluss wir wieder auf Steinen überqueren, schmiegt sich an den rechts von uns liegenden Fels. Wir gehen in nördlicher Richtung unterhalb des Svinetinden, wobei wir stark bemooste und somit bei Feuchtigkeit glitschige Geröllfelder queren. Alsbald erreichen wir den Aussichtspunkt auf dem **Nordausläufer** ❹ des Svinetinden und genießen von hier den Blick auf die Bergseen im Molladalen und dessen steil aufragende Kletterwände.

Der Rückweg nach **Steinstøylen** ❶ erfolgt auf demselben Weg.

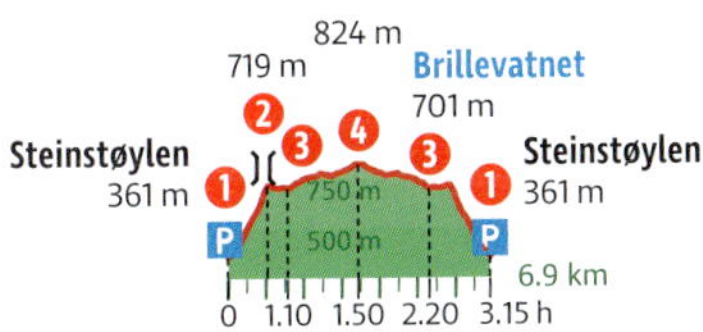

10 Slogen, 1564 m

7.10 h

Hoch über dem Union Øye

Der Slogen in den Sunnmørsalpen ist seit dem 19. Jahrhundert einer der Traumgipfel Norwegens. In pyramidaler Dreiecksform ragt er fast senkrecht 1564 m empor. Zu seinen Füßen steht seit 1891 das im Schweizer Stil erbaute mondäne Hotel Union Øye. Hier gastierten Berühmtheiten wie Roald Amundsen, Kaiser Wilhelm II., Fridtjof Nansen, Königin Beatrix, Arthur Conan Doyle, Karen Blixen und König Haakon VII, um in der grandiosen Bergwelt der Sunnmørsalpen Erholung zu finden. Und auch heutzutage nächtigt und speist man hier in außergewöhnlichem Ambiente.

Das reizvolle Norangsdalen, das bis auf eine Höhe von 300 m hinaufführt und von bis zu 1700 m hohen Bergmassiven flankiert wird, wartet mit spannenden Geschichten über (im wahrsten Sinne des Wortes) untergegangene Almen auf. Alte Steinbrücken zeugen von der Bedeutung der Straße als alten Handelsweg, aber auch als touristische Verbindungsader nach Hellesylt und Geiranger.

Ausgangspunkt: Øye, 42 m, Wanderparkplatz im Norangsdalen (Straße 655) in der Kommune Ørsta. 1 km vom Hotel Union Øye entfernt. Von Hellesylt 4,3 km auf der Fv 60 in Richtung Stryn fahren, auf die Fv 655 in Richtung Ørsta/Øye abzweigen. Von Ørsta aus erfolgt die Anfahrt über die Fv 655 und die Fährverbindung Sæbø–Lekneset.
Anforderungen: Extrem steile Wanderung, die im oberen Bereich durch hochalpines Gelände führt. Leichte Kletterpartien und Schneefelder sind zu queren. Nur für erfahrene Wanderer geeignet! Ausdauer, Trittsicherheit und Schwindelfreiheit sind unabdingbar.
Infrastruktur: Übernachtung in Øye, Urke und Sæbø; Camping, Restaurant und Supermarkt in Urke und Sæbø, Tankstelle in Sæbø und Hellesylt. Am Kai in Øye gibt es Toiletten und Duschen. Patchellhytta, ganzjährig geöffnete, verproviantierte DNT-Selbstversorgerhütte mit 72 Betten.
Tipp: Eine Fahrt durch das Norangsdalen ist sehr zu empfehlen.
Karte: Turkart 1:50.000 Sunnmørsalpene Øst.

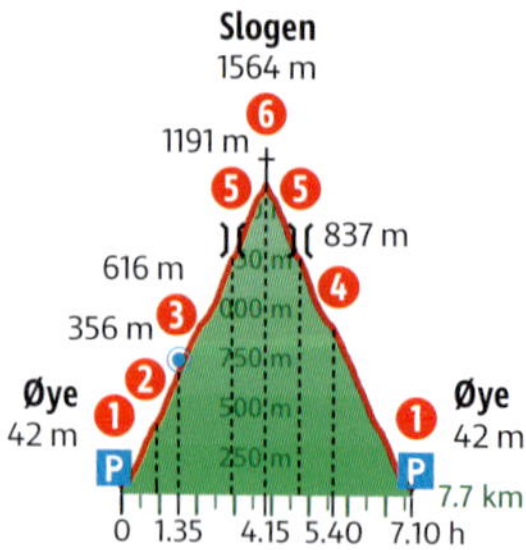

Am Wanderparkplatz in **Øye** ❶ beginnt auf der gegenüberliegenden Straßenseite neben einem Haus der ausgeschilderte Wanderweg. Der schmale Pfad führt auf einen Felsrücken mit Funkmast zu und an diesem rechts vorbei.

Von der Seite steigen wir nun steil über Wurzeltreppen durch einen Fichtenwald die felsige Anhöhe hinauf, vereinzelt hilft Tauwerk

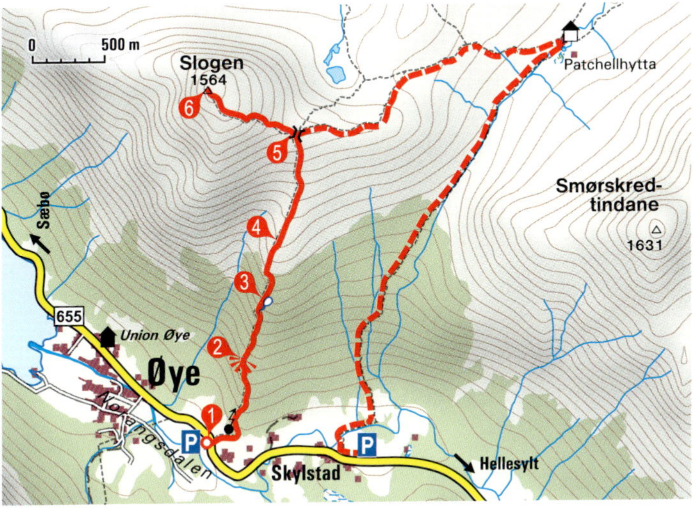

beim Vorwärtskommen. Allmählich wird der Wald lichter und wechselt in Mischwald. Zwischen den Bäumen hindurch blicken wir auf das Tal und den Norangsfjorden hinab. Die weiteren Höhenmeter werden teilweise über kleine Felsstufen erklommen, bis wir an der Mobilfunkstation ankommen. Ab gut 280 m Höhe steigt es sich etwas leichter und wir gehen nun durch Laubwald. Bald kommen wir zu einer **Aussichtskanzel** ❷ mit Bank und Blick hinab auf Øye und den Fjord. Hier befinden wir uns direkt an der Felskante des Bergrückens, den wir aufsteigen. Der Baumbewuchs (zunehmend Birken) wird immer niedriger, sodass wir rückblickend immer wieder neue sich weitende Tal- und Bergblicke haben. Der Weg bleibt wurzelig, steinig und sandig und führt über Felsabsätze. Auf 600 m Höhe erreichen wir etwas abseits vom Weg (ausgeschildert) eine **Quelle** ❸. Bis zum Gipfel ist dies die einzige Wasserquelle, an der man seinen Trinkvorrat auffüllen kann.

Nach Erreichen der Zone mit Krummholzbewuchs queren wir ein kleines Geröllfeld und gelangen bald danach wieder an die Kante des Bergrückens, vor uns die Bergschlucht, die uns von der Felswand des Slogen trennt.

An großen **Felsblöcken** ❹ auf gut 800 m Höhe bietet sich eine gute Pausenmöglichkeit mit beeindruckenden Talblicken. Unser Bergrücken führt nun, im Anstieg etwas sanfter, allmählich an die Bergflanke des Slogen heran. Vor uns sehen wir deutlich den schmalen Weg, der sich in Serpentinen den Hang hinaufzieht. Über diese gelangen wir in einen kleinen **Sattel** ❺, in dem von rechts der alternative Aufstieg via Patchellhytta auf unseren

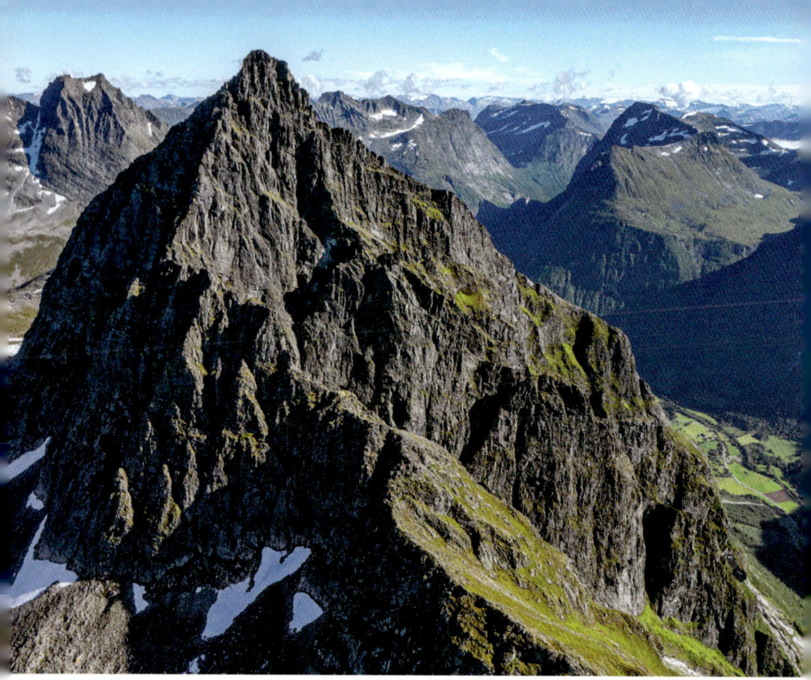

Der Slogen vom Norden betrachtet.

Weg stößt. Hier wenden wir uns nach links. Der nun vor uns liegende Pfad zieht sich steil den breiten Grat hinauf. Es geht durch Geröll, Steine und Sand, wobei mehrere Pfadspuren parallel existieren. Ein ehemals serpentinenartiger Aufstieg ist durch die vielen Pfade leider zerstört. Durch ein großes Geröllfeld führt ein Hauptpfad linksseitig hindurch, bevor er sich unterhalb der nun zackigen Gratkante wieder auffächert. Je nach Restschneelage muss hier zum Weitergehen ein passender Pfad gewählt werden. Kurz vor dem letzten Anstieg genießen wir auf einer kleinen Einsattelung einen grandiosen Bick zu den uns gegenüberliegenden Bergmassiven. Vor uns liegt nun der schwierigste Teil der Besteigung: der turmartige Gipfelaufbau. Da hier der Einsatz der Hände notwendig ist, es sich also um leichte Kletterei handelt, sind Trittsicherheit und Schwindelfreiheit unabdingbar. In der Mitte des Gipfelaufbaus existiert eine durch Erosion entstandene Rinne, durch die Klettererfahrene eher am linken Rand über Felsplatten und Felsstufen einen Weg finden. Pfadspuren ziehen sich am rechten Rand der Rinne, ebenfalls über Platten und Stufen hinauf. Aber auch hier ist der Einsatz der Hände notwendig.

Schlussendlich landet man auf dem kleinen, gestuften Gipfel des **Slogen** ❻, der die fantastischen Ausblicke des Aufstiegs zu einem überwältigenden 360-Grad-Panorama zusammenfasst.
Der Rückweg erfolgt auf derselben Route.

Variante: Aufstieg von Skylstad über die Patchellhytta (4.40 Std., Aufstieg 1520 m, »schwarz«)
Vom ausgeschilderten Parkplatz im Weiler Skylstad gehen wir 80 m in Richtung Øye entlang der Straße und folgen hinter einer Scheune dem Fahrweg nach rechts. Auf einer historischen Steinbrücke überqueren wir das Flüsschen Norangdalselva und biegen nach rechts auf einen weiteren Fahrweg ab. Bald geht es nach links am Wiesenrand hinauf zu einem Wald. Der Pfad führt nun steil aufsteigend durch einen üppig feuchten und urwaldähnlichen Laubwald. Wir überqueren kleine Bäche, und stufige Absätze erfordern den Einsatz der Hände. Ab der Talschulter wird die Vegetation etwas lichter und nimmt, je höher wir steigen, immer mehr ab. Allmählich kommt das Rauschen des zu unserer Rechten tief unter uns herabstürzenden Baches Brekkelva immer näher. Nach einem zu durchquerenden Geröllfeld befindet sich der Bach direkt neben uns. Auf gerölligem Pfad steigen wir das Hochtal der Brekkelva weiter aufwärts, wobei sich das Gelände immer mehr einflacht und das Tal sich zunehmend weitet. Links von uns erhebt sich die Flanke des Slogen und rechts von uns die Flanken der Smørskredtindane. Im Wiesengelände erblicken wir vor uns die Patchell-

Stavbergsætra im Norangsdalen.

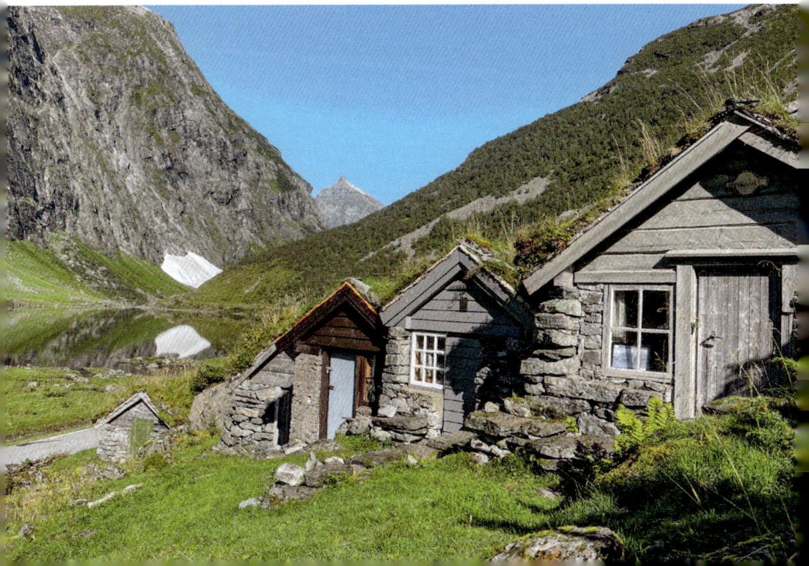

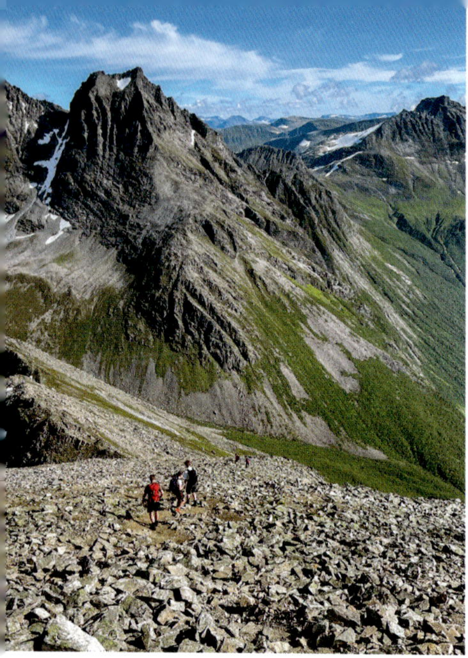

Im Abstieg vom Gipfel.

hytta, die unterhalb des Massivs der Brekketindane liegt. An der Patchellhytta folgen wir der Ausschilderung Richtung Urke. Unser Pfad steigt nun steinig und ausgetreten hinter der Hütte in westlicher Richtung im Hang an. Ein großes Geröllfeld untergehen wir so, dass es rechts von uns bleibt, und kurz danach navigiert uns der T-markierte Wanderweg durch ein kleines Blockgeröllfeld. Genau in unserer Laufrichtung thront die Spitze des Slogen. Wir kommen in ein steiniges Hochtal mit Wasserläufen und Seelein, wo der Weg einflacht.
Hier heißt es aufpassen: Der T-markierte Wanderweg führt in westlicher Richtung weiter ins Tal hinauf, unser schmaler unscheinbarer Pfad (mit Steinmännchen markiert) zweigt in südwestlicher Richtung ab und hält auf die rechte Anhöhe des vor uns liegenden Rückens zu.
Achtung: Eine weitere Möglichkeit des Aufstiegs führt weiter aufwärts bis in den Sattel am Ende des Hochtales. Hier zweigt nach links ein Pfad ab, der durch die steile, nasse und kalte Nordwand der rechten Anhöhe führt. Von diesem Zustieg ist abzuraten, da bis in den Sommer hinein Schneefelder zu queren sind und der Pfad dadurch ganzjährig große rutschige Abschnitte aufweist.
Unser Pfad dreht weiter in südlicher Richtung und führt direkt in die Steilwand unterhalb der linken Anhöhe. Da mehrere Pfadspuren existieren, müssen wir gut auf die Steinmännchen achten. Im Blockgeröllhang geht es ansteigend auf den Grat, wo sich ein Schneefeld befindet, zu dessen rechter und linker Seite Wegspuren verlaufen. Wir steigen in den vor uns liegenden kleinen Sattel, wo wir zu unserer Linken einen tiefen Blick in das unter uns liegende Norangsdalen werfen. Es geht über die nächste Anhöhe und wieder hinab in den folgenden **Sattel** ❺, in dem von links der Weg aus Øye auf unseren Pfad stößt. Von hier aus weiter wie in der Beschreibung des Hauptweges.
Der Rückweg vom Gipfel des **Slogen** ❻ erfolgt über den Hauptweg.

↗ 420 m | ↘ 420 m | 13.3 km

4.00 h

Patchellhytta 11

Familienfreundliche Wanderung im Herzen der Sunnmørsalpen

Unsere Wanderung führt durch das in die vergletscherte Bergwelt eingeschnittene Liadalen (auch Habostaddalen) zur Patchellhytta. Der schottische Kletterer Charles Watson Patchell residierte in den 1920er-Jahren sommers im Hotel Union Øye und ließ im Sattel zwischen den Smørskredtindane, Brekketindane und dem Slogen als Basislager eine steinerne Hütte errichten, die noch heute als Unterkunft nutzbar ist. In den Jahren 1964, 2011 und 2014 kamen neue Gebäude hinzu, die heute das Ensemble Patchellhytta bilden.

Ausgangspunkt: Liasætra, 415 m, Parkplatz an der Alm am Ende des Mautwegs Liasetervegen im Westen der Gemeinde Stranda. Anfahrt von Ålesund aus auf der Fv 60. 2 km südlich von Stranda der Ausschilderung Engeset rechts hinauf folgen; nach Passieren der letzten Gehöfte von Engeset beginnt der Mautweg.
Anforderungen: Teilweise markierter, meist sanft ansteigender Pfad mit Geröll- und Moorpassagen.
Infrastruktur: Übernachtung, Camping, Restaurant, Supermarkt und Tankstelle in Stranda. Patchellhytta, ganzjährig geöffnete, verproviantierte DNT-Selbstversorgerhütte mit 72 Betten.
Varianten: 1. Von der Patchellhytta ④ bietet sich eine Ganztagestour auf den Slogen an (Beschreibung siehe Tour 10). 2. Eine 1- bis 2-Tagestour führt von der Patchellhytta um die Brikketindane und den Brustadhornet, als Übernachtungsmöglichkeit kann die nicht verproviantierte Selbstversorgerhütte Velleseter (12 Betten) genutzt werden.
Karte: Turkart 1:50.000 Sunnmørsalpene Øst.

Die alten Almhütten von Liasætra.

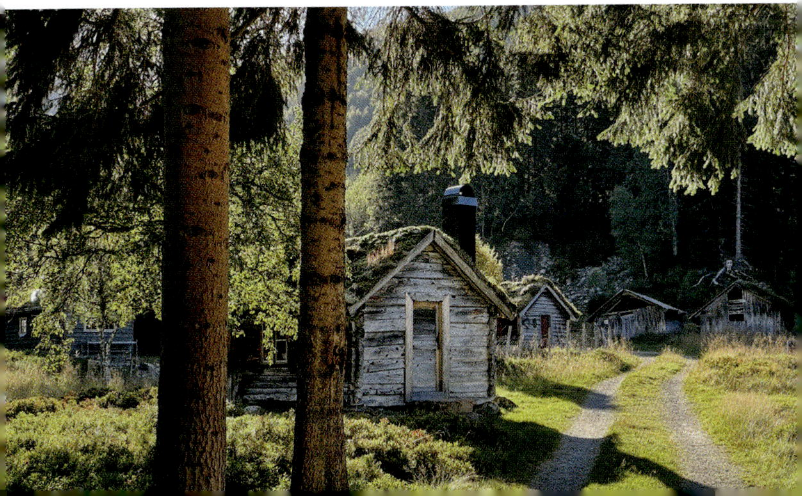

Vom Parkplatz in **Liasætra** ❶ aus sind es nur wenige Schritte entlang eines Fahrweges bis zur gleichnamigen Alm. Ein Schild weist uns auf einen Waldpfad, dem wir folgen. Zwischen den Bäumen hindurch nimmt man jenseits des Flusses Engsetelva die Alm Habostadsætra wahr. Der Fichtenwald wird schon bald von Birken abgelöst. In moorigem Gelände erleichtern Plankenstege das Vorwärtskommen, mit schlammigen Passagen muss aber trotzdem immer wieder gerechnet werden.

Nach einer ersten Brücke über den Bach Åndalsåa überqueren wir die **Engsetelva** ❷, welche über Kaskaden abwärts stürzt. Kurz darauf stößt der von Habostadsætra heraufführende Weg auf unseren.

Der nun folgende Wanderabschnitt führt uns mal oberhalb, mal näher am Ufer der rauschenden Engsetelva entlang, die immer wieder mit Kaskaden und kleinen zum Baden einladenden Pools durchsetzt ist. Wir gehen stetig unschwer ansteigend über felsige Passagen, aber auch durch morastigere Abschnitte. Nach gut 2,5 km kommen wir am bereits an der Alm Liasætra ausgeschilderten kleinen See **Nysetvatnet** ❸ an, dessen Auslauf wir über eine kleine Brücke queren. Allmählich erlaubt der spärlicher werdende Birkenbewuchs Blicke in Hochtäler und auf Schneefelder. Zwischen den Birken gedeihen üppig Blaubeeren.

Nach Verlassen der Baumzone sehen wir links aus einem großen Karkessel, dem Svartdalen, einen Wasserfall herabstürzen. Westlich von uns ergießen sich viele zarte Wasserfälle aus dem sichtbaren Brekketindbreen, der sich an die Brekketindane schmiegt. Der rechts davon gelegene Sattel führt vorbei an bis zu über 1500 m hohen Gipfeln in nördlicher Richtung hinü-

Die Brekketindane und links im Hintergrund der Slogen.

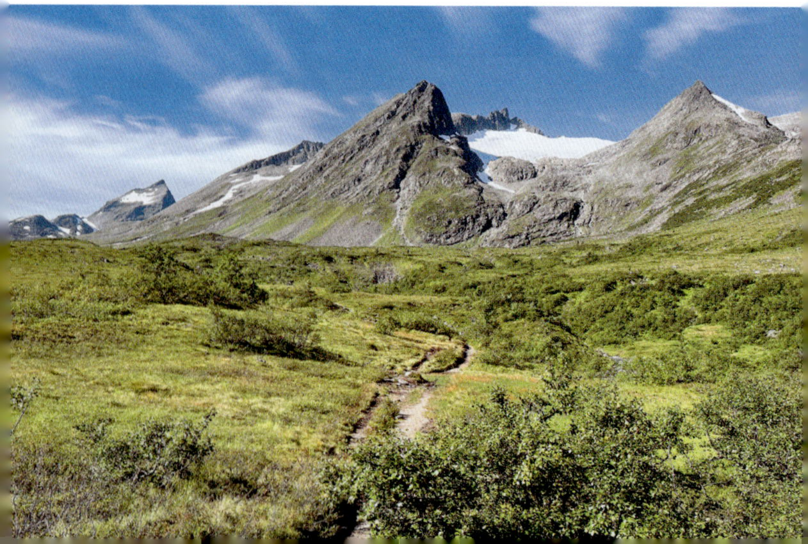

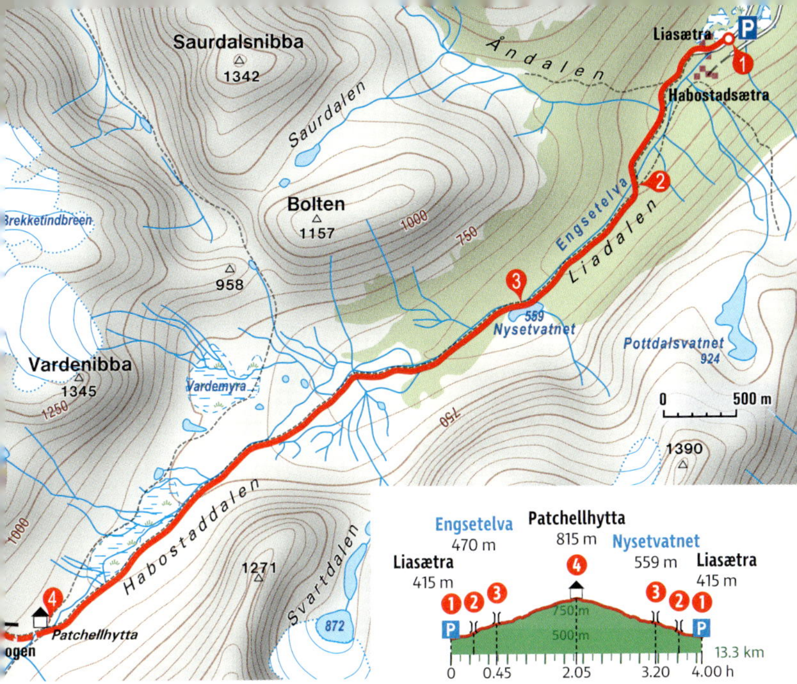

ber in das Brunstaddalen und zur Alm Brunstadsætra. Wir wandern weiter das Liadalen hinauf. Es geht teils durch unproblematische Geröllfelder hindurch, teils kommt man dicht am Fluss entlang, quert sumpfige Flächen, muss immer wieder ein wenig nach dem Pfad Ausschau halten. Bei der Orientierung helfen uns vereinzelte Steinmännchen und T-Markierungen. Links von uns erheben sich die hohen Wände der Smørskredtindane und rechts die der Brekketindane. Geradeaus steuern wir auf den mit einem spitzen Gipfel aufragenden Slogen zu. Links von diesem ragt in der Ferne jenseits des Norangsdalen der Gipfel der Jakta auf.

Noch eine letzte Anhöhe ist zu überwinden, bevor wir endlich die Hütten erblicken. Nur noch wenige Minuten und wir stehen an der **Patchellhytta** 4, die einsam auf dem Sattel zwischen den Berggipfeln steht. An den Wegweisern vor dem Hüttenkomplex kann man, in Richtung Südosten blickend, die alte Patchell-Hütte sehen, in der auch übernachtet werden kann. Von hier aus kann die Tour mit einer Besteigung auf den Slogen verlängert werden oder eine ein- bis zweitägige Wanderung via Velleseter und Langsætra um das Massiv der Brekketindane unternommen werden.

Der Rückweg nach **Liasætra** 1 erfolgt auf demselben Weg.

↗ 670 m | ↘ 670 m | 7.5 km

12 Geiranger – Skageflå

3.30 h

Hoch über dem Geirangerfjorden

Der Geirangerfjorden in Sunnmøre steht als eine der schönsten Landschaften der Erde als Weltnaturerbe unter dem Schutz der UNESCO. Touristen kommen bereits seit über 100 Jahren in den kleinen Ort Geiranger, in dem sich gefühlt alles um die Besucher dreht.

Den anstrengenden Aufstieg hinauf nach Skageflå, dem wohl berühmtesten Hof Norwegens, oberhalb des Fjords meistern wir kettengesichert. 240 m hoch auf einer Steilwand hockend, umgeben von fruchtbarer Erde und viel Sonnenschein in den Sommermonaten, war Skageflå ein ergiebiger Hof. Nur mühsam erreichbar, war er selbst vor gierigen Steuereintreibern sicher. Bis 1918 wurde Skageflå ganzjährig bewirtschaftet und war übrigens einer von mehreren Höfen dieser Art am Fjord, bei denen schon mal, zu ihrem eigenen Schutz, kleine Kinder angebunden werden mussten.

Ausgangspunkt: Geiranger, 1 m, Anleger des Ausflugsschiffs M/S Geirangerfjord in der Gemeinde Stranda. Geiranger liegt an der Landschaftsroute Geiranger–Trollstigen (Fv 63, zwischen E 15 und E 136).
Anforderungen: Im Aufstieg steiler, passagenweise kettengesicherter Felspfad, beim Abstieg überwiegend Waldpfad, immer wieder nahe der Bergkante.
Infrastruktur: Übernachtung, Camping, Restaurant, Supermarkt und Tankstelle in Geiranger.
Hinweise: 1. Infos zum Bootstransfer unter geirangerfjord.no.
2. Im Bereich des UNESCO-Weltnaturerbes herrscht Drohnenflugverbot!
Tipp: Informationen über sämtliche Aktivitäten findet man auf geirangerfjord.no.
Karte: Norge-serien 1:50.000 Tafjorden.

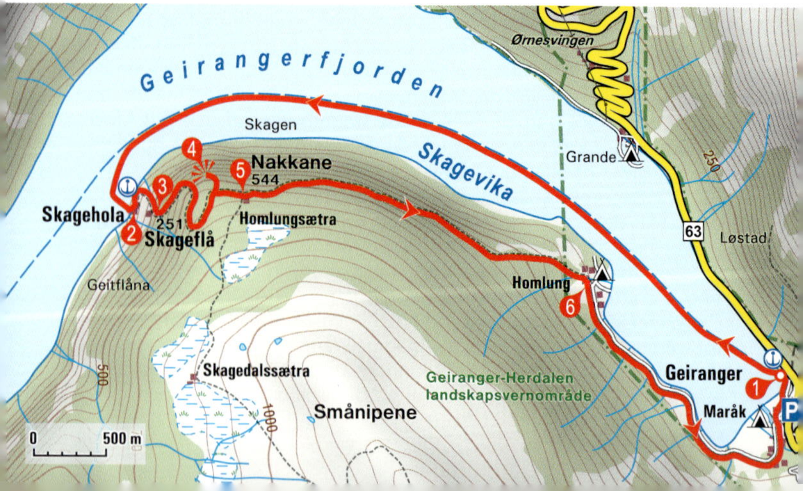

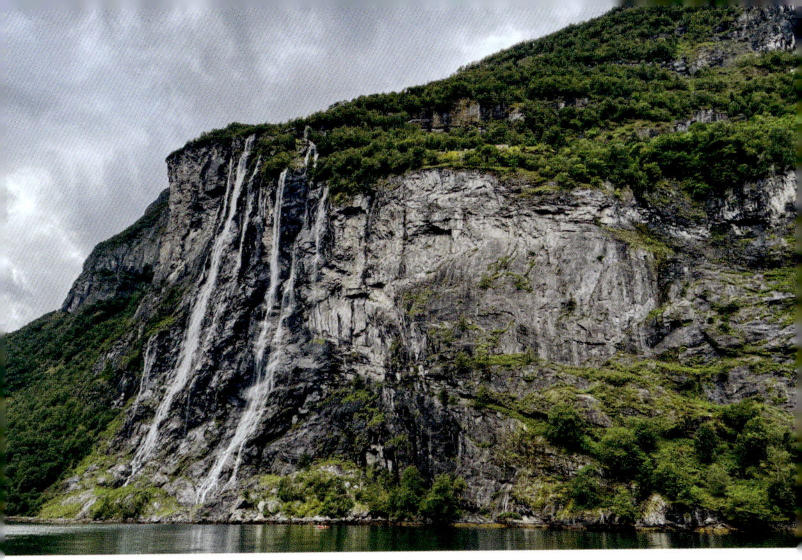

Die Sieben Schwestern.

Wir starten im Hafen von **Geiranger** ❶, wo das Ausflugsschiff M/S Geirangerfjord Richtung Skagehola ausläuft. Während der Schiffsfahrt können wir gut die Abbruchkante sehen, auf der unser Rückweg verlaufen wird. Nach 60 Minuten Fahrt erreicht die M/S Geirangerfjord **Skagehola** ❷ schräg gegenüber den Wasserfällen Dei sju systrene (Sieben Schwestern). Den Schwestern wurde von dem diesseitig liegenden Wasserfall Friaren (Freier) der Hof gemacht. Da er jedoch nicht alle Schwestern gleichzeitig freien durfte, verfiel er der Flasche, also dem Alkohol, was sich in seiner Form widerspiegelt.

Durch eine teils mit Ketten und Handgeländer gesicherte, teils durch Stufen gangbar gemachte Rinne steigen wir in der Felsflanke aufwärts. Beim Verschnaufen zwischendurch genießen wir die Aussicht über den Fjord und zu den Wasserfällen. Nach 250 Höhenmetern haben wir es geschafft. Die grassodengedeckten Holzhäuser des ehemaligen Berghofes **Skageflå** ❸ erheben sich vor uns und lassen erahnen, was die Arbeitswelt vor einhundert Jahren an Mühsal bereit hielt.

Wer nicht weitersteigen will, klettert zurück zur Anlegestelle, sofern das Rückfahrtticket gebucht ist. Wir steigen jedoch vom Hof Skageflå weiter aufwärts. Der Pfad ist mit einem roten V markiert. Schon bald ist es wieder luftig und anstrengend im Fels. Endlich oben angekommen zweigt nach links ein kurzer Abstecher zu einer **Felskanzel** ❹ mit schönem Blick über den Fjord. Kurz darauf erreichen wir die ehemalige Alm **Homlungsætra** ❺

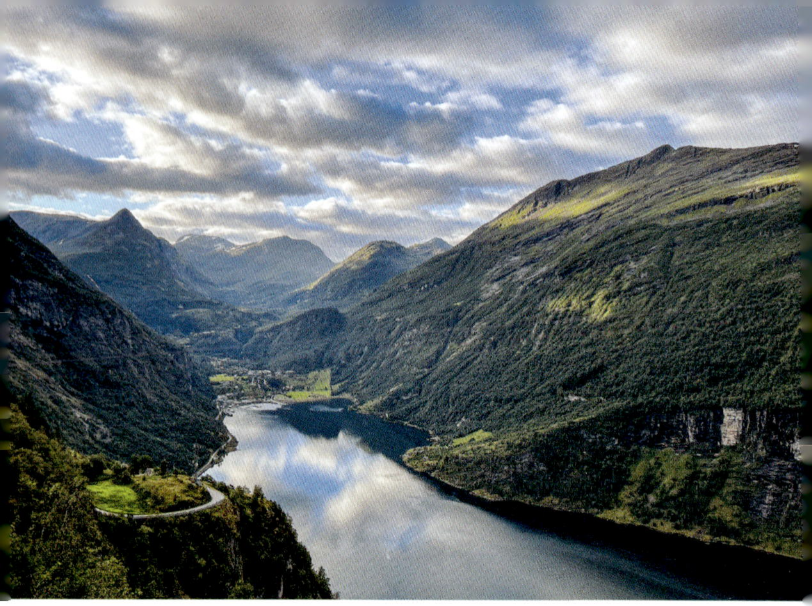

Blick auf Geiranger.

mit ihren ebenfalls sodengedeckten Hütten. Hier, am Ende des Aufstiegs, lässt es sich gut rasten. Überwiegend im Wald und immer tiefer absteigend folgt der Pfad nun der fast senkrechten Abbruchkante Richtung Geiranger. Zum Teil führt er über Felsplatten, die bei Nässe rutschig sein können, hin und wieder sind Steinplatten als Stufen ausgelegt. An einer alten Hütte über der Bucht Skagevika verlässt der Pfad vorübergehend den Birkenwald, hier öffnet sich der Blick auf das Innere des Geirangerfjorden und den in steilen Serpentinen aus dem Fjord herausführenden Straßenabschnitt »Ørnevegen« auf der gegenüberliegenden Fjordseite. Zuletzt leitet uns ein Feldweg zum Campingplatz in **Homlung** 6 und weiter über die Straße zurück zu unserem Ausgangspunkt, dem Hafen **in Geiranger** 1.

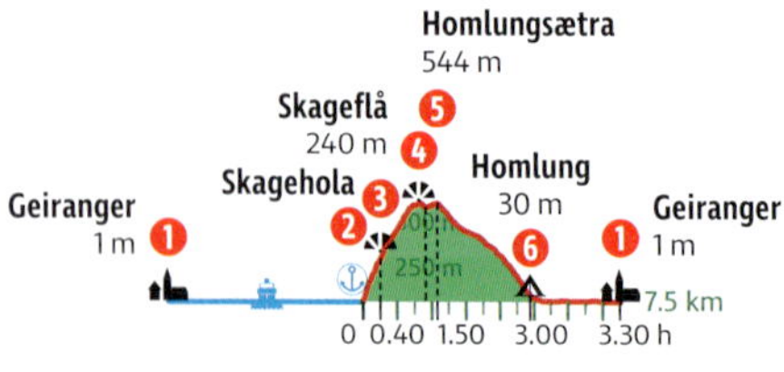

↗ 550 m | ↘ 550 m | 8.2 km

3.40 h

Fosseråsa – Storsæterfossen

13

Blick hinter den Wasserfall

Die Wanderung Fosseråsa wurde 2019 zum ersten nationalen Touristenpfad (Nasjonale turiststi) ausgebaut. Vom Stadtzentrum führt der Weg durch Geiranger, vorbei an der in Kaskaden herabstürzenden Maråkelva, am Norsk Fjordsenter und hinauf bis zum Wasserfall Storsæterfossen. Die Tour bietet einen fantastischen Blick hinab auf den Geirangerfjorden und gewährt einen eher seltenen Blick hinter einen Wasserfall.

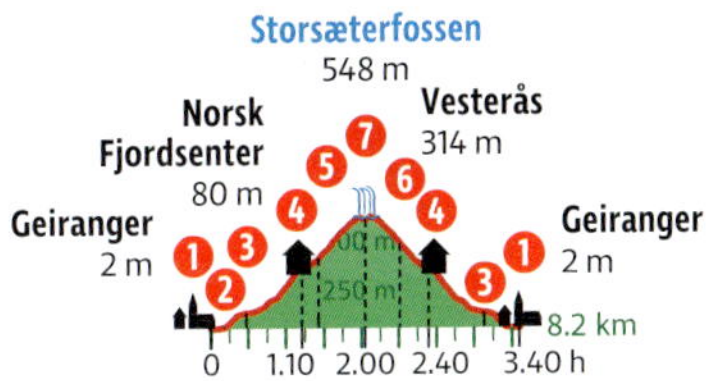

Ausgangspunkt: Geiranger, 2 m, Parkplatz im Zentrum am Supermark. Geiranger liegt an der Landschaftsroute Geiranger–Trollstigen (Fv 63, zwischen der E 15 und der E 136), zwischen Åndalsnes und Stryn.
Anforderungen: Im ersten Teil ausgebaute Wege. Im zweiten Teil Steintreppen sowie Fels, Wald- und Wiesenpfad.
Infrastruktur: Restaurant Westerås Gard. Übernachtung, Camping, Restaurant, Supermarkt und Tankstelle in Geiranger.
Tipps: 1. Fantastische Fjordblicke genießt man oberhalb Geirangers auf dem Ørnevegen, der hoch hinauf zum Aussichtspunkt Ørnesvingen führt.
2. Informationen über sämtliche Aktivitäten findet man auf geirangerfjord.no.
Hinweis: Im Bereich des UNESCO-Weltnaturerbes herrscht Drohnenflugverbot!
Karte: Norge-serien 1:50.000 Tafjorden.

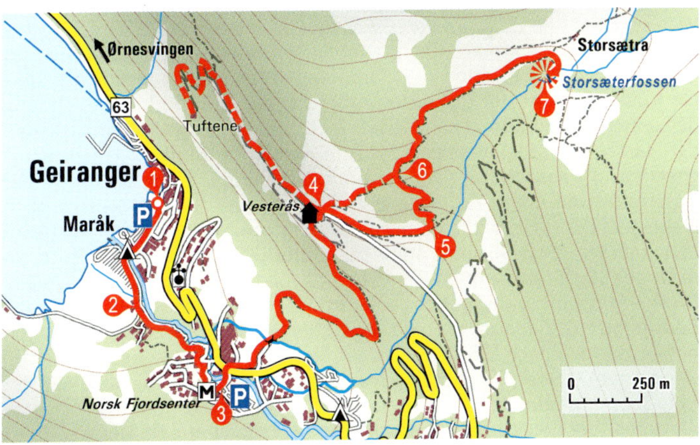

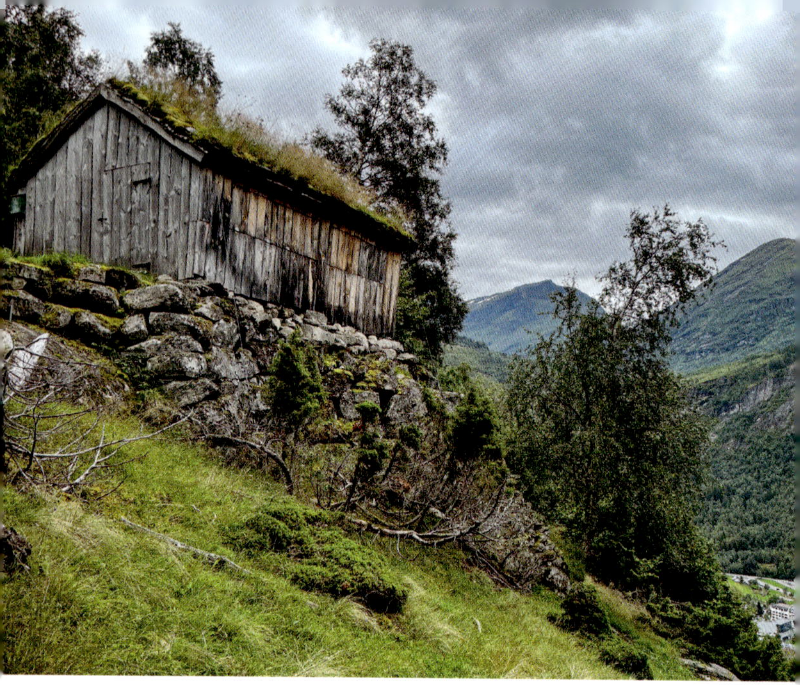

Die Alm Tuftene.

Vom Parkplatz im Zentrum von **Geiranger** ❶ wenden wir uns nach rechts in Richtung Campingplatz, überqueren die Brücke über den Maråkelva und gehen links bis zum Ende des Campingplatzes. Hier zweigt beschildert ein **Kiesweg** ❷ ab, der uns weiter, überwiegend über Holzstege, entlang des reißenden Bergflüsschens leitet. Dicht an den donnernden Kaskaden der Maråkelva vorbei gelangen wir zum **Norsk Fjordsenter** ❸, dem Besucherzentrum des UNESCO-Weltnaturerbes Geirangerfjord. Wir folgen der Ausschilderung über eine weitere Brücke und wenden uns danach nach rechts auf die Hauptverkehrsstraße Geirangervegen, die wir entlangwandern müssen (links von uns steht das Hotel Union Geiranger), bevor wir nach gut 90 m nach links in ein kleines asphaltiertes Sträßchen abbiegen. An einem Gehöft vorbei geht es aufwärts. Rechts blicken wir auf die beiden Bergspitzen Grinddalsnibba und Vinsåshornet, die wie zwei Hörner den herabtosenden Bach Grinddalselva einrahmen.

Nach einem kleinen Brückchen schwenkt unser Weg nach rechts und führt in großen ausladenden Serpentinen hinauf zum alten Hof Westerås Gard (Vesterås), der heutzutage eine kleine Restauration betreibt. Der Weg führt durch einen Laubwald und ist größtenteils breit ausgebaut, teils geschottert und teils mit Steintreppen versehen. Auf **Vesterås** **4** angekommen wenden wir uns nach rechts und gehen gut 100 m auf der asphaltierten Straße, bis uns nach links ein Schild auf einen Fahrweg leitet. Auf unserem Weiterweg kommen wir an einer beeindruckend großen Ulme vorbei. Gut 300 m vom Abzweig entfernt führen Treppen zu einem kleinen **Holztor** **5** (Schild). Von hier aus geht es nun steiler, anfangs über Erde und Fels (Kettenhilfe) und im weiteren Verlauf über Treppen aufwärts bis, wir zu einer beschilderten **Wegverzweigung** **6** kommen. Hier kommt von links der alte steilere, stark ausgetretene Pfad von Vesterås hinauf. Wir wenden uns nach rechts. Der Pfad wird nun allmählich weniger steil und schon bald vernehmen wir das Tosen des Wasserfalles immer stärker. Von einem beschilderten Abzweig aus geht es nach links zu alten Almsiedlungen, auf den Gipfel des Laushornet und bis ins Herdalen. Wir aber wandern nur noch wenige Meter nach rechts und gelangen zu einem Wiesenplateau, auf dem es sich gut rasten lässt. Hier sollte man schweres Gepäck stehen lassen und warten, bis unter dem Wasserfall genügend Platz ist. Die herabstürzenden Wassermassen des **Storsæterfossen** **7** liegen ein wenig unterhalb des Wiesenplateaus und man gelangt auf einem nassen schmalen Steig direkt hinter ihn. Hier ist äußerste Vorsicht geboten!

Der Rückweg erfolgt über denselben Weg. Wer mag, kann an der **Wegverzweigung** **6** den direkten Weg nach **Vesterås** **4** wählen. Von da aus bietet sich noch ein Abstecher nach Vesteråsfjellet (in den Karten Tuftene), eine Alm mit bezauberndem Fjordblick, an (hin und zurück 2 km, 30 Minuten). Auf dem weiteren Rückweg genießen wir die Blicke über den Geirangerfjorden.

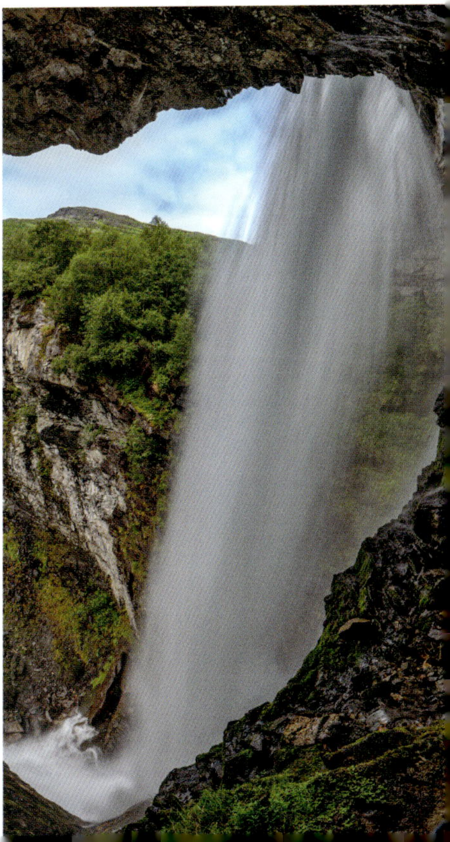

Hinter dem Storsæterfossen.

↗ 590 m | ↘ 590 m | 10.3 km

14 Reindalseter, 708 m

4.15 h

Naturperle Tafjordfjellene

Unsere Wanderung führt uns in das Naturschutzgebiet Tafjorden-Reindalen landskapsvernområde am Rande des Reinheimen nasjonalpark. Die landschaftlich wunderschöne Tour verläuft zunächst entlang des Stausees Zakariasvatnet zum 88 m hohen Reindalsfossen und anschließend hinauf in die Tafjordfjella, wo in einem weiten grünen Talkessel zu Füßen des vergletscherten Hochgebirges die DNT-Hütte Reindalseter steht.
Der 95 m hohe Zakariasdamm war bei der Fertigstellung 1969 die höchste Talsperre Skandinaviens. Er staut den Zakariassee für das 450 Höhenmeter tiefer gelegene Wasserkraftwerk Tafjord IV. Staumauer und See sind benannt nach Zakarias Uri, der im Herbst 1793 ertrank, als sein Pferd scheute und er in den Fluss Rødalselva stürzte.

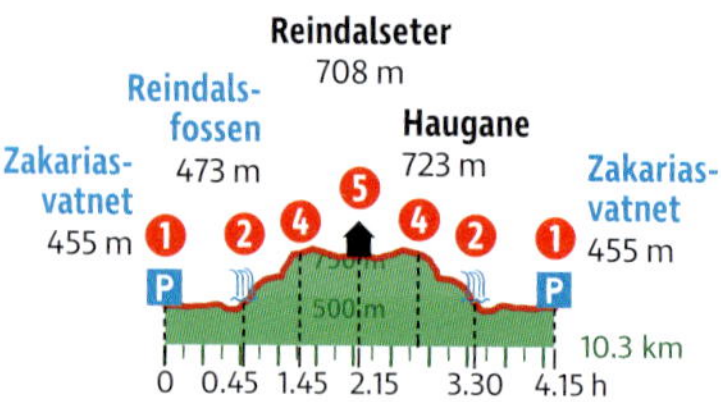

Ausgangspunkt: Parkplatz, 455 m, am Ende der Stichstraße am Zakariasvatnet in der Gemeinde Tajord. Anfahrt auf der Landschaftsroute Geiranger–Trollstigen (Fv 63) bis Valldal am Norddalsfjord. Hier ostwärts abzweigen und auf der Straße 5928 nach Tafjord und von dort knapp 10 km aufwärts in Richtung Zakariasdammen fahren, am Staudamm vorbei bis zum Parkplatz.

Anforderungen: Teils leichter Graspfad, teils steiler mit Stufen ausgelegter Fels- und Geröllpfad.

Infrastruktur: Übernachtung, Camping, Restaurant, Supermarkt und Tankstelle in Tafjord. Reindalseter, saisonal bewirtschaftete DNT-Hütte (76 Betten), sonst verproviantierte Selbstversorgerhütte mit geringerer Bettenanzahl. Jakobselet, nicht verproviantierte, mit dem DNT-Schlüssel verschlossene DNT-Selbstversorgerhütte mit 7 Betten, als ganze Einheit mietbar.

Karte: Turkart 1:50.000 Tafjordfjella.

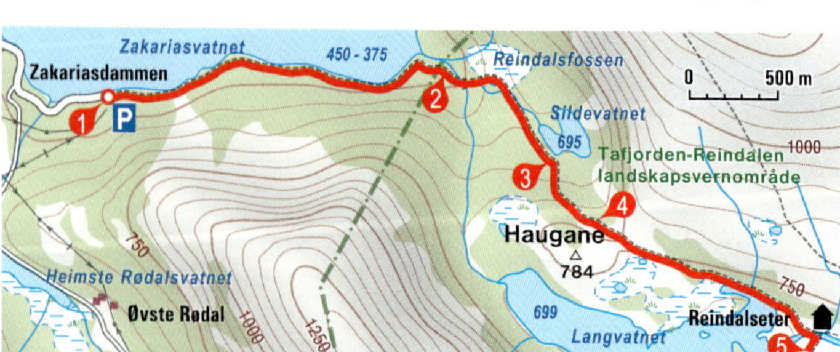

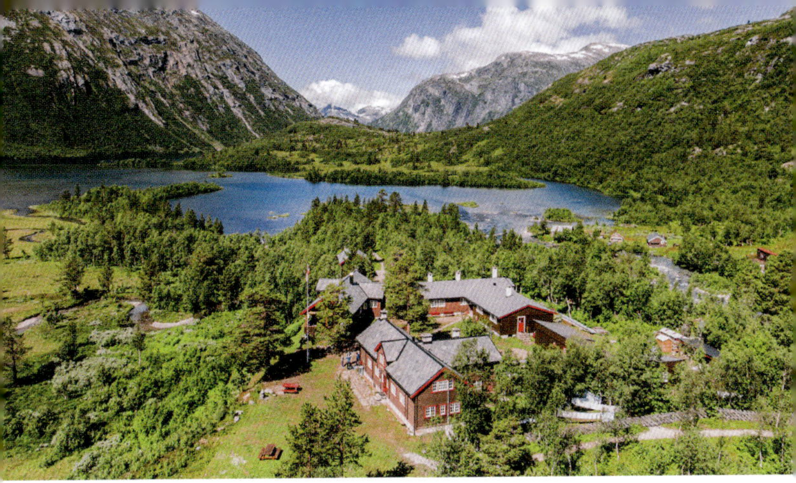

Reindalseter und Jakobselet am Langvatnet.

Vom Parkplatz am **Zakariasvatnet** ❶ im Südwesten des Stausees führt unser mit dem roten Touren-T markierter Wanderpfad zwischen Birken und Ebereschen sowie durch grobblockige Geröllhalden im Steilhang über dem Südufer des Stausees Richtung Reindalsfossen. An einer Stelle helfen uns Drahtseile. Bei niedrigem Wasserstand kann der Stausee als unschön wahrgenommen werden, doch sobald der Pfad im Osten in die schluchtartige Zuflussbucht einschwingt, ändert sich die Szenerie, und im Tosen des Wasserfalls geht es steil aufwärts neben dem **Reindalsfossen** ❷, der mit einer Fallhöhe von 88 m durch die Felswand donnert. Vom Rastplatz an der oberen Kante fällt unser Blick zurück auf den See, wenig später überquert der Pfad den Fluss Reindøla auf einer Ganzjahresbrücke und erreicht eine stille Hochfläche. Das Ufer des Sees **Sildevatnet** ❸, der Name bedeutet Heringssee, lädt zur Rast ein. Nun beginnt der steile, durch Stufen gangbar gemachte Aufstieg durch den Haugane-Hang zu einer **Raststelle** ❹ mit Ausblicken auf die unter uns liegenden Seen sowie in die alpine Gipfelwelt der Tafjordfjella. Wenig später öffnet sich der Blick auf den See Langvatnet mit den Hüttenensembles Reindalseter und Jakobselet an der Ostbucht. Den letzten Kilometer geht es sanft abwärts und schon bald gehen wir an der Alm Reindalssætra sowie der DNT-Hütte Jakobselet vorbei und erreichen **Reindalseter** ❺. Hier befinden wir uns im Mittelpunkt des Wanderrouten-Netzes durch die Tafjordfjella, mit Wegen zu den im Reinheimen nasjonalpark gelegenen Hütten, wie z. B. der Pyttbua. Das Reindalen wartet an der Baumgrenze mit uralten Wetterkiefern auf.
Der Rückweg folgt demselben naturschönen Pfad zum Ausgangspunkt beim **Zakariasvatnet** ❶.

15 Tunga – Vakkerstøylen – Pyttbua

2 Tage

Zu den Gipfeln der Tafjordfjellene

Der See Ulvådalsvatnet liegt im Übergangsbereich zwischen den vergleichsweise sanften Gebieten des Reinheimen nasjonalpark und den zerklüfteten Tafjordfjellene im Westen des Nationalparks. Im 19. Jahrhundert aus dicken Baumstämmen gezimmert, zählt die Selbstversorgerhütte Vakkerstøylen zu den architektonisch schönsten Übernachtungshütten der Tafjordfjellene. Von der Hütte geht es mit einem Ruderboot über den Ulvådalsvatnet.

Ausgangspunkt: Tunga, 800 m, Parkplatz am Fluss Puttåa am Ende des Mautwegs Brøstdvegen in der Gemeinde Rauma. 60 km nordwestlich von Dombås bzw. 45 km südlich von Åndalsnes in Richtung Brøste von der E 136 auf den Brøstvegen abzweigen, gut 14 km bis zum Parkplatz.
Anforderungen: Teils leichter Graspfad und zum Teil steiler Fels- und Geröllpfad.
Infrastruktur: Verproviantierte DNT-Selbstversorgerhütten Vakkerstøylen (24 Betten) und Pyttbua (51 Betten).
Karte: Turkart 1:50.000 Romsdalsfjella sør.

1. Tag: Der Parkplatz am Fluss **Puttåa** ❶ befindet sich am Ende des Mautwegs Brøstvegen am Rande des Nationalparks Reinheimen. Er liegt in einer imposanten Berglandschaft am Zusammenfluss von Ulvåa (unser Hinweg) und Puttåa (Rückweg). Wir überqueren auf dem für den öffentlichen Verkehr gesperrten Fahrweg die Puttåa und zweigen nach einer Linkskurve auf den mit dem roten Touren-T markierten Wanderpfad nach rechts in Richtung »Vakkerstøylen« ab. Nach Überqueren der Brücke über den Fluss Ulvåa schwingt der Pfad links in den von Fjellbirkenwäldern bedeckten Hangfuß des Ulvostinden ein. Gegenüber ragen die Steilhänge der Tungesnyta aus dem Flusstal empor. Der Fluss fließt sehr breit zwischen vermoorten Uferbereichen und weitet sich schließlich zum See **Ulvådalsvatnet** ❷. Hier betreten wir den Reinheimen nasjonalpark. In einer urtümlichen Wildnislandschaft folgt der Pfad mehr oder weniger nahe dem Uferbereich, an dem sich zahlreiche Plätze zur Rast anbieten. Nur einmal weicht er etwas höher in den Steilhang aus: Dort überspannt eine Ganzjahresbrücke die

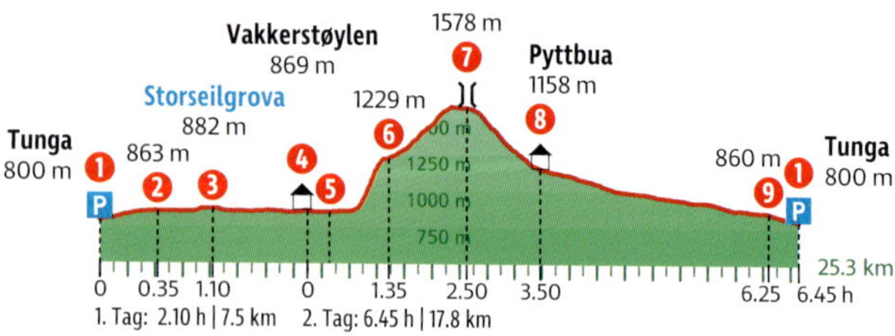

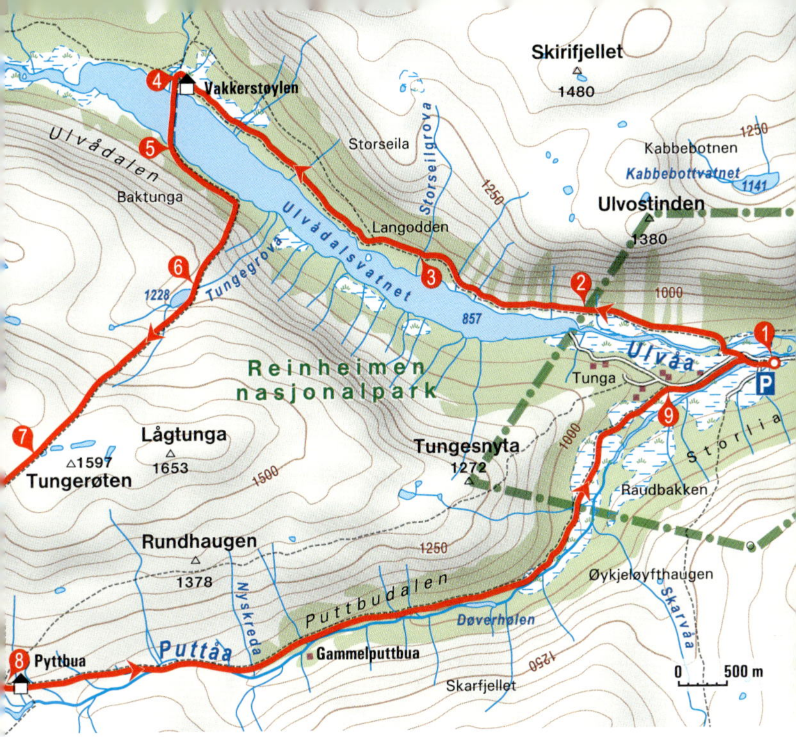

durch eine Schlucht herabtosende **Storseilgrova** 3. Hinter der Brücke wandern wir wieder zum Uferbereich und folgen ihm zur verproviantierten Selbstversorgerhütte **Vakkerstøylen** 4. Die grassodengedeckte 24-Betten-Holzhütte liegt vor dem Fjellbirkenwald am Bootslandeplatz am See – ein traumhaft schöner Ort für eine Übernachtung.

2. Tag: Am folgenden Morgen setzen wir mit dem Ruderboot ans Südufer über, wofür man je nach Saison ein wenig Zeit einplanen sollte. Es gibt zwei Ruderboote, eines muss immer auf der Nord- und eines auf der Südseite liegen; rudert man also vom Hüttenanleger zum Anleger am Südufer und niemand steht dort und will vom Südanleger zum Hüttenanleger rudern, muss man mit zwei Booten zurück zum Hüttenanleger rudern, dort ein Boot vertäuen und zurück zum **Süduferanleger** 5 rudern.

Vom Anleger folgen wir dem mit dem roten Touren-T markierten Pfad am Südufer ostwärts bis zu einer Verzweigung, an der wir uns nach rechts wenden. Wir wandern den T-Markierungen durch den Steilhang aufwärts folgend und queren kurz unterhalb des Karsees den dort entspringenden

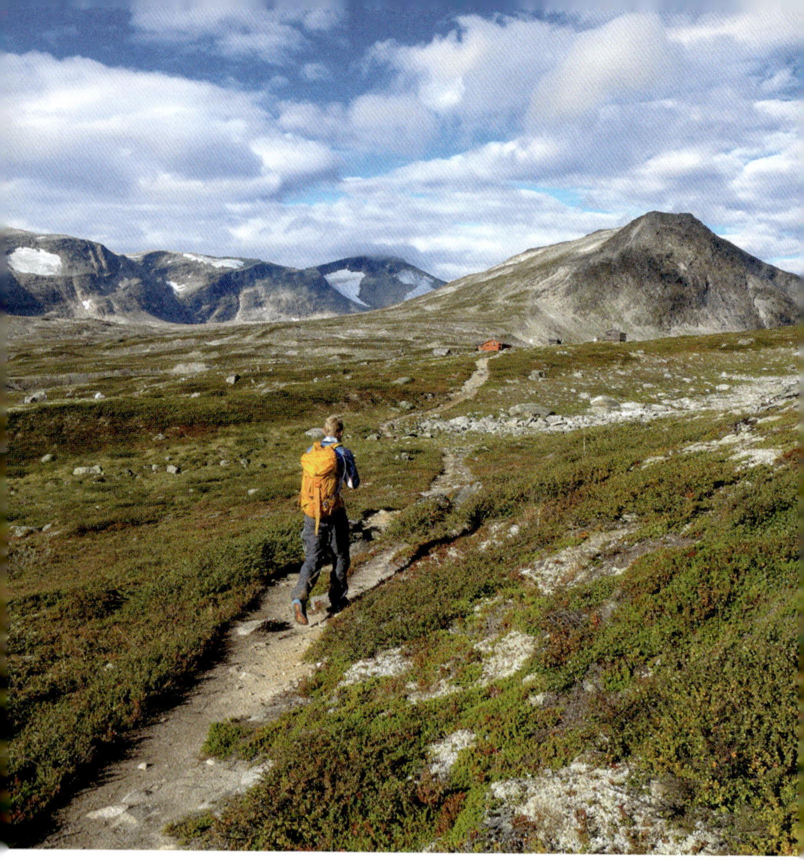

Die Pyttbua unterhalb des Putteggenden.

Bach **Tungegrova** ❻. In einer wilden, restvergletscherten Hochgebirgsszenerie führen uns die T-Markierungen weiter aufwärts zum **Sattel** ❼ zwischen Høgtunga, 1912 m, und Lågtunga, 1653 m. Von hier aus senkt sich der Pfad hinab zur verproviantierten Selbstversorgerhütte **Pyttbua** ❽. Diese steht in aussichtsreichem Moränengelände zu Füßen der höchsten Gipfel der Tafjordfjella, Karitinden, 1982 m, Høgstolen, 1953 m, und Puttegga, 1999 m. Von der Hütte aus folgen die T-Markierungen dem Fluss Puttåa durchgehend im Norduferbereich, anfangs mit bestechender Aussicht, dann im Fjellbirkenwald. An der Alm **Tunga** ❾ mündet der Pfad in den Zufahrtsweg, der uns zurück zum Parkplatz am **Puttåa** ❶ führt.

↗ 900m | ↘ 900 m | 10.7 km

5.00 h

Stabbeskaret, 1425 m **16**

Zu den Trollwänden über dem Romsdalen

Im nördlichsten Zipfel des Reinheimen nasjonalpark erheben sich zwischen dem Isterdalen und dem Romsdalen die bis zu über 1700 m hohen Trolltindane (Trollgipfel). Berühmt, nicht nur unter Bigwall-Kletterern, ist der Trollveggen (Trollwand): Europas höchste Felswand, von deren 1700 m über 1000 m lotrecht stehen. Einen beeindruckenden Blick auf die Trolltindan-Gruppe mit dem Trollveggen erhält man im Romsdalen.
Wir nähern uns den Trolltindan von der Rückseite, vom Trollstigen her. Die berühmteste Serpentinenstraße Norwegens führt in 11 spektakulären Haarnadelkurven ins Isterdalen hinab bzw. von da aus hinauf.

Ausgangspunkt: Trollstigen Parkplatz, 696 m, in der Gemeinde Rauma, mit Besucherzentrum, Café, Souvenirladen und Aussichtspunkten. 4 km südlich von Åndalsnes von der E 136 auf die Fv 63 Richtung Trollstigen abbiegen.
Anforderungen: Steiler Pfad in hochalpinem Gelände mit ausgedehnten Geröllfeldern. Schwindelfreiheit notwendig. Mit Steinvarden und roter Farbe markiert.
Infrastruktur: Trollstigen Café direkt am Ausgangspunkt; Trollstigen Gjestegård und Camping an der Fv 63. Übernachtung, Camping, Restaurant, Supermarkt und Tankstelle in Åndalsnes.
Variante: Wer direkt auf die steile Wand des Trollveggen schauen und noch tiefere Blicke genießen möchte, der wandert an der Pfadverzweigung nach dem Frokostplassen nach links, parallel zur Abbruchkante bis zum Bruraskaret auf knapp 1600 m hinauf. Das Gelände ist auch hier mit zum Teil großen Geröllbrocken übersät, daher müssen die Hände zu Hilfe genommen werden.
Karte: Turkart 1:50.000 Romsdalsfjella nord, Turkart 1:50.000 Romsdalsfjella sør.

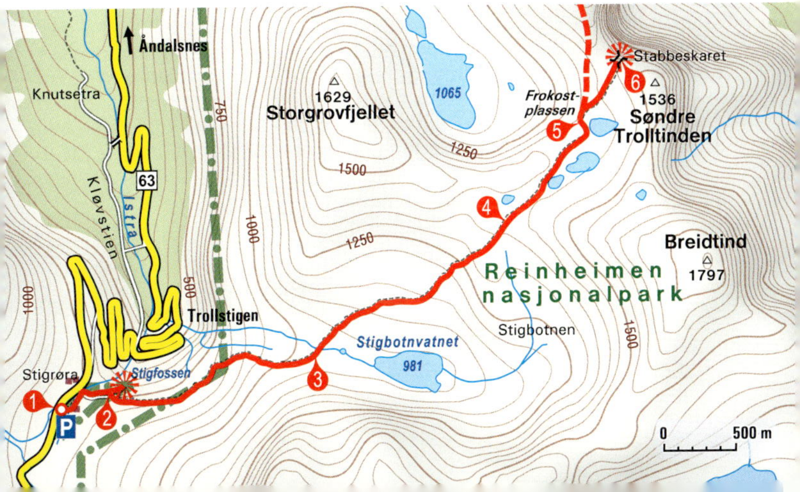

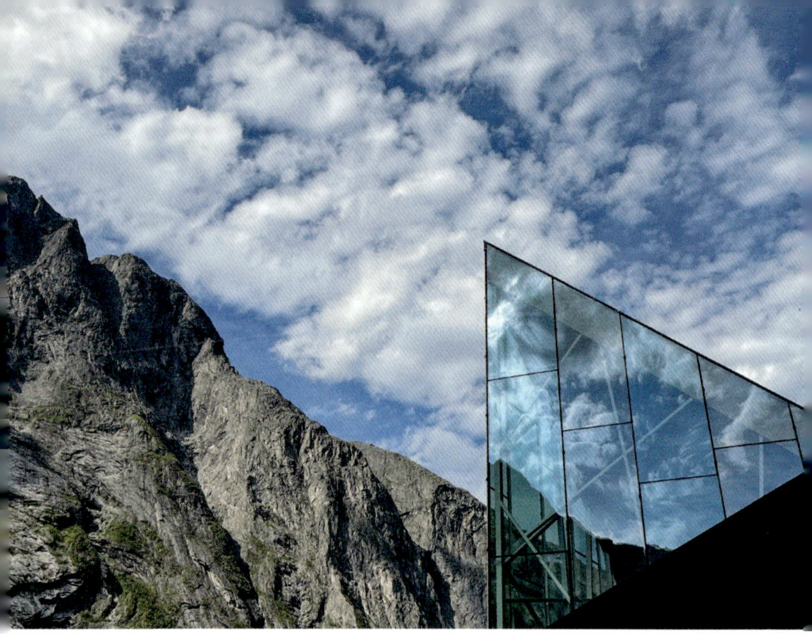

Fels trifft Glas ...

Wir starten am großen Parkplatz am **Trollstigen** ❶ beim Wasserfall Stigfossen. Das Areal zwischen den Gipfeln Bispen, 1462 m, und Stigbotthornet, 1583 m, besticht durch seine moderne Architektur, die sich in die Landschaft einpasst. Café, Souvenirladen und Aussichtspunkte sind barrierefrei erreichbar und bieten Durchreisenden einen überwältigenden Ort zum Rasten und Staunen. Anfangs folgen wir dem ausgebauten Weg zur Ausichtskanzel (utsikten), die scheinbar frei in der Luft zu schweben scheint und einen fantastischen Blick auf die Haarnadelkurven des Trollstigen und den Wasserfall Stigfossen bietet. Kurz bevor es zur Kanzel endgültig hinab

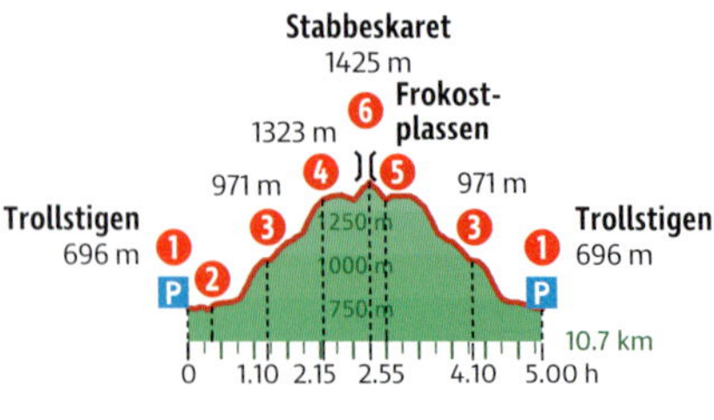

geht, zweigt unser **Wanderweg** ❷ ab. Der anfangs noch moderate Anstieg in der Nordflanke des Stigbotthornet wird bald steiler und führt uns in das Kartal Stigbotn. Während sich rechts von uns die Hörner des Stigbotthornet erheben, streben linker Hand die Ausläufer des Storgrovfjellet empor. Der Breidtinden, der sich südlich an die Trolltindan anschließt, erhebt sich mit 1797 m vor uns. Wir queren das Tal unterhalb des Karsees Stigbotvatnet. Der auf den meisten Karten eingezeichnete aus dem See austretende Wasserlauf ist als **Bachquerung** ❸ nur zu hören und nicht zu sehen. In stark grobblockigem Gelände führt der Steig nun nordostwärts wieder steil hinauf zu einem **Hochtal** ❹ zwischen Breidtinden und Storgrovfjellet. Vorbei an Gletscherseen geht es wieder sanfter bis zu einem als **Frokostplassen** ❺ (Frühstücksplatz) bezeichneten Rastplatz. Kurz danach teilt sich der Pfad. Wir steigen die letzten knapp 100 Höhenmeter geradeaus steil aufwärts und werden am sogenannten **Stabbeskaret** ❻ fürstlich belohnt. Achtung, hier steht man direkt an der Abbruchkante, die 1300 m tiefe Blicke in das Romsdalen hinab gewährt.
Der Rückweg zum **Trollstigen** ❶ folgt derselben Route wie beim Hinweg, wobei wir nun am Ausgangspunkt der Wanderung die verschiedenen Aussichtspunkte ausgiebig genießen.

... trifft atemberaubende Tiefblicke.

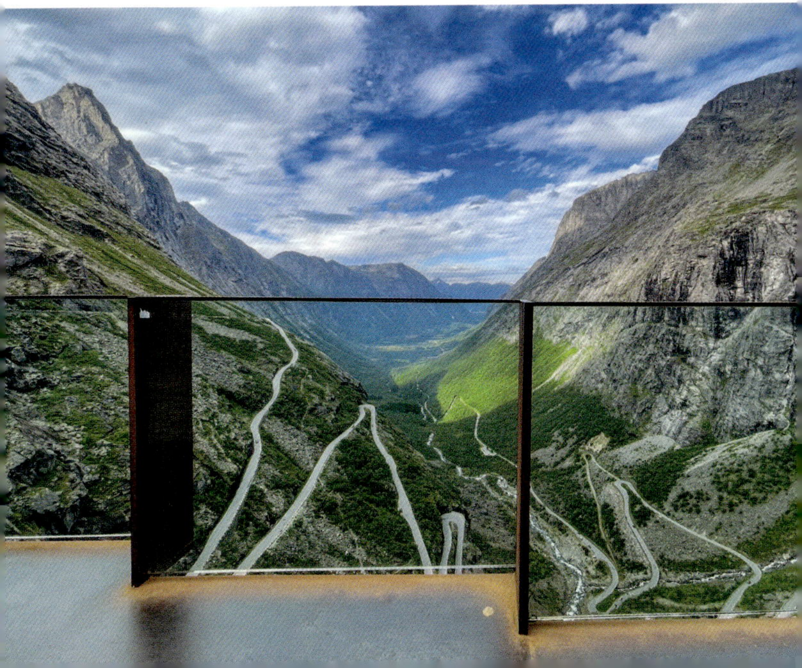

TOP

17

Romsdalseggen

↗ 1000 m | ↘ 670 m | 8.9 km

4.30 h

EIn Panorama der Superlative

Zwischen Romsdalsfjorden, Isfjorden und der Mündung der Rauma liegt Åndalsnes, die Kletterhauptstadt Norwegens. Nicht nur Europas höchste Felswand und Norwegens höchste Indoor-Kletterwand laden Kletterer von nah und fern ein, auch Wanderer kommen auf dem Romsdalseggen in den Genuss einer der schönsten Wanderungen Norwegens.

Ausgangspunkt: Venjesdalssetra, 377 m, Wanderparkplatz und Bushaltestelle im Venjesdalen in der Gemeinde Rauma. Ab Åndalsnes mit dem Romsdalseggenbussen (Fahrplan und Ticketbestellung unter nor-way.no) oder einem Taxi nach Venjedalssetra fahren. Dies hat den Vorteil, dass man die Wanderung ohne Zeitdruck bewältigen kann und am Ende direkt zu seinem Auto bzw. seiner Unterkunft in Åndalsnes zurückkommt sowie eine Fahrtstrecke einspart. Ansonsten erfolgt die Anfahrt mit dem eigenen Pkw (und die Rückfahrt mit Bus oder Taxi) von Åndalsnes aus in Richtung Osten über die Fv 64, nach 5 km Richtung Liabygda und Venjesdalen orientieren. Mautstraße im Venjesdalen.
Endpunkt: Talstation der Bergbahn Romsdalsgondolen in Åndalsnes, 2 m.
Anforderungen: Im ersten und mittleren Teil der Wanderung steiler Pfad. Der Berggrat erfordert leichte Klettereien, z. T. sind Kettensicherungen vorhanden. Im Bereich der Kletterstellen sind absolute Schwindelfreiheit und Trittsicherheit erforderlich.
Infrastruktur: Eggen Restaurant an der Bergstation der Romsdalsgondolen (romsdalsgondolen.no). Unterkunft, Camping, Restaurant, Supermarkt und Tankstelle in Åndalsnes.
Variante: Alternativ zur Abfahrt mit der Seilbahn kann der Abstieg über die Romsdalstrappa (Sherpatreppen) und den Aussichtspunkt Rampestreken bewältigt werden.
Hinweise: 1. Der Weg ist in seiner Gänze nur in einer Richtung begehbar!
2. Von der Bergstation kann man ein gutes Stück in Richtung Romsdalseggen wandern und die Aussicht genießen.
Tipps: 1. Große Attraktionen sind die Via Ferrata Romsdalsstigen und die Indoor-Kletterhalle (tindesenteret.no). 2. Im Tal der Rauma kommt man, knapp 11 km südlich von Åndalsnes, an einem Rastplatz den Trolltindane-Wänden ganz nahe. 3. Die Fahrt über den Trollstigen ist ein ganz besonderes Erlebnis.
Karte: Turkart 1:50.000 Romsdalsfjella nord.

Vom Parkplatz **Venjesdalssetra** ❶ folgen wir der Ausschilderung durch eine Pforte, hinter der es schon bald steil aufwärts geht. Die ersten Höhenmeter führen durch ein Birkenwäldchen von niedrigem Bewuchs. Zum großen Teil ist der Weg hier noch mit Steintreppen befestigt, ansonsten geht es über Sand, Stein oder Fels. Auf gut 500 m Höhe überqueren wir auf der Tverrelvbrua den herab rauschenden Bergbach Tverrelva. Links des Baches geht es über Fels weiter. Der zumeist aus Birken bestehende Bewuchs ist nun nur noch bodennah. In Richtung Venjesdalen-Talende schauen wir auf den 1852 m hohen Store Venjetinden sowie auf die Gipfel Olaskarstinden

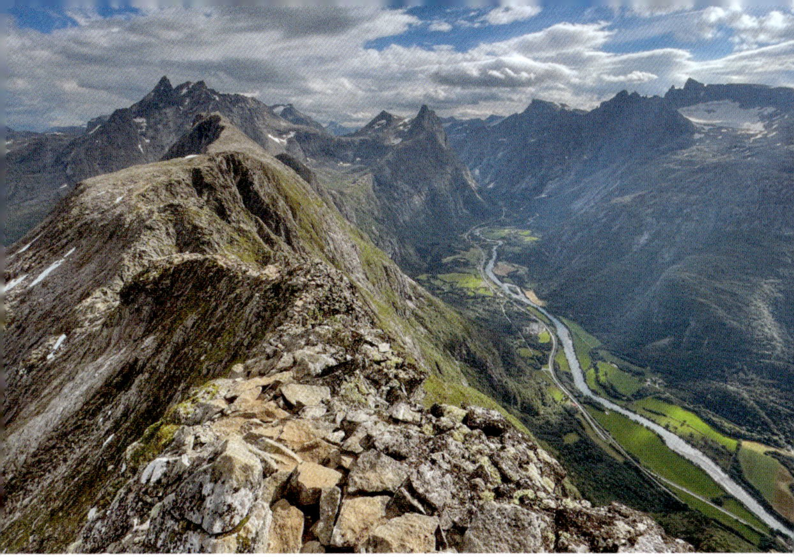

Schwindelerregende Höhen am Wandergrat.

und den markanten Gipfelaufbau des Romedalshornet. Nach gut 180 Höhenmetern erreichen wir die **Hestheia** ❷, was wir sofort spüren – viel sanfter geht es von nun an in einem rechten Bogen in Richtung Norden in ein Hochtal hinein. Wir wandern parallel zum westlich von uns liegenden Grat des Bergzuges, der sich von der Blånebba bis zum Romsdalseggen über Åndalsnes zieht. Die Tverrelva plätschert ruhiger dahin, problemlos können wir sie und ihre Zuflüsse auf Steinen überqueren. Mit etwas Glück sehen wir Old Norwegian Sheep, eine wahrscheinlich bis in die Bronzezeit zurückzudatierende norwegische Schafrasse, die (unter anderem durch Zuchtprogramme Anfang des 20. Jahrhunderts) bis heute erhalten geblie-

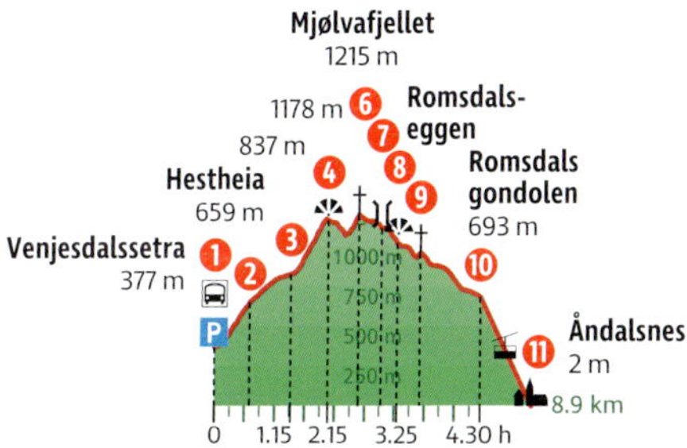

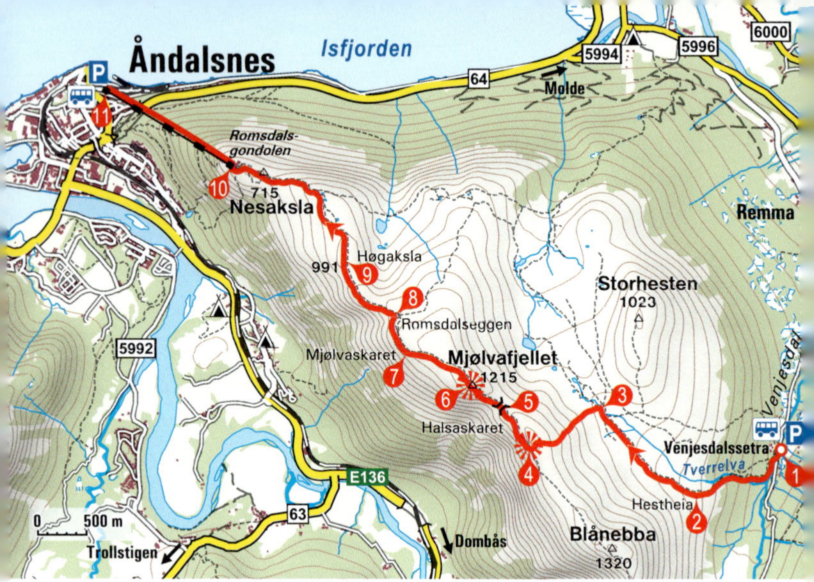

ben ist. Wir kommen zu einem Schild, das darauf verweist, seine Wasservorräte aufzufüllen. An einer **Wegkreuzung** ❸ mit Tourenbuch angekommen, stehen wir kurz unterhalb der höchsten Stelle des Hochtales, einem Sattel zwischen dem rechts von uns liegenden Storhesten und dem links von uns liegenden Bergmassiv. Letzteres gilt es nun zu besteigen – knapp 350 Höhenmeter liegen vor uns. Anfangs kommen wir gut voran, da das felsige Terrain gestuft ist. Die oberen 100 Höhenmeter bestehen jedoch aus Blockgeröll und Schutt, die das Vorwärtskommen erschweren. Nach den letzten beschwerlichen Aufstiegsmetern gelangen wir an eine Pfadkreuzung, von der aus wir geradeaus direkt an die **Kante** ❹ zur wohl schönsten Stelle der gesamten Wanderung gelangen: Auch nach dem Besteigen vieler faszinierender Gipfel in Norwegen verschlägt uns der fantastische Blick, der sich unter uns ausbreitet, schier den Atem. Wir blicken hinab in das Romsdalen, in dem die Rauma durch bewirtschaftete Flächen mäandriert und in Richtung Süden das Tal hinauf zu den Giganten der Trolltindane mit dem Trollveggen. Wohin das Auge auch blickt, ein Gipfel reiht sich an den nächsten und in Richtung Åndalsnes vereint sich der Romsdalsfjorden vom Meer her kommend mit der Bergwelt.

Wer möchte, kann von hier aus den Grat in Richtung Süden gehen, um die 1320 m hohe Blånebba zu besteigen. Wir setzen unsere Wanderung in Richtung Norden fort. Bis zur Gondelstation sind es noch gut 5 km. Doch zunächst gilt es den Gipfel des Mjølvafjellet zu erklettern. Bereits der Abstieg in den Sattel **Halsaskaret** 5 verläuft sehr steil über Fels und ist mit Ketten gesichert. Danach geht es wieder aufwärts mit Kletterstellen (II. Grad). Etwas irritierend sind die Glöckchen der Schafe, die bis hoch in den Flanken der nach unten fallenden Felswände stehen, während wir mit viel Mühe den Gipfelturm des **Mjølvafjellet** 6 mit seinem ebenso grandiosen Panorama erreichen. Von hier aus können wir eine weite, bequem zu gehende Hochebene aus Fels und Geröll durchschreiten, inklusive einem Fotostopp am Steinturm Åkesvarden. Nach einer Wegverzweigung auf dem **Mjølvaskaret** 7 kommen wir zum Namensgeber der Tour – dem Grat **Romsdalseggen** 8, der dank eines breit ausgetretenen Pfades gut zu bewältigen ist. Beim folgenden Aufstieg zur anschließenden **Høgaksla** 9 müssen nochmals die Hände zu Hilfe genommen werden. Die Weg leitet den Blick nun immer mehr auf Åndalsnes und die vorgelagerten Fjorde und nach dem Abzweig Vikanøså auch in Richtung Isfjorden. Ab hier geht es nun gemächlich dem Endpunkt der beeindruckend aussichtsreichen Wanderung entgegen: der Bergstation der **Romsdalsgondolen** 10 und dem Restaurant Eggen unterhalb der Nesaksla. Nach den knapp 9 km Wegstrecke zu Fuß werden nun auch noch die knapp 700 schwebend zurückzulegenden Höhenmeter zum Genuss. Sanft gleiten wir hinab nach **Åndalsnes** 11.

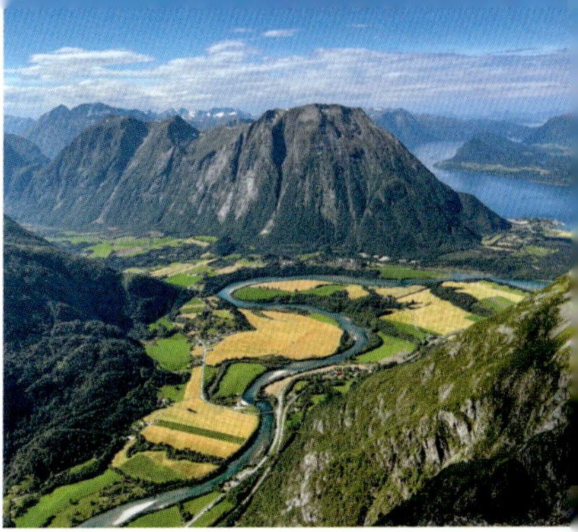

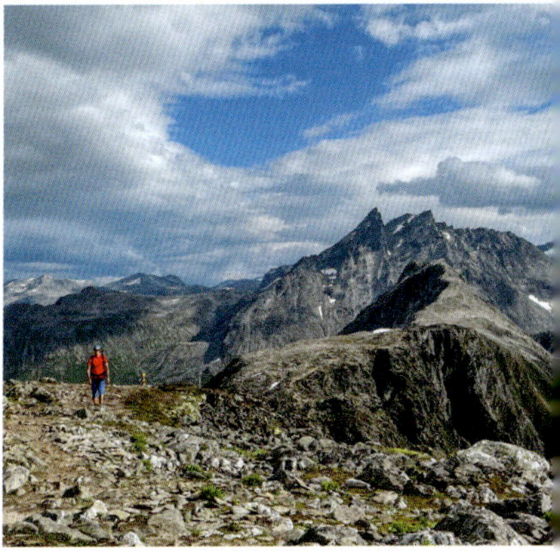

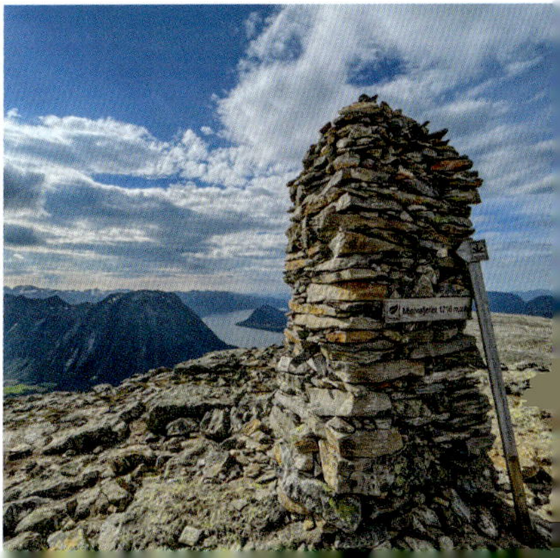

Aus jedem Blickwinkel ein ganz besonderes Erlebnis.

↗ 290 m | ↘ 290 m | 4.3 km

18 Mardalsfossen

1.45 h

Die Wiege der norwegischen Umweltbewegung

Das Eikesdalen (Eichental) durchschneidet die bis zu 1800 m hohen Berggiganten, die sich beiderseits des lang gestreckten Eikesdalsvatnet emportürmen. Benannt ist das Tal nach seinen artenreichen Laubwaldbeständen. Eng an die Felswände geschmiegt führt die Straße zum Aursjøvegen, einer der spektakulärsten Passstraßen Westnorwegens. Am Westufer des Eikesdalsvatnet zweigt das Mardalen mit dem weithin sichtbaren Mardalsfossen ab, einem der höchsten Wasserfälle Norwegens. Bis in die 70er-Jahre des 20. Jahrhundert. stürzten bis zu 40 m³/s Wasser in die Tiefe. Seit dem Bau des Grytten Kraftwerks (es befindet sich südlich von Åndalsnes) gehört dieses Naturschauspiel der Vergangenheit an. Der Kampf um den Erhalt dieses Naturwunders wurde 1970 durch die Mørdala-Kampagne berühmt, als der Philosoph Arne Næss und Hunderte Mitstreiter die Baustraßen im Fjell (teilweise angekettet) belagerten. Diese friedlichen Proteste legten einen der Grundsteine der norwegischen Umweltbewegung. Das Kraftwerk wurde gebaut, dem einst mächtigsten Wasserfall wurde die Existenzgrundlage entzogen und nur noch zwischen dem 20. Juni und 20. August fallen maximal 3 m³/s Wasser in das Mardalen herab. Einen Abstecher ist das Highlight in dieser Zeit auf jeden Fall wert.

Ausgangspunkt: Mardalen, 53 m, Parkplatz an der Mautstraße Mardalsvegen in der Gemeinde Molde. Von der Fv 62 in Eidsvåg auf die Fv 660 in Richtung Eresfjord abzweigen. Nach knapp 19 km geradeaus auf die Straße 6012 Richtung Eikesdal/Mardalsfossen. Nach 27 km zweigt der Mardalsvegen ab.

Anforderungen: Anfangs ausgebauter, dann steiler Wanderweg, wasserfeste Bekleidung ratsam.
Infrastruktur: Saisonal geöffneter Kiosk am Parkplatz in Mardalen. Camping und Restaurant in Eikesdal. Übernachtung, Supermarkt und Tankstelle in Eresfjord.
Karte: Turkart 1:50.000 Romsdalsfjella sør.

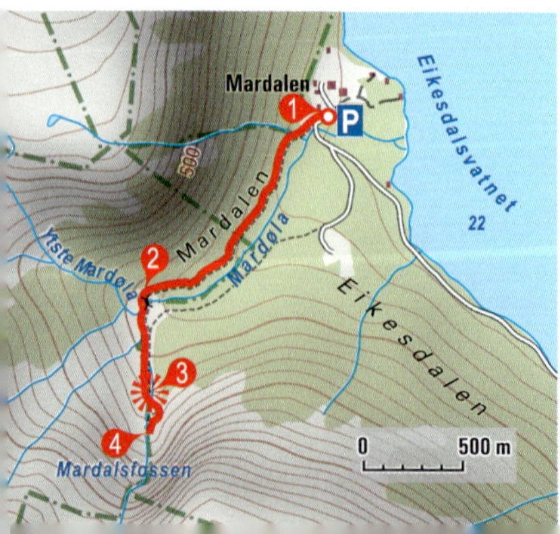

Bereits von der Straße 6012, spätestens vom Parkplatz aus bietet sich eine Gesamtansicht des Mardalsfossen und es lässt sich entscheiden, ob ein Aufstieg lohnt. Vom Parkplatz in **Mardalen** ❶ folgen wir dem breit ausgebauten und beschilderten Weg in das Tal des Bergflüsschens Mardøla, dem Mardalen, hinein. Die ersten 1,4 km geht es, begleitet vom Rauschen des Wassers, durch urwaldähnlichen Laubbaumbewuchs,

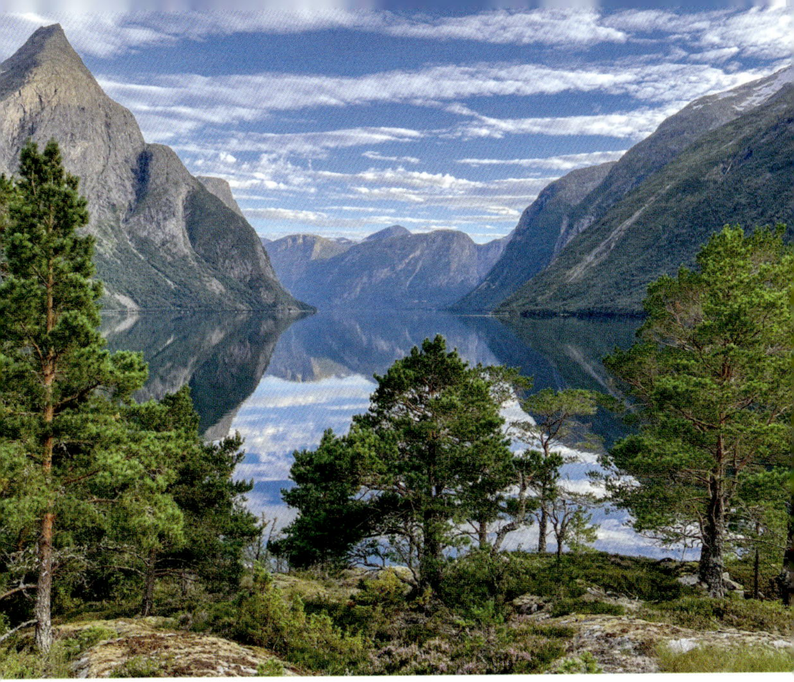

Über 1500 m hohe Felswände überragen das Eikesdalen.

in dem wir unter anderem Ulmen und Haselbäume vorfinden. Der Anstieg vollzieht sich anfangs sanft von 53 m auf 183 m. Kurz vor dem Zusammenfluss von Ytste Mardøla und Inste Mardøla stoßen wir auf eine Sitzgruppe, von der sich ein fantastischer Blick auf den Mardalsfossen offenbart. Wie aus dem Nichts stürzen die zwei Teile über die sich vor uns erhebenden Granitfelsen. Man fragt sich, wie es wohl vor über 50 Jahren ausgesehen haben mag. Wir überqueren auf einer bequemen **Holzbrücke** ❷ das rauschende Wasser und steigen von nun an aufwärts zu einem **Aussichtspunkt** ❸ nahe am Wasserfall. Wer noch mehr in den Genuss der spritzenden Gischt kommen möchte, steigt noch die letzten Höhenmeter bis zur dichtestmöglichen Annäherung an den **Mardalsfossen** ❹. Auf demselben Weg kehren wir zum Parkplatz in **Mardalen** ❶ zurück, wobei der Schwemmkegel ins Auge sticht, den die Mardøla in den See Eikesdalsvatnet hinausgeschoben hat.

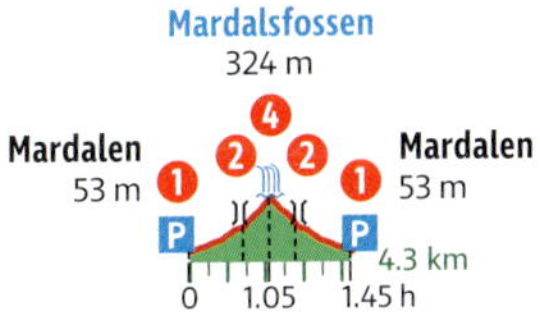

TOP

19 Prestaksla, 609 m

↗ 600 m | ↘ 600 m | 7.6 km

3.30 h

Auf Sherpatreppen dem Fjordblick entgegen

Der Pfarrerssohn Bjørnstjerne Bjørnson, Dichter der norwegischen Nationalhymne und erster skandinavischer Literaturnobelpreisträger (1903), kam als Fünfjähriger auf den Pfarrhof Nesset prestegard und lernte das bäuerliche Leben kennen, das er später in seinen Novellen beschrieb.
Der neue Weg auf die Prestaksla wurde von Sherpas gebaut und mit schönen Ruhe- und Picknickplätzen versehen. Am Wegesrand stehen Tafeln mit Zitaten des Dichters.

Ausgangspunkt: Nesset prestegard, 48 m, Museumshof 3,5 km südwestlich von Eidsvåg in der Gemeinde Molde. Vom Fähranleger in Molde gut 19 km auf der E 39 in Richtung Kristiansund, dann knapp 34 km auf der Fv 62 (Richtung Sunndalsøra) bis Eidsvåg fahren, dort auf die Fv 660 in Richtung Eresfjord/Åndalsnes abbiegen. Von Sunndalsøra aus sind es 34 km bis Eidsvåg.
Anforderungen: Zu einem großen Teil mit Steinstufen ausgebauter breiter Wanderweg. Im oberen Bereich schmaler Pfad, eventuell müssen die Hände zu Hilfe genommen werden. Moorpassagen im Abstieg, die durch Wahl desselben Hin- und Rückwegs vermieden werden. Markierungen in Gelb und Blau.
Infrastruktur: Übernachtung, Restaurant, Supermarkt und Tankstelle in Eidsvåg.
Tipp: Knapp 3 km südöstlich vom Parkplatz kommt man mit einer kleinen Wanderung zu den Felszeichnungen (helleristninger) von Bugge.
Karte: Turkart 1:50.000 Kristiansund.

Tibetische Gebetsfahnen über dem Eresfjorden.

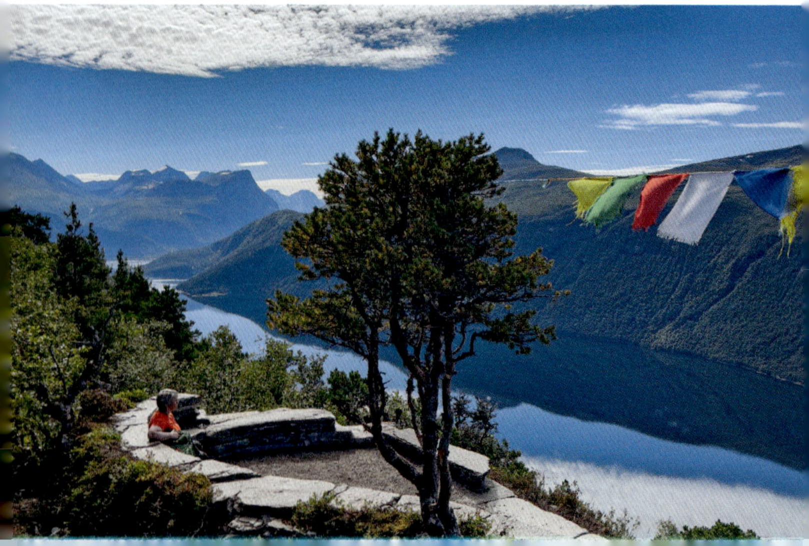

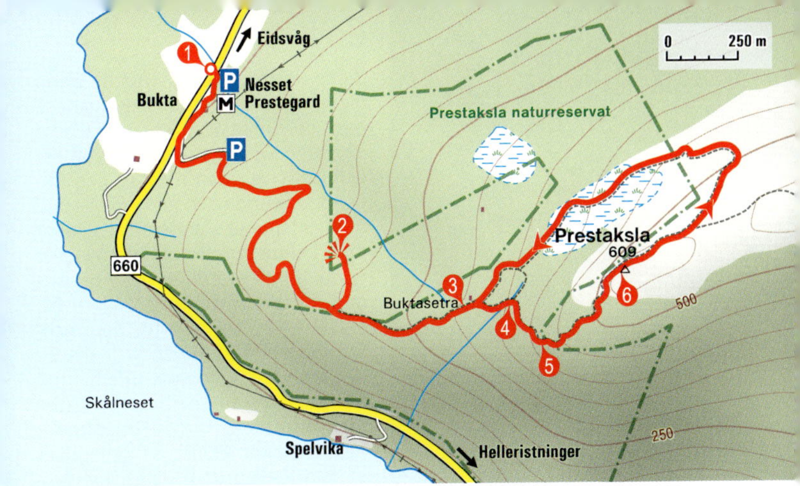

Vom Parkplatz am **Nesset prestegard** ❶ aus gehen wir zunächst über das Museumsgelände links am weißen Haupthaus vorbei zum (rechten) Zehnt-Speicher (tiendestabbur). Hier finden wir das Schild, welches uns den Weg über einen Wiesenpfad zum eigentlichen Startpunkt des Wanderweges weist. Am Ende der Wiese führt nach links eine Schotterstraße steil hinauf zu einem weiteren Parkplatz, der ebenfalls als Startpunkt gewählt werden kann. Ab hier folgen wir der Ausschilderung und der Markierung in den Gemeindefarben gelb-blau nach rechts. Ein breiter Waldweg führt uns durch einen dichten Fichten-Wirtschaftswald, dessen Boden mit üppigem Moos bedeckt ist. In größeren Abständen halten uns Tafeln mit Zitaten Bjørnstjerne Bjørnsons auch über die bereits zurückgelegte Strecke und die Höhenmeter auf dem Laufenden. Auf gut 250 m Höhe wendet sich unser Weg nach rechts, wir gehen aber zunächst zum nach links ausgeschilderten **utsiktspunkt** ❷ (Aussichtspunkt) mit Picknicktisch, Tourenbuch und Blick auf Eidsvåg. Auf unserem Weiterweg verändert sich der Baumbewuchs an der Grenze zum Prestaksla naturreservat sichtbar in einen Edellaubwald mit hoher Biodiversität. Nach dem Beginn der Steintreppen, die uns bis unterhalb des Gipfels begleiten werden, kommen wir am alten Almgebäude von **Buktasetra** ❸ vorbei und bald darauf zu einem Bächlein mit steinerner Sitzgelegenheit und Feuerstelle. Auf knapp 420 m Höhe gelangen wir zu einer **Wegverzweigung** ❹: Nach rechts führt der vermeintlich steilere und

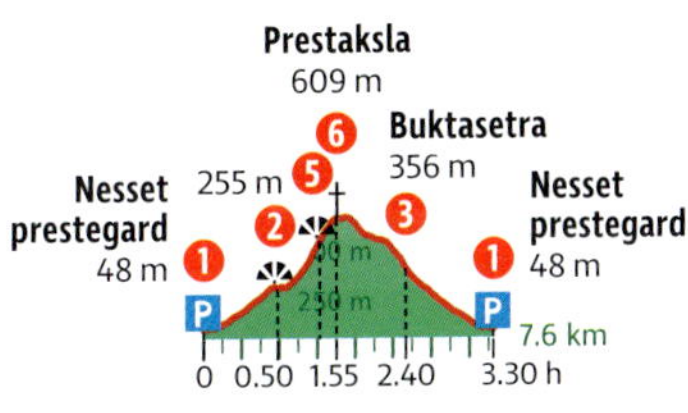

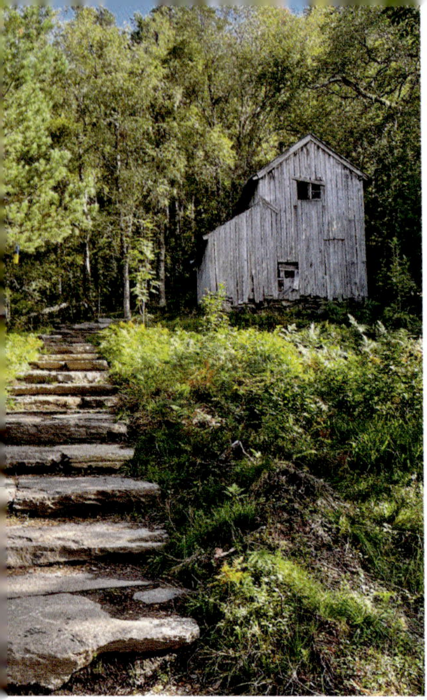

Sherpatrappa an der Buktasetra.

dafür kürzere Weg. Auch wenn diese Ausschilderung suggeriert, dass der linke Weg der einfachere ist, raten wir momentan davon ab. Einerseits verpasst man so den folgenden wunderschönen Rast- und Aussichtspunkt, andererseits geht man bei dieser alternativen Wegvariante durch mooriges Gelände, was den Aufstieg erschweren kann. Wir entscheiden uns also für den rechten Weg und kommen so nach einer weiteren Steinbank zu einer mit tibetischen Fahnen geschmückten **Steinterrasse** 5 mit Sitzgelegenheit, die einen wunderschönen Blick in den Eresfjorden bietet. Ein fantastischer Ort zum Rasten. Die letzten Höhenmeter, wir wandern nun oberhalb der Baumgrenze, überwinden wir noch teilweise mittels Treppen. Mehrheitlich ist der Pfad jedoch schmal und man muss ein wenig kraxeln. Zum Schluss gehen wir über Fels und Heidebewuchs.
Vom Gipfel der **Prestaksla** 6 haben wir einen weiten wunderschönen Blick in Richtung Süden über den Eresfjorden und die dahinterliegenden Gebirgsmassive. In Richtung Osten und Südosten blicken wir auf das Meisalfjellet. Im Norden und Westen liegen im Tal die besiedelten und bewirtschafteten Flächen entlang des Langfjorden.
Für unseren Rückweg wählen wir den Abstieg über die Nordwestflanke der Prestaksla. Hierfür folgen wir zuerst den blauen Markierungen in Richtung Middagshaugen und steigen nach knapp 500 m im Steilhang abwärts. Es handelt sich hierbei um einen steilen, zum Teil rutschigen Pfad. Dieser soll in Zukunft noch ausgebaut werden. Wir steigen bis in das moorige Stordalen hinab, wo sich unser Pfad in Richtung Westen wendet. Felserhöhungen machen die Moorpassage gut begehbar. Bald kommen wir in bewaldetes Gelände mit schönen, alten, knorrigen Kiefern, wo wir auf den alten Weg stoßen, auf den wir rechts einbiegen. Auf diesem mit Wurzeln durchsetzten Pfad treffen wir an der Grillstelle auf unseren bekannten Aufstiegsweg – hier rechts. Wer mag, kann beim Abwärtssteigen den roten Punkten (an Bäumen) folgen und so den Weg abkürzen. Ansonsten geht es über den Aufstiegsweg zurück bis zum Parkplatz am **Nesset prestegard** 1.

↗ 420 m | ↘ 420 m | 9.2 km

3.15 h

Tusenårsvarden

20

Aktiv in der Kultur- und Genussstadt Molde

Die Hausberge oberhalb Moldes bestechen mit ihren leicht zugänglichen Wanderwegen und Aublicken auf die der Stadt gegenüberliegende Bergwelt: 222 zum Teil ganzjährig schneebedeckte Gipfel erfreuen die Wanderer. Der Tusenårsvarden wurde zur Jahrtausendwende von kleinen und großen Bürgern aus Molde errichtet und im Inneren mit Grüßen an die nächsten Generationen bestückt.

Ausgangspunkt: Wanderparkplatz auf dem Varden, 400 m, am Ende der Straße Vardevegen in der Gemeinde Molde. Von der Fv 662 in Molde auf die Ausschilderung zum Varden achten, über Fagerlivegen, Langmyrvegen und Mikkelivegen an den Skischanzen vorbei und aufwärts in den Wald hinein.
Anforderungen: Ausgeschilderter Wanderweg, teilweise stark ausgetreten, moorige Stellen, zum Teil mit Holzplanken und Steinplatten versehen.
Infrastruktur: Restaurant Vardestua am Ausgangspunkt (saisonale Öffnungszeiten). Unterkunft, Camping, Restaurant, Supermarkt und Tankstelle in Molde.
Tipps: 1. Ein Spaziergang durch die Rosen- und Jazzstadt Molde lohnt sich zu jeder Jahreszeit. 2. Das Romsdalsmuseet wartet mit thematisch verschiedenen interessanten Dependancen und in Molde selber mit einer außergewöhnlichen Architektur auf (romsdalsmuseet.no).
Karte: Turkart 1:50.000 Molde.

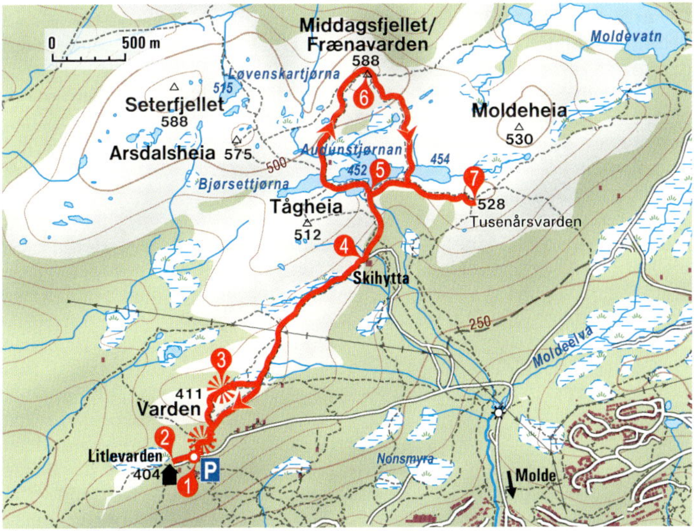

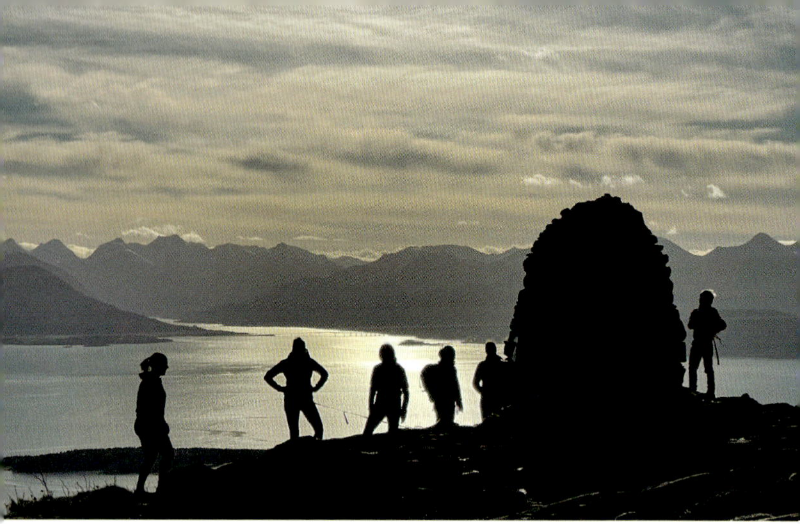

Beliebtes Ausflugsziel – der Tusenårsvarden.

Wir beginnen unsere Wanderung am großen Wanderparkplatz auf dem Bergrücken des **Varden** ❶ oberhalb von Molde. Von hier aus sind es rund 120 m bis zum Ende der Straße mit dem Bergrestaurant Vardestua. Gleich dahinter befindet sich der Aussichtspunkt **Litlevarden** ❷. Wir wandern auf der Straße zurück und gehen hinauf zu der kleinen Hütte Gamle Vardehytta. Oberhalb der Hütte befindet sich die höchste Erhebung des **Varden** mit einer Orientierungstafel über das uns umgebende Bergpanorama. Der hier beginnende Wanderweg führt über felsige und morastige (zum Teil mit Holzplanken überbrückte) Abschnitte in Richtung Funkmast auf der weiter nördlich liegenden Anhöhe. Vor Erreichen der Anhöhe teilt sich der Weg. Der Hauptweg ist zur Skihytta ausgeschildert und mit Holzplanken über morastige Abschnitte präpariert. Wir nehmen den linken Weg, der uns auf die **Anhöhe** ❸ mit dem Mobilfunkmast führt und mit einem weiteren Panoramablick belohnt. Wir folgen dem Weg weiter und gelangen auf den von rechts hinaufkommenden Hauptweg, der hier in großen Teilen mit Steinplatten ausgelegt ist, und steigen in eine moorige Senke (Holzsteg) hinab. Danach geht es auf und ab über felsige Kuppen und moorige Senken der Tjønndalsheia. Rechter Hand genießen wir den Blick auf die Molde gegenüberliegende Bergwelt. Der Weg senkt sich und führt uns hinab

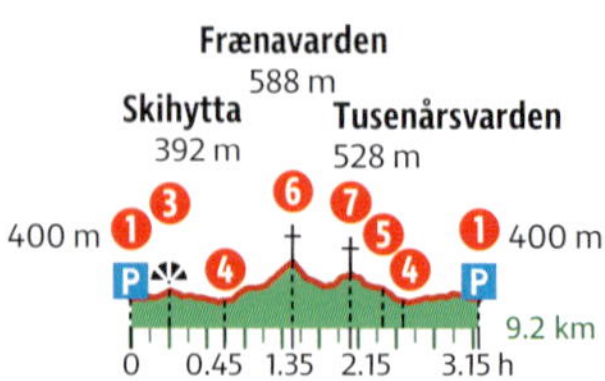

zur **Skihytta** ❹. Diese bietet sich hervorragend als Rast- und Aussichtsplatz an. Von hier aus steigen wir im Hang aufwärts, queren den beginnenden Bach, der die oberhalb liegenden Bergseen entwässert und gelangen zu einer **Wegverzweigung** ❺.
Hier gehen wir geradeaus weiter und links an der Staumauer des Sees Bjørsettjørna vorbei. Wir passieren einen weiteren See und erreichen auf einer Anhöhe ein rotes Holzhaus. Nach einer moorigen Senke schwenkt der ausgetretene und steinige Pfad, der in Abschnitten über Fels führt, nach rechts den vor uns liegenden Hang hinauf. Immer wieder schweift der Blick über die unter uns liegenden Seen, den Storfjorden und die in der Ferne liegenden schneebedeckten Gipfel der Romsdal-Alpen. Ein letzter steiler Anstieg bringt uns auf den höchsten Punkt des Middagsfjellet, den **Frænavarden** ❻ mit seinem Steinturm.
Steil und steinig geht es nun im Südhang des Middagsfjellet wieder abwärts, wobei uns der ausgetretene Pfad erneut über Senken und kleine Anhöhen führt, bis wir zu den Seen Bjørsettjørna (rechts) und Audunstjørnan (links) kommen. Hier überqueren wir den die Seen verbindenden Bach und steigen auf den vor uns liegenden Rücken, wo wir auf einen breit ausgetretenen Wanderweg gelangen. Wir wenden uns nach links und steigen auf den Bergrücken oberhalb des Audunstjørnan. Ein kurzer steiniger Anstieg bringt uns auf den namenlosen Gipfel, auf dem der **Tusenårsvarden** ❼ errichtet wurde. Hier bietet sich uns wieder ein 360-Grad-Panoramablick.
Auf dem Rückweg gehen wir den Bergrücken wieder hinab bis zur **Wegverzweigung** ❺ und über die **Skihytta** ❹ auf direktem Weg bis zum Wanderparkplatz auf dem **Varden** ❶.

Blick auf die Sunnmørsalpene.

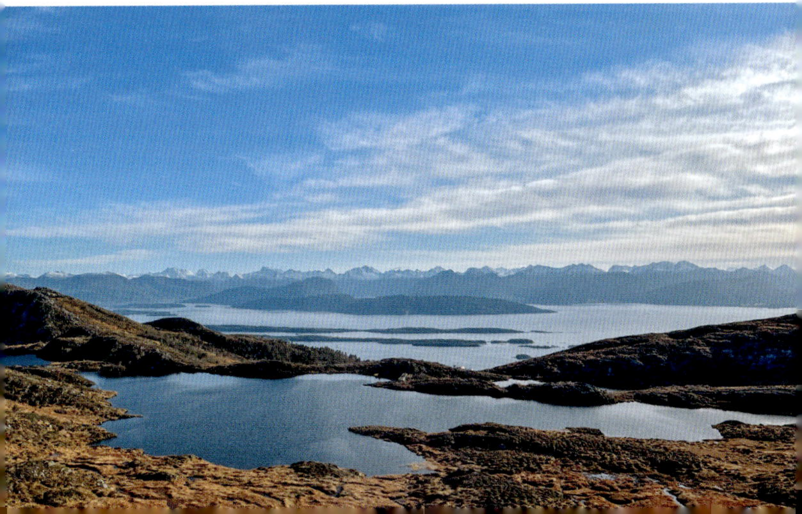

↗ 420 m | ↘ 420 m | 6.0 km

21 Trollkyrkja

2.30 h

Sinfonie aus Wasser und Marmor

Die Kalksteingrotten des Höhlensystems Trollkyrkja (Trollkirche) faszinierten bereits im 19. Jahrhundert viele Besucher. Sie werden vom Trolldalselva durchflossen und beeindrucken, da Licht einfällt, durch ihr Farbenspiel. Trollkyrkja ist Südnorwegens längste Kalksteinhöhle.
Zwischen dem Trolldalen und dem benachbarten Børresdalen erstreckt sich eine in großen Teilen geschützte Moorlandschaft mit artenreichen Hang-, Nieder- und Strangmooren.

Ausgangspunkt: Wanderparkplatz Trollkyrkja, 82 m, in der Gemeinde Hustadvika. Von Molde aus 15 km in Richtung Eide der Fv 64 folgen.
Anforderungen: Ausgeschilderter und markierter Wanderweg, steinig, wurzelig, teilweise morastig, festes Schuhwerk erforderlich. Für die Höhlenbegehung sind festes Schuhwerk, Regenjacke und Stirnlampe sinnvoll.
Infrastruktur: Restaurant, Supermarkt und Tankstelle in Elnesvågen und Molde; Übernachtung und Camping in Molde.
Karte: Turkart 1:50.000 Molde.

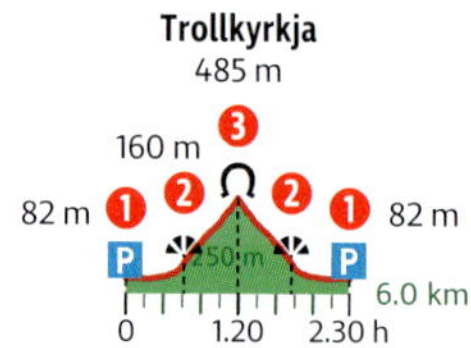

Vom **Wanderparkplatz** ❶ aus können wir in nördlicher Richtung bereits das hochgelegene Trolldalen mit seinem kräftig sprudelnden Bergbach Trolldalselva erblicken. Wir folgen der Ausschilderung und gehen zunächst auf einem Fahrweg mit Blickrichtung in das benachbarte Tal Børresdalen. Ehemals landwirtschaftlich genutzte Flächen, die zunehmend verbuschen, säumen unseren Weg. Ein Schild mit der Aufschrift Nøsastølen weist uns auf ein altes Almanwesen hin. Nach einem Rechtsschwenk blicken wir hinauf in das Tal Trolldalen, dessen Ende die felsige Südwand des Trolltindan abschließt. Eine Furt durch den Fluss Moelva umgehen wir mit einer Brücke. Der Fahrweg wird nun schmaler und führt uns in das Tal hinein, wo wir in einen dichten Waldbereich

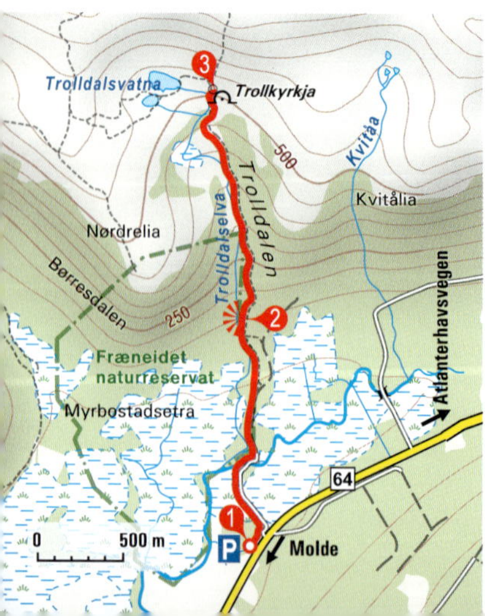

kommen. Holprig und leicht ansteigend geht es über Wurzeln und Steine durch eine Fichtenschonung und einen anschließenden Laubmischwald.
Der Weg wird steiler und wir gelangen zu einem **Aussichtspunkt** ❷ mit Blick hinab nach Moen und den Fræn- und Malmfjorden sowie auf die zwei markanten Berge Kvannfjellet und den pyramidenförmigen Jendemsfjellet. Weiter geht es aufwärts im steinig-grobblockigen Hang, bis wir auf gut 270 m Höhe zu einer Informationstafel über das Trollkirkedalen kommen. Jenseits der Trolldalselva erstreckt sich bis hinunter zur Straße und hinüber in das Nachbartal das Fræneidet naturreservat. Unser Weg führt jetzt relativ nah an dem uns entgegenströmenden Bach Trolldalselva entlang. Der Birkenwald wird niedriger und lichter und immer wieder haben wir grobblockige Wegabschnitte zu passieren. Schlussendlich gelangen wir auf eine moorige Anhöhe. Hier ist der Weg teilweise stark ausgetreten, steinig und morastig. Die letzten zu überwindenden Höhenmeter geht es über einen felsigen Absatz, bevor wir vor dem Haupteingang zur Höhle **Trollkyrkja** ❸ stehen. Eine Hinweistafel erläutert die verschiedenen Höhlenzugänge. Die Haupthöhle ist 70 m lang und an ihrem Ende befindet sich der 14 m hohe eindrucksvolle Wasserfall, der in ein Bassin hineinstürzt. Etwas höher befindet sich der Eingang in die zweite Höhle, in die man mit einer Leiter hinabsteigen muss.

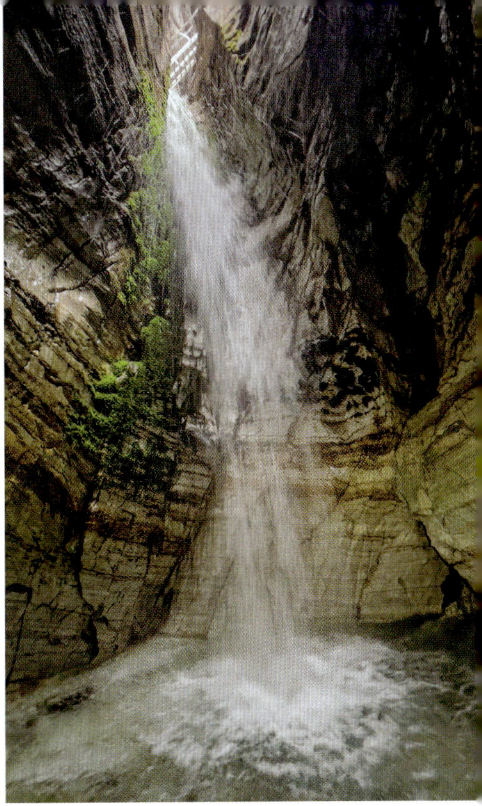

Im Inneren der Trollkyrkja.

Wer möchte, kann dem Wanderweg noch etwas weiter aufwärts folgen, um zu einem dritten Höhleneingang sowie in den Talkessel unterhalb des Trolltindan und zum Bergsee Trollvatna zu gelangen.
Der Rückweg erfolgt auf demselben Weg zum **Wanderparkplatz** ❶.

↗ 40 m | ↘ 40 m | 5.2 km

22 Farstadsanden – Nordneset

1.15 h

Schnelle Wanderung zu Dünen und Leuchtturm

Der kyststien (Küstensteig) führt uns von der nördlichsten Weißdüne der Erde im Farstadbukta naturreservat über Grabhügel aus der Bronzezeit zum Leuchtturm auf der kleinen Halbinsel Nordneset. Der Küstenabschnitt liegt am gefürchtetsten Fahrwasser Nordeuropas – der Hustadvika. Besonders schön ist die Wanderung zur Abendzeit und bei schönem Wetter lädt der Strand Farstadsanden zum Baden ein.

Ausgangspunkt: Farstadsanden, 2 m, Parkplatz am Ende einer Stichstraße in Farstad, Gemeinde Hustadvika. 40 km nördlich von Molde, Anfahrt über die Fv 64 und ab Moen auf der Fv 663, nördlich des Ortskerns von Farstad zweigt die Zufahrt zum ausgeschilderten Strandparkplatz ab.
Anforderungen: Einfach begehbare Sandpfade und Feldwege.
Infrastruktur: Supermarkt und Tankstelle in Farstad; Übernachtung, Camping und Restaurant in Bud. WC am Parkplatz.
Tipps: 1. In Bud (17 km westlich von Farstad) können das Bud Kystmuseum und das Ergan Kystford, eine zum Atlantikwall gehörende gut erhaltene Heeres-Küsten-Batterie aus dem Zweiten Weltkrieg, besichtigt werden (Informationen unter romsdalsmuseet.no).
2. Von Bud bis Kårvåg verläuft die Landschaftsroute Atlanterhavsvegen. Der berühmteste Streckenabschnitt, bei dem sich sieben Brücken von Holm zu Holm schwingen (ein ästhetisches Kunstwerk des Ingenieurbaus), befindet sich 9 km östlich von Farstad.
Karte: Turkart 1:50.000 Molde.

Vom Parkplatz am **Farstadsanden** ❶ führt ein breit ausgebauter Weg direkt hinunter zum Strand. Entlang des Weges der gesamten Wanderung stehen Informationstafeln zu verschiedenen Themen. Behandelt werden die Geologie der Umgebung, die Besonderheiten des Naturreservats und die Gewinnung von Asche aus Seetang. Am Strand angekommen wandern wir nach rechts über den Sand. Am Ende des Strandes führt zwischen dem Strandhafer ein Weg zu einem bequem zu gehenden festen Pfad. Zwischen einem Meer aus Frauenmantel und Mädesüß wandern wir an kleinen Buchten mit Steinstränden und einem kleineren Sandstrand vorbei, bis wir auf einen Fahrweg stoßen. Hier wenden wir uns nach links und an der folgenden Weggabelung biegen wir rechts ab. Über einen schmalen feuchten Pfad gelangen wir

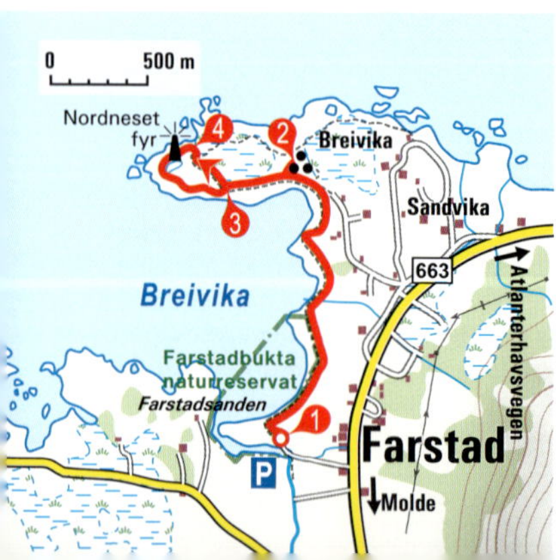

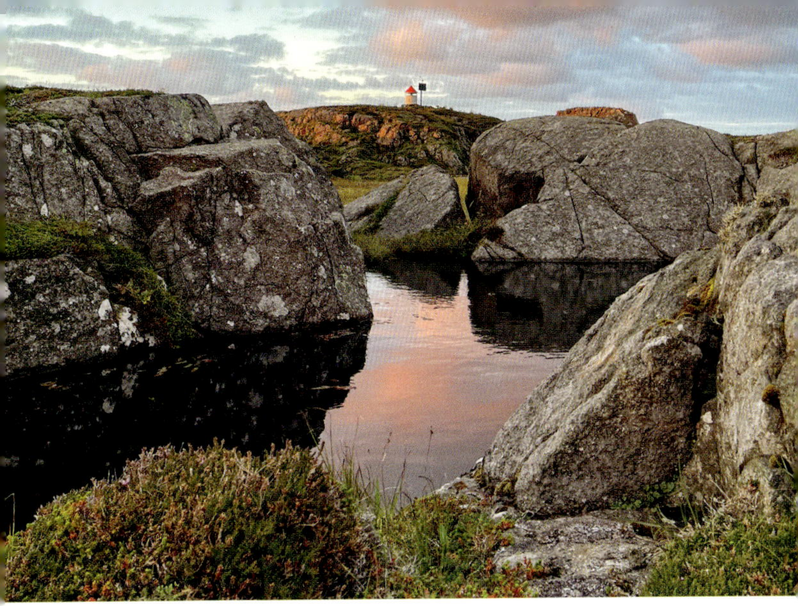

Der Leuchtturm auf Nordneset.

zum größten **Hügelgrab** ❷ der Umgebung, das einen Durchmesser von 20 m aufweist. Zurück auf unserem Weg gehen wir oberhalb von einigen Bootsschuppen weiter in Richtung Leuchtturm, der nun bereits zu sehen ist. An einer **Wegverzweigung** ❸ sind beide Pfade mit »Fyret« (Leuchtfeuer) ausgeschildert, wir wählen den breiteren rechten Pfad. Dieser bringt uns nun zum kleinen **Leuchtturm** ❹. Auf den Felsen können wir den krachenden Wellen lauschen, in die Weiten des Nordmeeres hinein träumen und den Blick auf den 667 m hohen Sjurvarden genießen. Wer möchte, kann dem Küstensteig noch ein Stück in östlicher Richtung folgen und danach wieder zum Leuchtturm zurückkehren. Wandert man den Steig bis zum Ende, gelangt man nach gut 2 km zum Weiler Julshamn, von wo aus man über Straßen wieder zurück nach Farstadsanden gelangt. Wir wählen für den Rückweg den nicht ausgebauten Pfad in südlicher Richtung. Er führt über Steine und Fels, an kleinen Seerosentümpeln vorbei und bietet immer wieder neue Blickwinkel. Nachdem wir die **Wegverzweigung** ❸ erreicht haben, gehen wir auf unserem Hinweg wieder zurück nach **Farstadsanden** ❶.

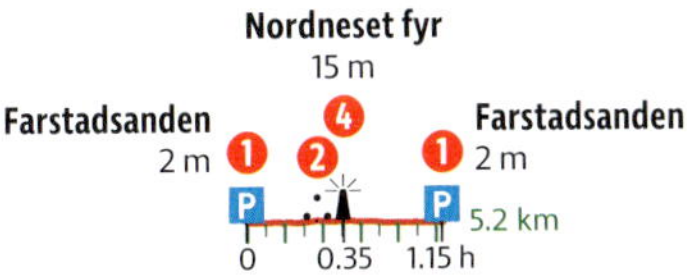

↗ 720 m | ↘ 720 m | 10.5 km

23 Sjurvarden, 667 m

4.20 h

Prächtige Aussicht über Hustadvika, Nordmeer und Bergwelt

Die abwechslungsreiche Wanderung auf den Sjurvarden bringt uns unschwer auf 667 m Höhe. Den am Kyrhaugen zu überwindenden Grat kann man gut umgehen. Wer möchte, kann auch noch den 768 m hohen Melen besteigen. Oben angekommen liegt uns die Hustadvika – Nordeuropas gefürchtetstes Fahrwasser – zu Füßen sowie die Küste Romsdals und Nordmøres. Felsige Küstenabschnitte, Strände, Moore sowie Holme, Schären und Leuchttürme prägen die Landschaft. Ebenso ist der berühmte Atlanterhavsvegen gut zu erkennen.

Ausgangspunkt: Skytebane, 35 m, Parkplatz am Schießstand von Skotten in der Gemeinde Hustadvika. 45 km nördlich von Molde, Anfahrt über die Fv 64 und ab Moen auf der Fv 663. 4,5 km nördlich des Ortskerns von Farstad zweigt nach rechts ein ausgeschilderter (Skytebane/Fjellvegen) Fahrweg ab, der in 1 km zum Schießstand führt.

Anforderungen: Einfache Wanderung über Fahrwege und Pfade. Kurze, leicht ausgesetzte Passage.

Infrastruktur: Supermarkt und Tankstelle in Farstad; Übernachtung, Camping und Restaurant in Bud.

Tipps: 1. In Bud (17 km westlich von Farstad) können das Bud Kystmuseum und das Ergan Kystford, eine zum Atlantikwall gehörende gut erhaltene Heeres-Küsten-Batterie aus dem Zweiten Weltkrieg, besichtigt werden (Informationen unter romsdalsmuseet.no).
2. Von Bud bis Kårvåg verläuft die Landschaftsroute Atlanterhavsvegen. Der berühmteste Streckenabschnitt, bei dem sich sieben Brücken von Holm zu Holm schwingen (ein ästhetisches Kunstwerk des Ingenieurbaus), befindet sich 9 km östlich von Farstad.

Karte: Turkart 1:50.000 Molde.

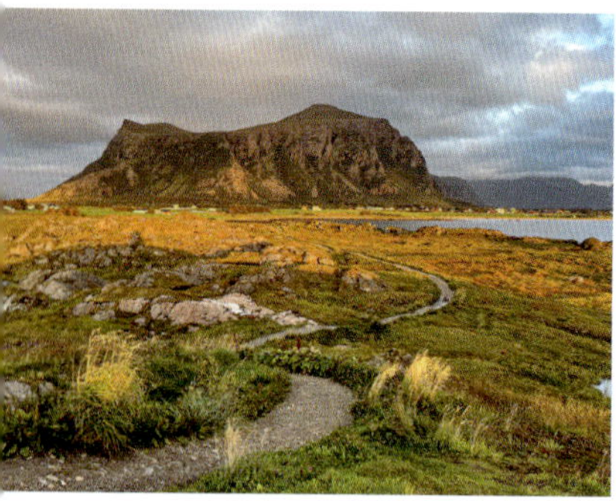

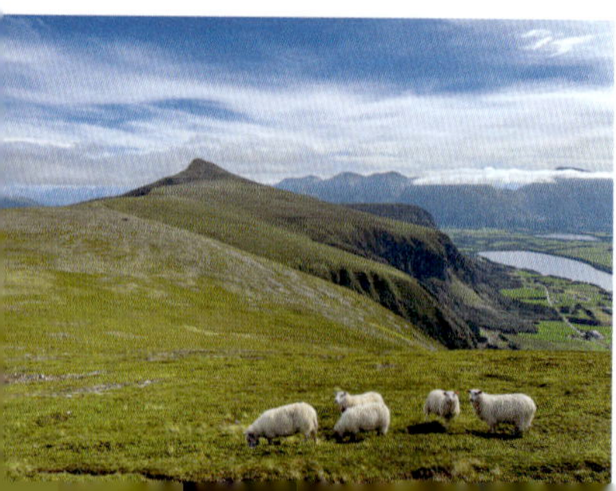

Vom Parkplatz an der **Skytebane** ❶ folgen wir dem Fahrweg, der zum Wasserwerk führt, wobei wir an Viehpferchen vorbeikommen und ein großes Tor passieren. Danach führt die Schotterstraße steil auf-

Der Sjurvarden von Farstadsanden aus gesehen und der Blick auf den Melen.

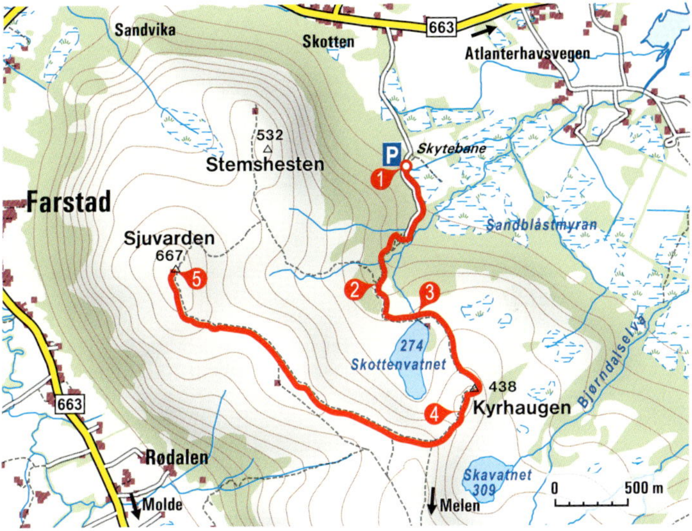

wärts durch bewaldetes Terrain, man hört die ins Tal rauschenden Bergbäche. Wir gewinnen schnell an Höhe und kurz vor dem Wasserwerk führt ein breiter steiniger Weg noch steiler nach rechts. Diesem Weg folgen wir. Rückblickend haben wir Sicht über landwirtschaftlich bewirtschaftete Flächen in Richtung Nordmeer mit dem Atlanterhavsvegen und in der Ferne den Bergmassiven bei und hinter Kristiansund. In der Nähe eines kleinen Baches mit Wasserfall, den wir mittels eines Steges überqueren, lädt eine Picknickstelle zum Verschnaufen ein. An einem **Wegweiser** ❷ zweigt ein Pfad zum Gipfel des Stemshesten, einem Gipfel unterhalb des Sjurvarden, ab. Wir bleiben auf unserem Weg, der Ausschilderung Melen folgend. Der Wald lichtet sich und schon bald öffnet sich die Sicht auf die zu besteigende Bergkette. Der ausgebaute Weg endet am See **Skottenvatnet** ❸, der als Wasserreservoir dient und in einem Kessel, von steilen Wänden umgeben, liegt. Ein ausgetretener, teilweise feuchter und steiniger, aber gut zu steigender Pfad, führt von hier aus den vor uns liegenden Bergrücken hinauf. Er leitet uns auf den Kyrhaugen – den Kuhberg. Was nun folgt, nennen die Einheimischen Lille Besseggen. Wir bewältigen ihn mit mehr (kleine Kraxelei) oder weniger Aufwand, wobei die schwierigen Stellen gut umgangen werden können. Auf dem **Grat** ❹ finden wir bei einem turbok (Tourenbuch) ein Plätzchen zum Ausruhen und Landschaftgenießen. Wir blicken hinab zum Skottenvatnet auf der einen Seite und zum Skavatnet auf der anderen. In Richtung Süden schauen wir auf den Melen, während

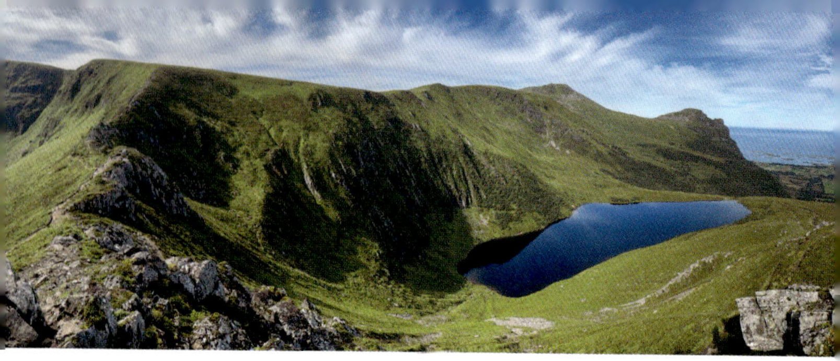

Blick hinab zum Skottenvatnet.

der Sjurvarden im Norden liegt. Weiter geht es hinauf zur Bergkante, wo sich der Weg teilt: Nach links führt der Weg in 1,8 km zum Gipfel des Melen. Wir wenden uns nach rechts und wandern vorerst bequem und ohne große Steigung den breiten steinigen Rücken entlang und werden dabei vom Gebimmel der Schafsglocken begleitet. Nach der Zwischenerhebung Skottenvarden gehen wir eben bis zum letzten Anstieg. Wir stehen auf einer riesigen Schafweide, entdecken eine alte niedrige Schäferhütte und blicken über die Weiten des breiten Bergrückens.

Im weiteren Aufstieg markieren aufrecht gestellte Steine den ohnehin gut sichtbaren Weg, der uns bis auf den Gipfel des **Sjurvarden** 5 führt. Von hier oben schweift unser Blick hinab auf die urbar gemachte Landschaft inmitten der Moore, nach Farstadsanden, über die Hustadvika und den Atlanterhavsvegen, bis zur Insel Smøla mit ihrem Windpark, den Gipfeln auf der Insel Tustna östlich von Kristiansund sowie die Berge des Trollheimen. Beeindruckend ist der breite Bergrücken, den wir soeben empor gestiegen sind und der bis hinüber zum Gipfel des Melen führt. Gut erkennbar ist eine niedrige, aus Steinen aufgeschichtete Mauer, die früher wahrscheinlich als Weidegrenze diente. Unter uns, in nordöstlicher Richtung, sehen wir die Funkmasten auf dem Stemshesten, zu dem auch ein Weg hinab führt. Ebenfalls über diesen Weg kann man, sich rechts haltend, hinab zum **Wegweiser** 2 am Aufstiegsfahrweg steigen. Da dieser Pfad durch steiles und überwiegend feuchtes Gelände verläuft, wählen wir für unseren Rückweg jedoch den Hinweg.

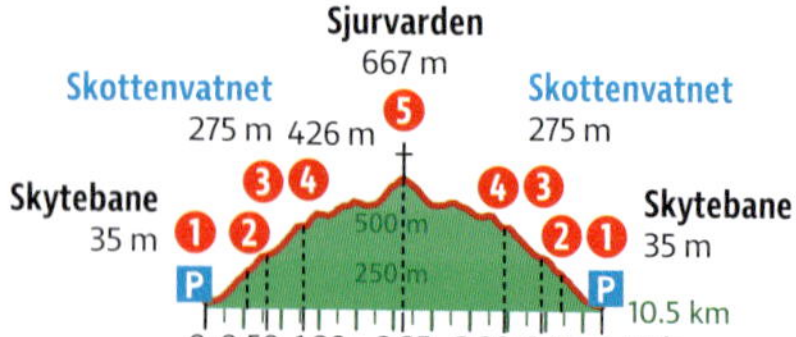

↗ 210 m | ↘ 210 m | 5.2 km

2.00 h

Gå i Annas fotspor 24

Auf Annas Fußspuren

Im Ortsteil Dale, im Osten der Inselstadt Kristiansund, wurde von der Seniorenabteilung des DNT ein historischer Küstensteig angelegt. Es handelt sich um den alten Fußweg, den Anna und ihre Familie beinahe täglich nutzten. Anna war die Frau des Leuchtturmwärters von Kvitneset. Gemeinsam zogen sie 1912 auf die Halbinsel. Haus und Hof zählten bald 7 Kinder, Kühe, Schafe und Schweine. Als Annas Mann starb, erhielt sie, da kein neuer Leuchtturmwärter gefunden werden konnte, die Genehmigung, dieses Amt auszuführen. Anna managte ab da ihre große Familie, den Hof, den Leuchtturm und verdiente noch Geld durch andere Tätigkeiten hinzu. Ihr Weg in die Stadt und der Schulweg der Kinder verlief mit all seiner Gefährlichkeit bei Wind und Wetter entlang eben dieses Steilküstenabschnittes, der heutzutage mithilfe von Kettensicherungen für Wanderer zugänglich gemacht wurde.
Annas Geschichte auf Kvitneset endete 1940, als deutsche Truppen die Halbinsel einnahmen und die Heeresküstenbatterie (HKB) Nordlandet errichteten. Die Reste dieser über die ganze Halbinsel verstreut liegenden Bunkeranlage können besichtigt werden. Dies geschieht auf eigene Gefahr und Vorsicht ist auf jeden Fall geboten.

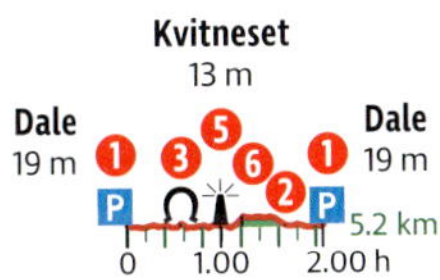

Ausgangspunkt: Dale, 19 m, Parkplatz an der Dale barneskole. In Kristiansund auf der Rv 70 in Richtung Sundalsøra, dann nach Dale (Straße 6248) abbiegen. Bis zur Ausschilderung »Dale barneskole« und »I Annas fotspor« fahren, hier in den ABC-veien links einbiegen und bis zum Parkplatz (linker Hand) fahren.
Anforderungen: Ein Teil der Wanderung führt über Felsabschnitte und Felsbänder direkt oberhalb des Meeresspiegels, zum Teil mit Ketten gesichert.
Infrastruktur: Unterkunft, Camping, Restaurant, Supermarkt und Tankstelle in Kristiansund.
Tipps: 1. In der Milnbrygga befindet sich das Norwegische Klippfischmuseum, das einen authentischen Einblick in die Produktion des Klippfisches im Allgemeinen und in Kristiansund, der Hauptstadt des Klippfisches, im Besonderen gibt (nordmorsmusea.no). 2. Im Handelshuset Patrick Volckmar genießt man an den Wochenenden Kaffee aus Norwegens ältester sich noch in Betrieb befindenden Rösterei (nordmorsmusea.no). 3. Zwischen den vier Inseln, auf denen Kristiansund liegt, verkehrt die kleine Fähre Sundbåten (sundbaten.no). 4. Traditionelles Handwerk erlebt man in der Mellemværftet, einer Segelbootwerft von 1856 (nordmorsmusea.no). 5. Gut 30 km westlich von Kristiansund liegt der Atlanterhavsvegen, ein ästhetisches Meisterwerk norwegischer Brückenbaukunst. 6. Vor der Küste liegt die kleine Inselwelt von Grip mit Leuchtturm, ehemaligem Fischerdorf und Stabkirche. 7. Kristiansund wurde 1940 durch deutsche Fliegerangriffe nahezu vollständig zerstört.
Karte: Turkart 1:100.000 Fjordruta.

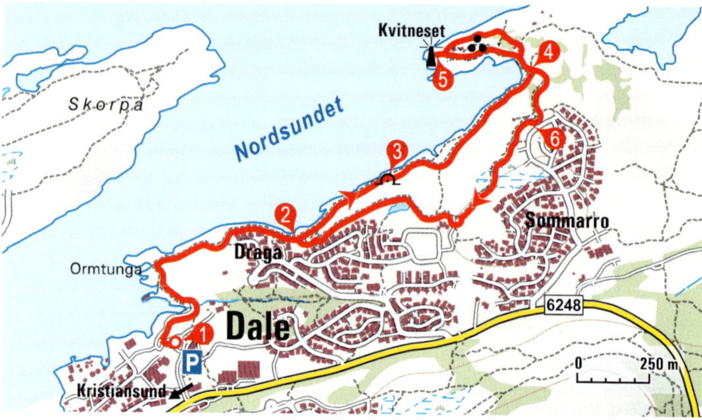

Am Parkplatz in **Dale** ❶ steht eine große Informationstafel (in norwegischer Sprache) über die Bewohner und das Leben auf Kvitnes fyr. Hier beginnt der mit dem roten »T« markierte Pfad, der uns zunächst durch ein Wäldchen abwärts in Richtung Meer führt, wo wir zur Bucht Dragabukta kommen. Hier wurde bis in die Sechzigerjahre des vergangenen Jahrhunderts auf dem flachen Uferfels Klippfisch zum Trocknen ausgelegt. Eine Informationstafel informiert über die damaligen Arbeitsmethoden und gegenüber steht die restaurierte Ludvig Williamsens brygga von Draget, ein ehemaliger Speicher für Klippfisch.

Wir wandern nun in nordwestlicher Richtung weiter zum Meeresarm Nordsundet, wobei der Pfad kaum sichtbar ist. Hinter Hafenanlagen, die in Kristiansund allgegenwärtig sind, entdecken wir in der Ferne den Sjurvarden und den benachbarten Gipfel des Melen. Mit einem Schwenk nach rechts kommen wir zur Steilküste, wo der Pfad ausgesetzt wird und Kettensicherungen uns beim Vorwärtskommen helfen. Oberhalb von uns befindet sich eine neue Wohnsiedlung. An einer **Weggabelung** ❷ steigen wir nach links hinab. Nachdem wir mithilfe eines Taus auf Meeresniveau hinabgeklettert sind, suchen wir uns einen Weg durch Blockgeröll. In der Steilwand über uns entdecken wir Kletterrouten und Abschnitte mit großen Felsplatten laden zum Verweilen ein. Eine längere Steilwand passieren wir mit Ketten gesichert auf einem schmalen Felsband. Besonders beeindruckt sind wir von einem großen Überhang mit **Höhle** ❸.

Auch wenn der spektakulärste Teil der Tour nun bereits hinter uns liegt, auch der weitere Weg bis zum Ende der kleinen Bucht Kvitnesbukta führt mehrheitlich über Fels und über eine Kettensicherung. An der Spitze der vor uns liegenden Landzunge Kvitneset sehen wir bereits den kleinen Leuchtturm. Am Ende der Bucht gelangen wir zu Hafenbefestigungen aus dem Zweiten Weltkrieg und passieren einen nach rechts führenden **Abzweig 4**. Auf Kvitneset begeben wir uns ohne Markierungen auf eine abenteuerliche Runde durch die zum Teil sichtbaren und zum Teil versteckt liegenden alten Bunkeranlagen der HKB. Wir navigieren uns entgegen dem Uhrzeigersinn auf einem Pfad rund um die Halbinsel und gelangen dabei zum kleinen Leuchtfeuer von **Kvitneset 5**.

Wir vollenden unsere Abenteuerrunde und gelangen zurück zum **Abzweig 4**. Hier geht es, wieder markiert, über Treppen und einen Pfad die Felsklippe hinauf (es handelt sich um einen ehemaligen Zugang zur HKB) bis an den Rand der Siedlung, wo wir zu einem kleinen Parkplatz mit **Informationstafel 6** gelangen. Hier geht es nach rechts. Unser Weg führt über einen Pfad durch mooriges, bewachsenes Gelände an den Hintergärten der zum Teil mondänen Häuser vorbei. Eine surreal anmutende Szenerie, ist man doch gerade innerhalb weniger Minuten aus der (mühsamen) Vergangenheit in die komfortable Gegenwart emporgestiegen. Sobald wir vor einem roten Haus stehen, biegen wir nach rechts ab, um dann an einem kleinen See und erneut an den Gärten der Häuser einer weiteren Siedlung entlangzuwandern. Über eine Holztreppe gelangen wir die Felsklippe wieder hinab zur **Weggabelung 2**. Von hier geht es auf demselben Weg zurück zum Ausgangspunkt in **Dale 1**.

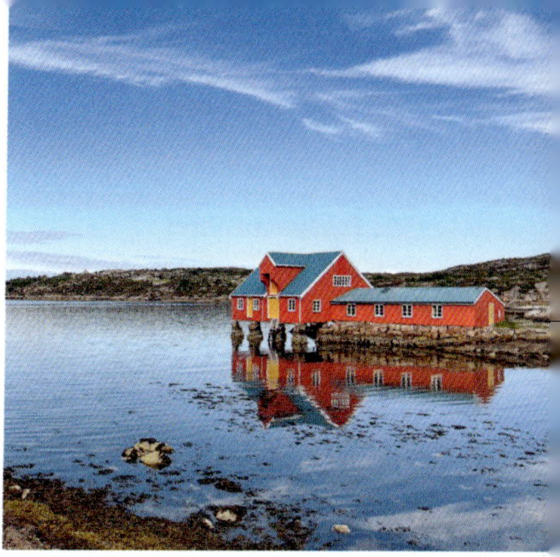

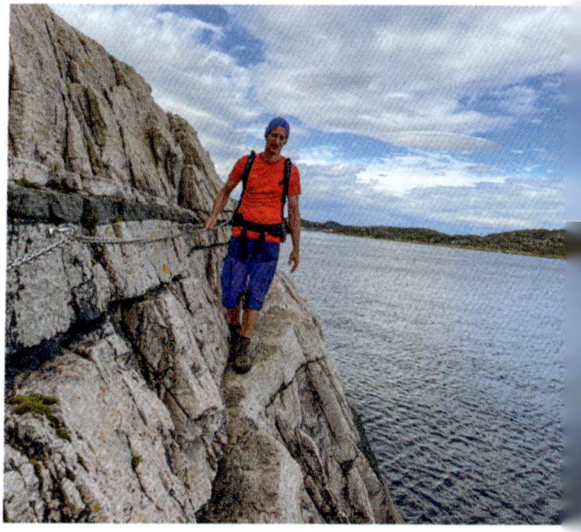

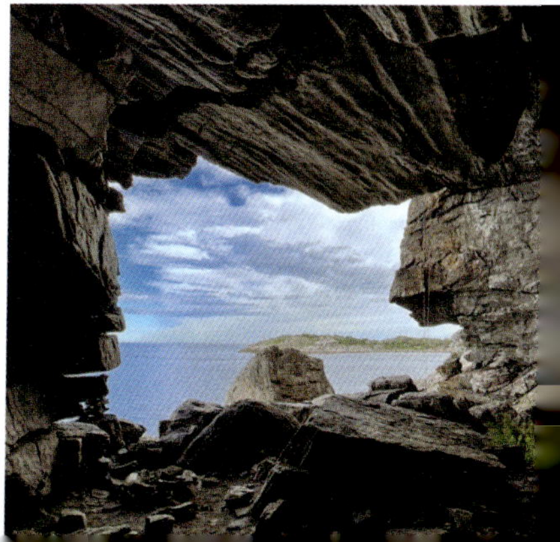

Auf Annas Fußspuren vorbei an der brygga und durch felsiges Terrain.

↗ 860 m | ↘ 860 m | 9.1 km

25 Skarven, 896 m

4.45 h

In den Tustnastabban

Östlich von Kristiansund, zwischen Edøyfjorden und Korsnesfjorden, erheben sich die alpinen Gipfel der sogenannten Tustnastabban, einem Fjellgebiet, das sich über die Inseln Tustna und Stabblandet erstreckt. Die beschriebene Wanderung auf der Insel Tustna hat den 896 m hohen Skarven zum Ziel. Verlängert man die Wanderung über den Sattel Gullsteinskaret und den Jurtinden, wird sie zu einer tagesfüllenden Tour.

Im Nordmeer vor Tustna liegt die Inselwelt der Kommune Smøla, die über eine Fährverbindung angebunden ist. Die gleichnamige flache von Mooren überzogene Hauptinsel wird auch als Festlandsmøla bezeichnet, da sie von Tausenden von kleinen Schären und Holmen umgeben ist. Über 1000 Jahre alte archäologische Funde zeugen von der einstigen Bedeutung des Archipels. Nicht zu übersehen sind die 68 Windräder der Anlage Smøla vindkraft. Bei seiner Inbetriebnahme im Jahr 2002 war der Windpark der größte Europas und bis 2017 mit einer Jahresproduktion von 356 GWh der größte Norwegens. Nach dem tragischen Fund von 106 toten Seeadlern, die sehr wahrscheinlich durch den Schlag der Windräder zu Tode gekommen sind, wurden hier Untersuchungen durchgeführt, bei denen die Rotorblätter im Wechsel farbig angestrichen wurden, was zu einer erheblichen Reduktion der Vogelsterblichkeit führte.

Ausgangspunkt: Wanderparkplatz an der Fv 680 (Tømmervågvegen), 36 m, auf der Insel Tustna in der Gemeinde Aure. Östlich von Kristiansund führt die Straße Fv 680 über die Fährverbindung Seivika–Tømmervåg auf die Insel Tustna. 16,7 km östlich des Fähranlegers Tømmervåg ferjekai befindet sich rechts ein kleiner Wanderparkplatz. Von Osten her kommend befindet sich der Parkplatz 700 m nördlich der Kreuzung an der Gullstein kirke.

Anforderungen: Ausgeschilderter und markierter Wanderpfad mit morastigen Abschnitten, Trittsicherheit notwendig.

Infrastruktur: Supermarkt und Tankstelle in Leira. Übernachtung, Camping, Restaurant, Supermarkt und Tankstelle in Kristiansund und (außer Camping) auf Smøla.

Gullsteinvollen, ganzjährig geöffnete, verproviantierte DNT-Selbstversorgerhütte mit 15 Betten.

Tipps: 1. Auf der Smøla vorgelagerten Insel Edøya steht die Edøy gamle kirke. Die ältesten Kirchenteile datieren aus dem 12. Jahrhundert. Gleich daneben wurden mithilfe eines Georadars unter der Erde verborgene Reste von Bebauungen, eines Schiffes und eines Grabhügels gefunden. 2. Auf der Insel Kuli gelangt man auf einem kurzen Spaziergang zur Kopie des Kulisteinen, einem über 900 Jahre alten Runenstein, mit dem ältesten Zeugnis für den Namen »Norge«. 3. In Frostaheia auf Smøla steht das Norsk myrmuseum (Norwegisches Moormuseum, nordmorsmusea.no). 4. Ein Highlight ist das beschauliche Fischerdorf Veiholmen, das über mehrere Brücken zu erreichen ist und am äußeren Ausläufer des Archipels auf Holmen errichtet ist.

Karte: Turkart 1:100.000 Fjordruta.

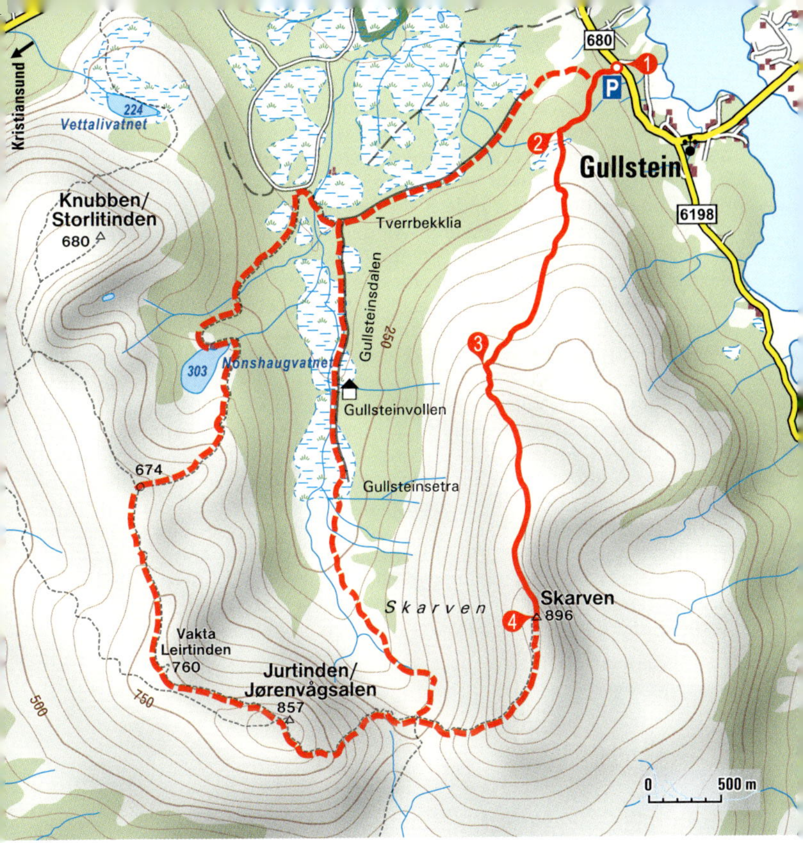

Vom Parkplatz an der **Fv 680** ❶ folgen wir dem Forstweg durch den Wald. Nach gut 150 m zweigt der Wanderpfad nach links ab und führt uns mit Holzplanken über ein mooriges Gelände und unter einer Stromleitung hindurch. Knorrige Kiefern, die zu einem dichten Wald werden, säumen unseren Weg. Der Weg zieht nun steil an und wird zu einem wurzeligen und morastig ausgetretenen Pfad, bis wir auf eine lichte **Anhöhe** ❷ mit niedrigen Kiefern kommen. Vor uns liegt eine moorige Senke und dahinter steigt der Weg

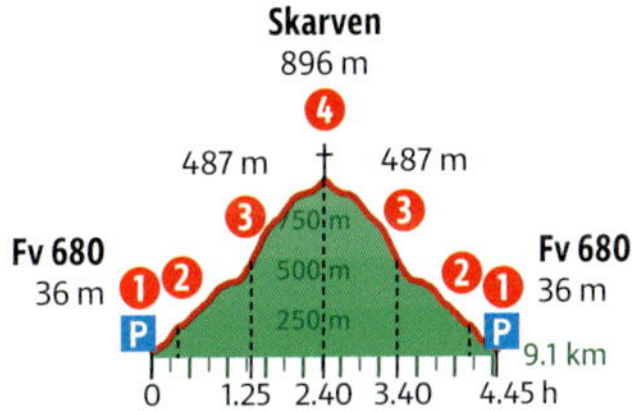

im breiten Hang der Dyrkollgrova (Gullsteinskraven) hinauf. Gleichzeitig markiert die dahinter stehende felsige Abbruchkante des Skarven das Ziel unserer Wanderung. In der Gegenrichtung, nach Norden, schauen wir hinaus auf das Nordmeer und die große flache Moorinsel Smøla.
Unser Weiterweg wechselt terassenförmig zwischen moorigen Abschnitten und offen liegenden Felsbändern, die Kiefern werden spärlicher, allmählich dominiert die Zwergstrauchheide. Wir gelangen zu einem Querwall, hinter dem sich eine Senke mit zwei kleinen Moorseen befindet, aus denen sich ein Bach speist, den wir queren. Vor uns liegt die mächtige Steilwand des Skarven. Unser Weg wendet sich nach rechts und wir steigen in den Bergrücken hinauf. Der Weg wird steiler und führt durch grobblockiges Gelände, bis wir an eine **Wegverzweigung** ❸ kommen. Von rechts führt aus dem Tal Gullsteinsdalen der Wanderweg von der DNT-Hütte Gullsteinsvollen kommend herauf. Wir wandern weiter steil bergan, teilweise über kleine Geröllflächen bzw. geröllige Abschnitte. Auf der rechten Seite haben wir einen tollen Blick auf die Bergkette des gegenüberliegenden Jørenvågsalen. Vor uns liegt ein flacher steindurchsetzter grasiger Hang, der suggeriert, dass an dessen Ende der Gipfel erreicht ist. Kurz vor Erreichen der Hangkante öffnet sich der Blick nach hinten auf den noch entfernten Gipfelturm. Wir stehen jetzt auf gut 800 m Höhe an der östlichen Abbruchkante des Skarven-Massivs und genießen den Blick hinüber auf die Bergkette der benachbarten Insel Stabblandet. Unser Weg führt nun zunächst an der Kante entlang und dann weiter aufwärts über den breiten, teilweise fast flachen

Panoramaaussicht vom Skarven über einen Teil der Tustnastabban.

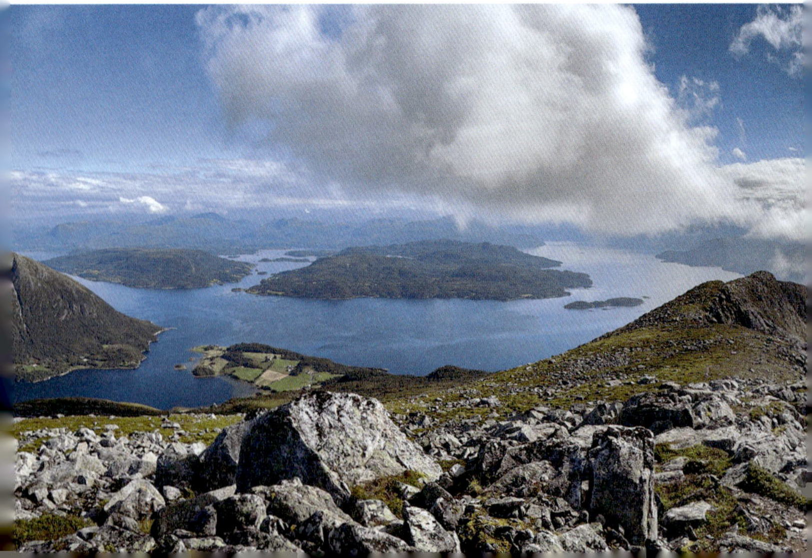

mit Heidekräutern bewachsenen Bergrücken. Nach einem letzten kurzen Anstieg erreichten wir den mit einer Steinpyramide markierten Gipfel des **Skarven** ❹. In südlicher Richtung bietet sich uns ein fantastischer Ausblick über den Korsnesfjorden und die dahinter liegende Bergwelt von Reinheimen über Sundalsfjella bis Trollheimen. Vor uns locken der felsige Rücken, der hinab in den Sattel Gullsteinskaret führt und der anschließende steile Grat, der auf das gegenüberliegende Massiv des Jørenvågsalen leitet. Der Weiterweg in diese Richtung wird in den Varianten beschrieben. Ansonsten kehren wir auf demselben Weg zurück zum Parkplatz an der **Fv 680** ❶.

Variante 1: Abstieg über Gullsteinvollen (2.30 Std., Abstieg 860 m, »schwarz«)
Vom Gipfel folgen wir dem deutlich ausgetretenen Pfad in südlicher Richtung und steigen dann steil über den teilweise schmalen und felsigen Rücken Richtung Westen hinab in den Sattel Gullsteinskaret. An einigen Stellen müssen wir mit leichter Kletterei höhere Felsabsätze überwinden. Vom Sattel folgen wir dem markierten Wanderweg hinab ins Tal Gullsteinsdalen zur Almsiedlung Gullsteinsetra. Kurz darauf passieren wir den Abzweig zur DNT-Hütte Gullsteinvollen. Der Wanderweg verläuft ab Gullsteinsetra auf einen schmalen Fahrweg, der später zu einem breiten Forstweg wird und uns zum Ausgangspunkt unserer Wanderung an der **Fv 680** ❶ bringt.

Variante 2: Verlängerung über den Jurtinden und Leirtinden (5.30 Std., Aufstieg 480 m und Abstieg 1330 m, »schwarz«)

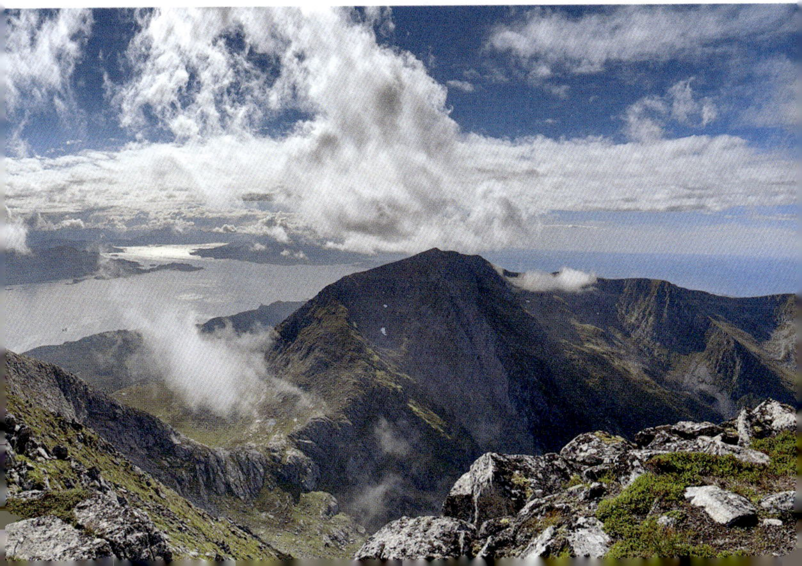

Das mächtige uns gegenüberliegende Bergmassiv wird Jørenvågsalen genannt, der Gipfel selber Jurtinden. Vom Gipfel des Skarven folgen wir der in Variante 1 beschriebenen Route bis in den Sattel Gullsteinskaret hinab. Von da aus steigen wir zunächst im Hang langsam aufwärts und anschließend auf dem Grat steil bergan. Zwei kurze Kettenstellen leiten uns durch felsiges Terrain. Nach dem steilsten Abschnitt schwingt die schroffe Abbruchkante in einem großen Bogen nach rechts, genau gegenüber von uns liegt der Gipfel des Jurtinden. Während sich rechts von uns die steile Abbruchkante befindet, begleitet uns links der weite Heidehang bis hinauf zum Gipfel. Hier bietet sich ein gigantisches 360-Grad-Panorama: Inseln, Fjorde, Fähren, am südlichen Horizont die schneebedeckten Gipfel der Gebirge Reinheimen, Sundalsfjella und Trollheimen.

Der Abstieg vom Gipfel erfolgt entlang der Kante (ein zweiter Pfad verläuft parallel zur Kante im tiefer gelegenen Hanggelände) bis zum ausgeschilderten Abzweig zur DNT-Hütte Trollstua am See Bjørnavatnet. Hier schwenkt unser Weg in nördlicher Richtung und führt uns weiter entlang der Kante zum Bergsporn Vakta mit seiner 758 m hohen Spitze Leirtinden. Danach entfernt sich der Weg von der Kante und wir gehen über einen breiten flachen Heidehang, die nächste Anhöhe an der Bergkante untergehend. Achtung, hier existieren mehrere Pfade, die auch von Schafen benutzt werden, und die Markierung ist kaum existent! Danach wandern wir wieder entlang der Kante, wo das Gelände nun stark mit Blockgeröll durchsetzt ist. Nach einem kurzen Abstieg geht es hinauf zum Pt. 674, von wo aus wir nochmals die Aussicht genießen, bevor es hinab ins Tal geht.

Der Abstieg beginnt ca. 30 m vor der Bergspitze. Hier geht es nach rechts steil in die Bergflanke hinab auf den vor uns liegenden breiten Rücken. Oberhalb des Karsees Nonshaugvatnet steigen wir steil im westlichen Hang abwärts und gelangen kurz vor Erreichen des Sees in einen urigen Kiefern- und Birkenwald. Den Ausfluss des Sees überqueren wir im steinigen Gelände, tief unter uns gurgelt ein Bach. Der Weg schwingt nach links und es folgt ein kleiner Gegenanstieg auf den vor uns liegenden Endmoränenwall hinauf. Nach rund 250 m steigen wir hinab zum See, wo wir in offenem Gelände auf einem kurzen Abstecher nach links direkt zum Ufer des Nonshaugvatnet gelangen. Unser Pfad führt uns nach rechts durch einen jungen Kiefern- und Birkenwald. Anfangs ist der Weg steil und schmal, steindurchsetzt und mühsam zu gehen. Immer wieder gibt es morastige Passagen und im lichten Moorwald stehen uralte knorrige Kiefern. Wir gelangen zu einem Fahrweg, wo wir nach rechts und nach ca. 50 m nochmals nach rechts abzweigen und zwar auf den schmalen mit Gullsteinvollen ausgeschilderten Pfad. Kurz danach überqueren wir auf einer Holzbrücke den rauschenden Fluss Follåelva und durch einen lichten hochgewachsenen Kiefernwald kommen wir bis zu dem Fahrweg, der rechts hinauf zur DNT-Hütte Gullsteinvollen (Variante 1) führt. Wir wenden uns nach links und folgen dem Fahrweg 2,4 km bis zum Parkplatz an der **Fv 680** ❶.

↗ 720 m | ↘ 720 m | 32.6 km

2 Tage

Trollheimshytta 26

Hüttentour ins Zentrum des Trollheimen-Gebirges

Die Trollheimen-Hauptgipfel Snota und Trollhøtta sind die Blickfänger dieser aussichtsreichen Wanderung über dem Stausee Gråsjøen zur bewirtschafteten Trollheimshytta. Die Snota ist auf dem Hinweg im Rahmen eines Abstechers ersteigbar, die Trollhøtta ist von der Trollheimshytta aus erreichbar. Die DNT-Hütte liegt im Zentrum eines abwechslungsreichen Gebietes, in dem sich auch schöne Tageswanderungen unternehmen lassen.

Ausgangspunkt: Gråhaugen, 490 m, Parkplatz am Stausee Gråsjøen am Ende des Mautwegs Folldalsvegen in der Gemeinde Surnadal. Zufahrt auf der Fv 65 von Surnadalsøra Richtung Trondheim, nach 25 km in Richtung Folldalen/Trollheimen abzweigen, 15 km bis Gråhaugen.
Anforderungen: Sowohl steiniger als auch morastiger Bergpfad mit mäßigen Steigungen im ersten Teil.
Infrastruktur: Trollheimshytta, saisonal bewirtschaftete DNT-Hütte mit 80 Betten, außerhalb der Bewirtschaftungszeit mit dem DNT-Schlüssel als Selbstversorgerhütte mit 28 Betten nutzbar. Übernachtung, Restaurant, Supermarkt und Tankstelle in Rindal sowie Surnadalsøra.
Karte: Turkart 1:50.000 Trollheimen.

Wilkommen in der Trollheimshytta.

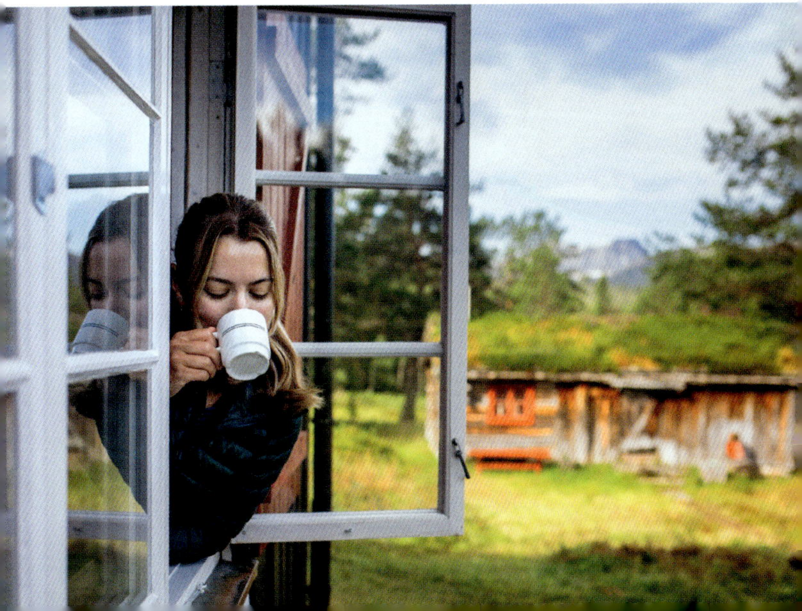

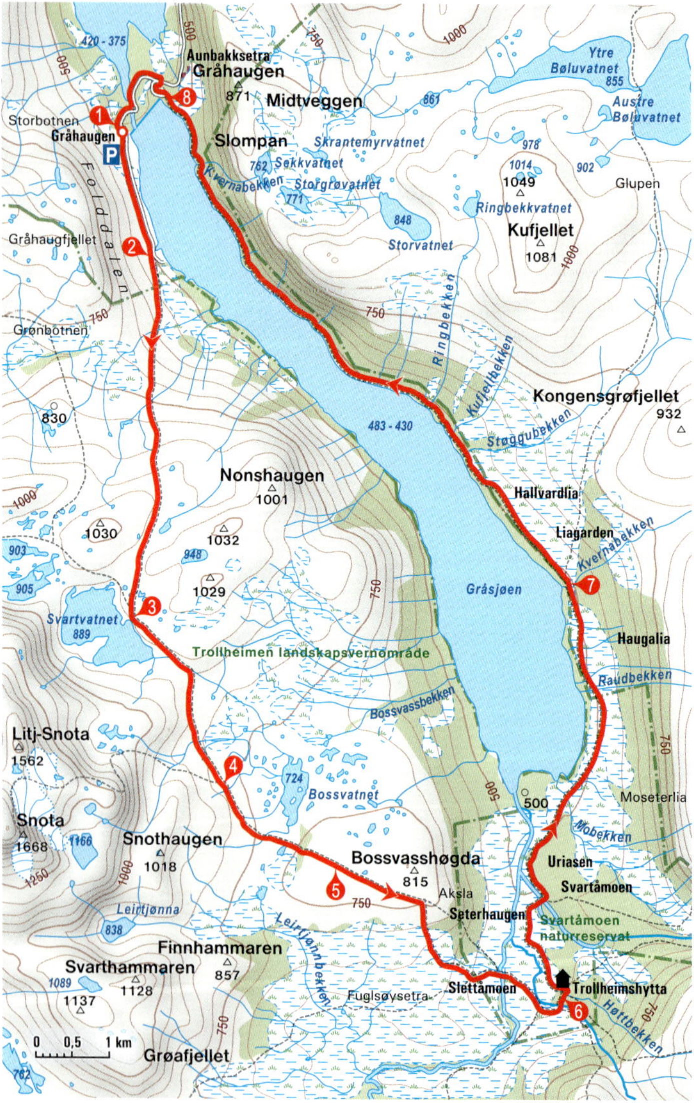
Aunbakksetra
Gråhaugen
871
Midtveggen
Storbotnen
Gråhaugen
Slompan
Skrantemyrvatnet
Sekkvatnet
Kvernabekken
Storgrøvatnet
Ytre
Bøluvatnet
855
Austre
Bøluvatnet
978
1014
1049
902
Glupen
Ringbekkvatnet
Kufjellet
1081
848
Storvatnet
Folddalen
Gråhaugfjellet
Grønbotnen
Ringbekken
Kufjellbekken
Kongensgrøfjellet
932
830
483 - 430
Støggubekken
Nonshaugen
1001
Hallvardlia
1030
1032
Liagarden
Kvernabekken
903
948
905
1029
Gråsjøen
Svartvatnet
889
Haugalia
Trollheimen landskapsvernområde
Raudbekken
Bossvassbekken
Litj-Snota
1562
724
Bossvatnet
500
Moseterlia
Snota
1668
1166
Snothaugen
1018
Mobekken
Uriasen
Bossvasshøgda
815
Svartåmoen
Aksla
Leirtjønna
Seterhaugen
Svartåmoen
naturreservat
838
Leirtjønnbekken
Finnhammaren
857
Svarthammaren
1089
1128
1137
Slettåmoen
Fuglsøysetra
Trollheimshytta
Høttbekken
0 0,5 1 km
Grøafjellet
762

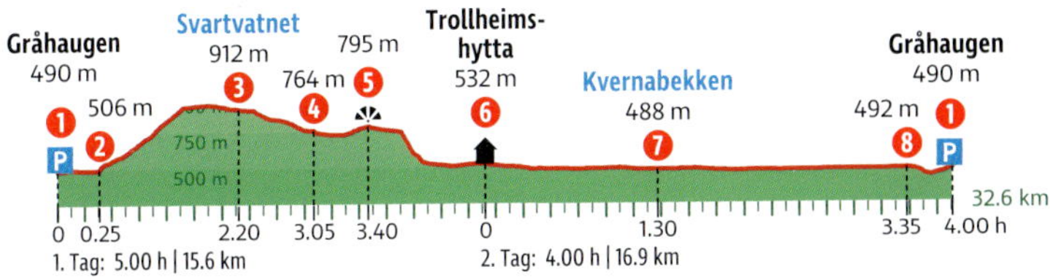

1. Tag: Der auch von Wassersportlern mit Booten angefahrene Parkplatz **Gråhaugen** ❶ befindet sich unterhalb der Selbstversorgerhütte Gråhaugen Fjellstue neben dem südlichen Dammansatz des Stausees Gråsjøen, dessen Wasser im Gråsjø-Kraftwerk genutzt und dann dem Stausee Foldsjøen zugeleitet wird, ehe es ins Surnadal zum Trollheimen-Kraftwerk hinabgeleitet wird. Die Dammkrone lässt sich ein Stück weit begehen und bietet einen eindrucksvollen Blick der Route zur Snota.
An der Fjellstue vorbei führt uns ein ab hier für den öffentlichen Verkehr gesperrter Wirtschaftsweg Richtung »Trollheimshytta«, markiert mit dem roten Touren-T. Im Wechsel aus lichten Waldpassagen und Mooren wandern wir insgesamt sehr aussichtsreich südwärts, bis oberhalb einer markanten kleinen Bucht der **Pfad** ❷ abzweigt, bald die letzten Bäume hinter sich lässt und mit überragender Aussicht zum Pfaddreieck am See **Svartvatnet** ❸ hinaufführt; hier mündet die Aufstiegsroute aus dem Vindøldalen ein. Nach Überqueren des dem See zufließenden Bachs Svartvassbekken ein Stück weiter oberhalb haben wir den Hauptanstieg bereits geschafft, und nach dem Überqueren des aus den Snota-Gletschern austretenden Bachs auf einer Sommerbrücke erreichen wir die **Snota-Verzweigung** ❹: Hier beginnt der Aufstieg zur Snota, während der T-Pfad ostwärts ins aussichtsreiche Gebiet der **Bossvasshøgda** ❺ hinüberleitet, wo der passagenweise recht steile Abstieg zur bewirtschafteten **Trollheimshytta** ❻ beginnt.
2. Tag: Der Rückweg beginnt unterhalb der Trollheimshytta, wo sich mehrere Flüsse vereinigen. Die T-Markierungen Richtung »Rindal« überqueren die Svartåa auf einer Ganzjahresbrücke und wechseln dann ans licht bewaldete und hier leider auch stark vermoorte Ostufer des Stausees. Nach Überqueren der Brücke über den **Kvernabekken** ❼ hat unser Weg zuweilen den Charakter eines grasigen Almwegs. Über nahezu allen Bächen liegen schmale, zuweilen wenig vertrauenswürdige Stegbrücken. Rastmöglichkeiten bieten Wiesenrodungen an grassodengedeckten Almhütten, allerdings durchqueren wir auch hier wieder mehrere Moore. Die Krone des Steilhangs nahe der Nordseite des **Staudamms** ❽ bilden die Felsköpfe des Slompen-Massivs. Am Ende mündet der Pfad an einer nur von wenigen Autos genutzten Parkmöglichkeit in einen Fahrweg. Da der Staudamm nicht als Abkürzung benutzt werden kann, gibt uns dieser anfangs steinige Fahrweg (links und unten wieder links) die Route unterhalb des Staudamms zum Ausgangspunkt in **Gråhaugen** ❶ vor.

↗ 190 m | ↘ 190 m | 3.9 km

27 Nauståfossen

1.30 h

Zum Wasserfall Nauståfossen

Der Hof Kårvatn im oberen Todalen ist seit dem 19. Jahrhundert ein klassischer Ausgangspunkt für Bergwanderungen im Trollheimen-Gebirge. Vor allem aber war das Todalen in der englischen fliegenfischenden Upperclass als Lachseldorado bekannt. Ein historisches Zeugnis dieser Ära steht im Todalen: die heute dem DNT gehörende bewirtschaftete Todalshytta.
Unsere kurze Tour führt zum Wasserfall Nauståfossen, der mit einer Fallhöhe von 110 m durch die Felsen tost und aus der Ferne schon vom Hof aus zu sehen ist. Wer länger wandern will, folgt den T-Markierungen weiter Richtung Trollheimshytta und ist nach 28 km und knapp 10 Stunden am Ziel.

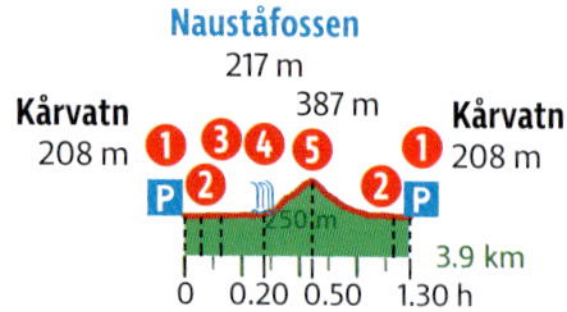

Ausgangspunkt: Kårvatn, 208 m, DNT-Hütte und Hof in der Gemeinde Surnadal. Von Surnadal auf der FV 670 9 km bis zum Abzweig nach Todalen fahren. Weitere knapp 25 km über Todal und den Dalavegen bis nach Kårvatn.
Anforderungen: Leichte Bergwanderung, die ungeachtet ihrer Kürze allerdings feste Schuhe und Trittsicherheit erfordert.

Infrastruktur: Die Målastua des Hofs Kårvatn fungiert als DNT-Selbstversorgerhütte mit 18 Betten.
Todalshytta, saisonal bewirtschaftete DNT-Hütte der gehobenen Kategorie aus der englischen Ära mit 27 Betten, außerhalb der Saison gibt es einen Selbstversorgertrakt.
Supermarkt und Tankstelle in Todal.
Karte: Turkart 1:50.000 Trollheimen.

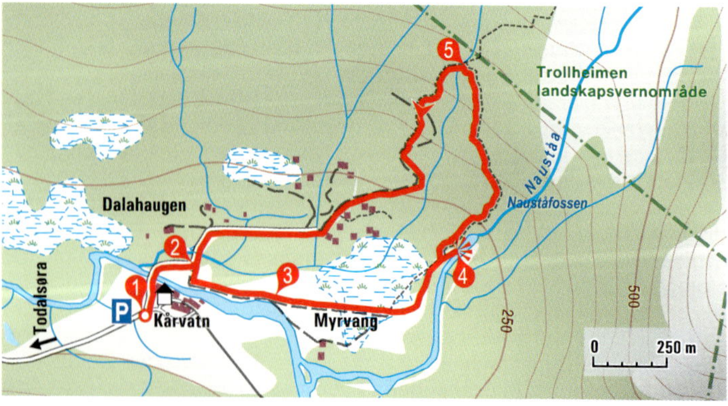

Am Parkplatz in **Kårvatn** ❶ zeigen die Schilder Richtung »Nauståfossen/Trollheimshytta« links zur Brücke über den Fluss Toåa, der nach Durchfließen des Todalen wenige Kilometer weiter westlich in den Todalsfjord mündet und auf den letzten 8 km als Lachsfluss bekannt ist. Die Toåa entspringt in der Seenkette Tovatna. Das Museum im Speichergebäude (Stabbur) vor der Holzbrücke dokumentiert die Geschichte des Hofs und die Tierwelt im westlichen Trollheimen-Gebirge.

Wir wandern auf einem Fahrweg zunächst an der DNT-Hütte vorbei über die Brücke und in einem Rechtsbogen zu einer **Wegverzweigung** ❷. Hier wenden wir uns nach rechts. Der Fahrweg führt uns zwischen Birken wieder zur Toåa und noch vor der Nauståa-Mündung weisen die roten Markierungen nach links auf einen **Damm** ❸, der uns durch ein Moor führt.

Am Ende von Moor und Damm geht es auf einem wurzeligen Waldweg weiter, der sich bald in einen Pfad verwandelt und steil im Nadelwald hinauf zum **Nauståfossen** ❹ führt. Die gesamten 110 m Fallhöhe sind an keiner Stelle zu sehen, da ein Felsabsatz den Wasserfall teilt: Oben ein klassischer Wasserfall, nimmt er im unteren Bereich eine bauchige Form an; die Gischt sprüht bis auf den Wanderpfad.

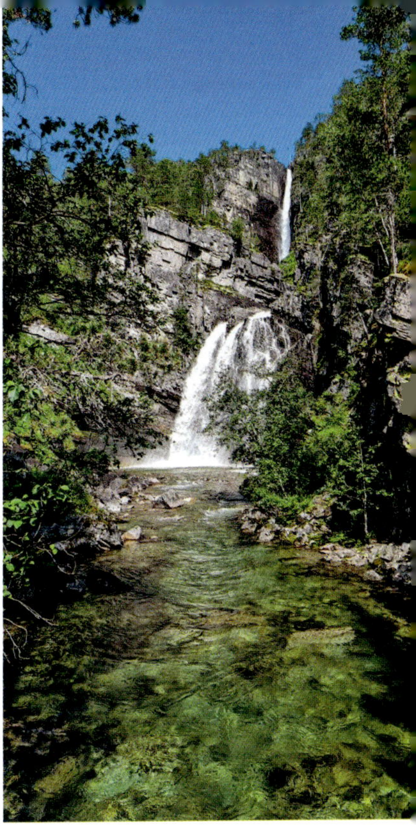

Insgesamt 140 m Fallhöhe.

Nach einem letzten Blick auf den oberen Teil des Nauståfossen verlassen wir mit dem Pfad den Fluss und gewinnen im Wald die Nordrichtung, wo wir nach kurzem Aufstieg eine **Pfadverzweigung** ❺ an der Grenze des Trollheimen-Landschaftsschutzgebiets erreichen. Hier führt bergwärts der Tourensteig zur Trollheimshytta weiter, während talwärts der Rückweg beginnt: Steil windet sich der Pfad im Wald durch den Hang und mündet in einen Wirtschaftsweg. Dieser führt talwärts zu den Hofgebäuden von **Dalahaugen** und zur **Wegverzweigung** ❷ sowie zum Ausgangspunkt am Gehöft **Kårvatn** ❶.

TOP

28

Innerdalen

↗ 340 m | ↘ 340 m | 8.2 km

2.40 h

Ein Tal von majestätischer Schönheit

Weit über 1000 m ragen die Gipfel im Innerdalen empor und halten Kletterer, Wanderer und Naturenthusiasten in ihrem Bann. Unsere kurze familientaugliche Wanderung in Norwegens schönstes Tal ist ein Hochgenuss und inspiriert zu weiteren Unternehmungen. Das Innerdalen wurde 1967 als Norwegens erstes Landschaftsschutzgebiet ausgewiesen. Dies geschah auf Initiative der Familie Opdøl, die seit 1740 die Alm Renndølsetra bewirtschaftet und die das Tal vor einer Kraftwerkserschließung schützen wollte. Zum Glück ist dies gelungen. Renndølsetra liegt an malerischen Bergseen, umgeben von hochalpiner Bergkulisse mit dem markanten Innerdalstårnet und dem Trolla-Massiv, Trollheims höchstem Gipfel. Ganz in der Nähe steht das Ensemble der vom DNT geführten Innerdalshytta mit der 1893 erbauten Gammelhytta und der 1989 erbauten Nyhytta.

Ausgangspunkt: Nerdalen, 260 m, gebührenpflichtiger Parkplatz am Ende der Straße Viromdalsvegen in der Gemeinde Sunndal. Auf der Rv 70 gut 10 km nördlich von Sunndalsøra in Ålvundeid der Ausschilderung Richtung Innerdalen folgen. Gut 10 km den Viromdalsvegen folgen bis zum Parkplatz.
Anforderungen: Leichte Wanderung auf geschottertem Wirtschaftsweg.
Infrastruktur: Renndølsetra, in der Sommersaison bewirtschaftete Almherberge mit 20 Betten und Zeltmöglichkeit; DNT-Rabatt; im Winter Selbstversorgerhütte mit 6 Betten, verschlossen mit dem DNT-Standardschloss. Innerdalshytta, saisonal bewirtschaftete DNT-Herberge mit 51 Betten und 10 Matratzenlagern sowie Zeltmöglichkeit; außerhalb der bewirtschafteten Saison Selbstversorgertrakt mit 20–28 Schlafplätzen. Unterkunft, Camping, Restaurant, Supermarkt und Tankstelle in Sunndalsøra.
Tipps: Im Tal sind verschiedene Wanderungen möglich. Besonders beliebt sind der Aufstieg zum Sattel Bjøråskaret nördlich von Renndølsetra und die anspruchsvolle und lange Besteigung des Innerdalstårnet.
Karte: Turkart 1:50.000 Trollheimen.

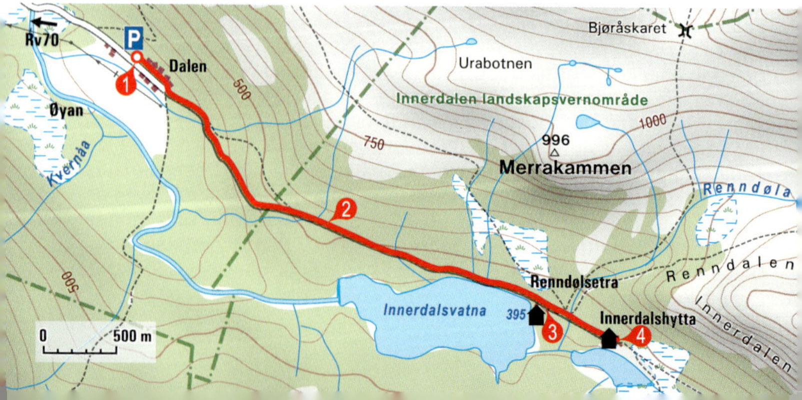

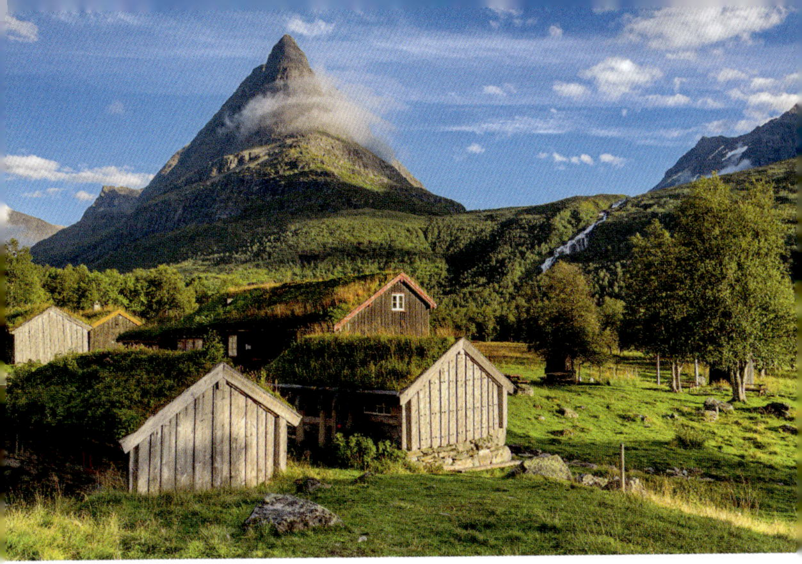

Einem Wächter gleich thront der Innerdalstårnet über den Almen des Innerdalen.

Vom großen Parkplatz in **Nerdalen** ❶ wandern wir an großen Informationstafeln vorbei und auf dem geschotterten Wirtschaftsweg, der für den öffentlichen Verkehr gesperrt ist, aufwärts zum letzten Gehöft im Tal. An einer Weggabelung leiten uns Wegweiser auf den Innerdalsvegen. Hier gehen wir durch einen Mischwald mit Eschen, Birken, Ulmen, Kiefern und Fichten sowie üppigen Farnen. Kurz nach der Gabelung kommen wir am großen Dikjesteinen vorbei und einem Pfadabzweig nach links. Hierbei handelt es sich um den Kløvstien, den alten Saumpfad ins Innerdalen hinein. Wer möchte, kann diesen wurzeligen und steinigen Pfad, der zum Teil im Steilhang verläuft, wählen. Bei Regen sollte man ihn aufgrund der Rutschgefahr meiden. Am Fonnabekkjen strömt ein kleiner Bergbach herab.

Blickt man auf dem Weiterweg nach rechts, so schaut man das Grasdalen hinauf und auf die das Vinnufjellet umgebenden Gletscher. Es geht weiter immer steiler aufwärts, an Felsblöcken vorbei, bis wir die Bergschulter (Aksla), die sich dem Innerdalen wie ein Felsriegel in den Weg stellt, erklommen haben. Eine Wasserleitung bedient uns mit frischem Wasser.

Hier beginnt nun das Naturschutzgebiet Innerdalen landskapsvernområde und von links trifft der Kløvstien wieder auf unseren Fahrweg. Vorbei

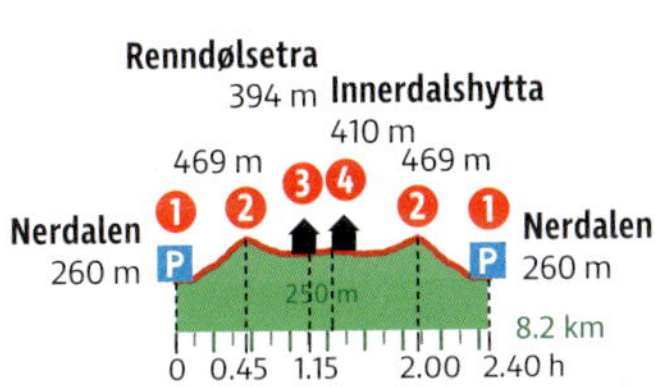

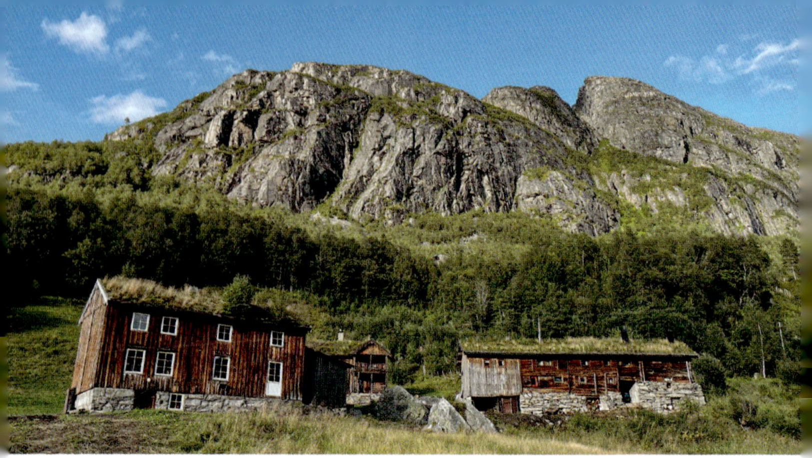

Der Gammelhytta-Teil der Innerdalshytta.

an einem herabstürzenden Wasserfall gelangen wir zu einem großen **Viehtor** ❷. Hier beginnt die Alm Renndølsetra. Der höchste Punkt unserer Wanderung ist nun erreicht – endlich wird der Blick frei in das Innerdalen mit dem grandiosen Innerdalstårnet, der einem Wächter gleich den Taleingang und die Seen bewacht. Wir wandern nun steil abwärts an Wasserkaskaden vorbei bis zum See Innerdalsvatna, an dessen Ende die alten mit Grassoden bedeckten Almhütten von **Renndølsetra** ❸ stehen. Schnell ist man von Ziegen, Schafen und Kühen umringt. Ein lauschiges Plätzchen finden wir links der folgenden Brücke zwischen Felsen am Bergbach, der über Kaskaden aus einer kleinen Schlucht strömt.

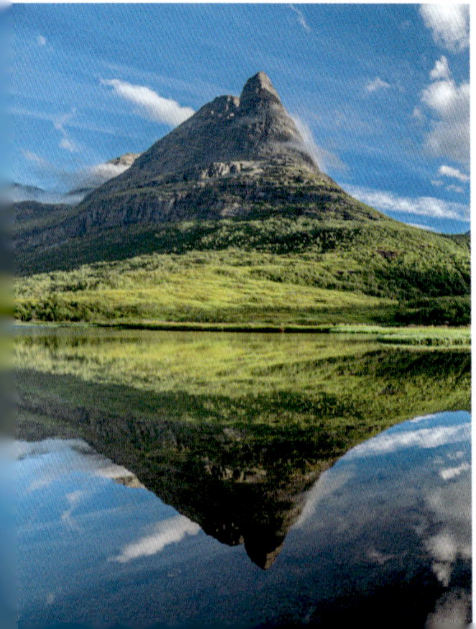

Hier biegen die Wanderwege hinauf zum Bjøråskaret und nach Kårvatn ab. Nach nur 200 weiteren Metern kommen wir zum Areal der vom DNT betriebenen **Innerdalshytta** ❹. Diese besteht aus der (näher am See gelegenen) Nyhytta und den alten Gebäuden der Gammelhytta.

Zurück nach **Nerdalen** ❶ geht es auf demselben Weg.

Innerdalshytta-Blick.

Schmalspurtrasse in alpiner Bergszenerie

Die zum Wanderweg umfunktionierte ehemalige Eisenbahntrasse im Steilhang über dem See Hallarvatnet und dem Litldalen ermöglicht faszinierende Panoramen, Hauptblickfang ist das Massiv des Storkalkinn (1880 m). Die Wanderung verbindet Naturgenuss und Industriegeschichte, der Blick fällt auch auf die Eingriffe in die großartige Bergwelt. Die 750-mm-Bahn wurde ab 1913 von Sunndalsøra bis etwa zu der Stelle gebaut, wo sich die Aursjøvegen-Mautschranke unterhalb des Sees Dalavatnet befindet. Die Verlängerung begann oben im Steilhang etwa 500 m höher und führte bis zum Beginn des (heutigen Stau-)Sees Osvatnet. Die Verbindung zwischen der Bahnstrecke im Tal und der im Hang besorgten ein Loren- und ein Seilaufzug.

Ausgangspunkt: Parkplatz am Holbuvatnet, 793 m, am Aursjøvegen in der Gemeinde Sunndal. Von der Rv 70 in Sunndalsøra auf die Fv 62 Richtung Molde abzweigen und nach 2 km links auf die Straße 6136 Richtung Litldalen abbiegen. Nach 7 km beginnt die Mautstraße Aursjøvegen. Dieser 12 km lang folgen; nach der Serpentinenauffahrt ist vor dem Damm des Stausees Holbuvatnet die Abzweigung Richtung »Reinsvassbu/Jernbanetrasé« ausgeschildert.
Anforderungen: Bequemer Weg auf einer ehemaligen Eisenbahntrasse; eventuell Schwindelfreiheit erforderlich.
Infrastruktur: Unterkunft, Camping, Restaurant, Supermarkt und Tankstelle in Sunndalsøra.
Variante: Wer die Tour verkürzen möchte, kann die kleine Parkfläche am Abzweig der Jernbanetrasé von der Zufahrt zum Reinsvassdammen nutzen. Die Wanderung verkürzt sich dadurch auf 16,6 km.
Tipp: Die Wanderung eignet sich auch hervorragend als Mountainbike-Tour.
Karte: Turkart Dovrefjell Sunndalsfjella 1:100.000.

Von der alten Bahntrasse fällt der Blick hinab zum See Hallarvatnet.

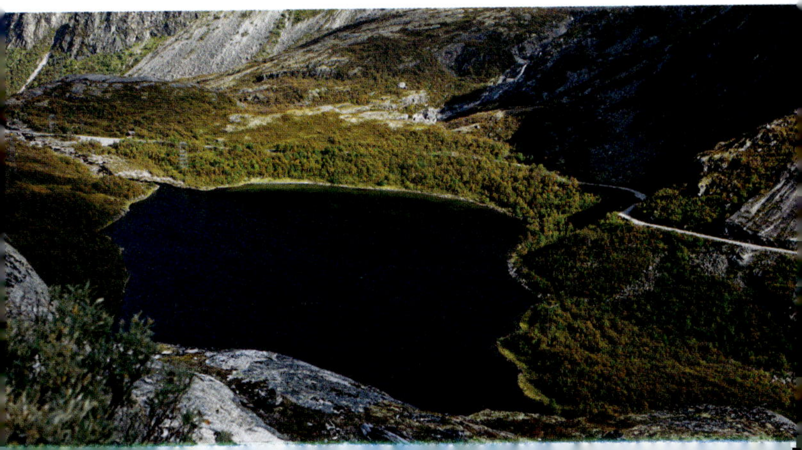

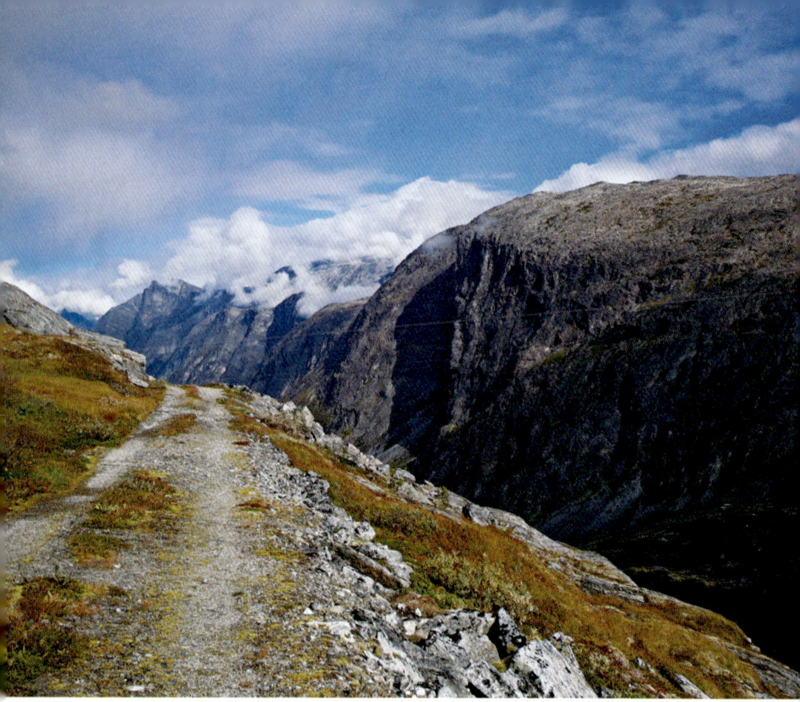

Die alte Bahntrasse (Jernbanetrasé) wurde zum Wanderweg umfunktioniert.

Wir beginnen unsere Wanderung am Damm des Stausees **Holbuvatnet** ❶ und gehen auf der Schotterstraße in Richtung Reinsvassdammen. Nach der Überquerung der Reinsvasselva beginnt die eigentliche **Jernbanetrasé** ❷. Von Beginn an mit schöner Aussicht führt uns der Weg, in den hölzerne Schwellen des ehemaligen Bahnkörpers eingebaut sind, durch den Steilhang. Die Schmalspurbahn wurde entgegen den Plänen der Kraftwerksbetreiber, denen 1919 das Geld für die Instandhaltung der Bahn ausging, fast ausschließlich von Almbauern benutzt. Der Kraftwerksbetreiber vermietete ihnen die Loren und organisierte den an Seilen hängenden Personen-, Vieh-

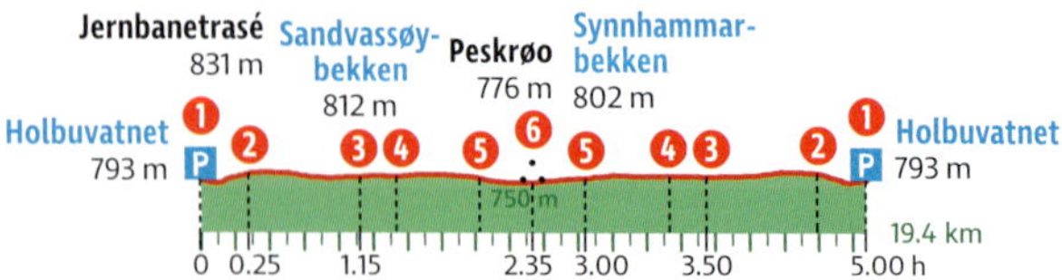

und Lastenaufzug. Hinter der ersten Biegung des Weges beginnt der Panoramateil der Wanderung an einer Steilhangpassage. Das Schild Kringla bezieht sich auf einen Querschlag unten am See Hallarvatnet. Nahezu ohne Höhenunterschiede, tendenziell sacht hinab, wandern wir weiter durch die Bergflanke. Gelegentlich erläutern Schilder Besonderheiten wie den gewerkschaftlichen »Busmarsjen«, der 2010 das 20. Jubiläum feierte: eine Wanderung zur Erinnerung an die Arbeiter, die die Eisenbahntrasse anlegten. Wo der Weg den **Sandvassøybekken** ❸ überquert, fallen in der Zwergstrauchheide bachtalaufwärts die Blütenblätter der Weißen Silberwurz auf. Auch die blaue Bergveronika wächst auf dem kalkreichen Boden. Hinter dem Bachtal berührt der Weg eine plateauartige Verebnung mit eindrucksvollem Blick auf das Litldalen. Das Gelände richtet sich im **Storsvaet** ❹ genannten Gebiet fast wandartig auf, nach Überqueren der Langdalselva folgt der Weg der Abbruchkante. Am **Synnhammarbekken** ❺ sind wie auch an anderen Stellen Gebäude aus der Erbauungszeit der Eisenbahn erhalten, wenig später erreichen wir die Überreste der historischen Bergstation (topp-heis) des Lorenaufzugs am **Peskrøo** ❻. Eine Informationstafel zeigt ein Foto vom Aufzugsbetrieb der insgesamt 1300 m langen Liftstrecke zwischen Tal- und Bergstation. Hier befindet sich der Wendepunkt unserer Wanderung. Auf derselben Strecke gehen wir zurück zum Ausgangspunkt am Stausee **Holbuvatnet** ❶.

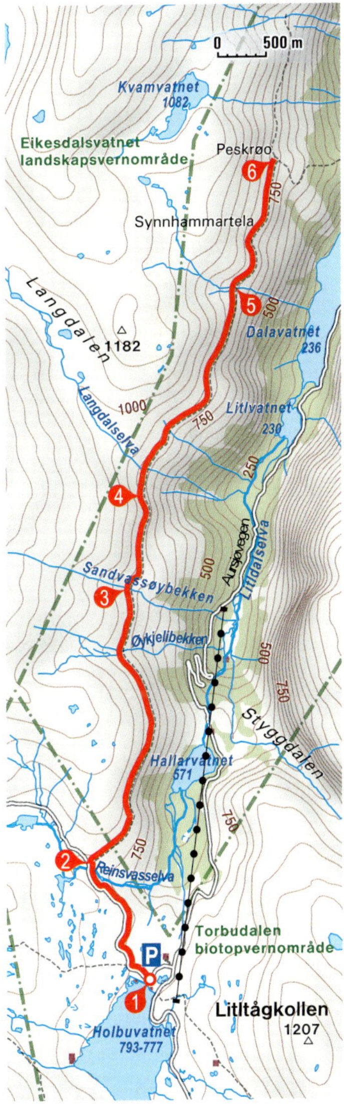

↗ 150 m | ↘ 150 m | 11.1 km

30 Reinsvatnet

3.30 h

Familientour in offenem Gelände umgeben von hohen Gipfeln

In einer großartigen Bergszenerie führt die Wanderung rund um den Stausee Reinsvatnet. Das Gebiet eignet sich hervorragend, um Mehrtagestouren zu unternehmen. Die auf unserer Wanderung am Reinsvatnet gelegene verproviantierte Selbstversorgerhütte Reinsvassbu ist neben den DNT-Hütten Aursjøhytta und Raubergshytta eine der Übernachtungsmöglichkeiten.

Ausgangspunkt: Reinsvassdammen, 892 m, Parkplatz am Sees Reinsvatnet in der Gemeinde Sunndal. Von der Rv 70 in Sunndalsøra auf die Fv 62 abzweigen und gleich darauf links auf die Straße 6136 abbiegen, welche schlussendlich zum mautpflichtigenAursjøvegen wird. 12 km nach der Mautstation rechts auf den Kraftwerksweg Dalsbygdvegen abbiegen und 3,5 km bis zum Parkplatz am Reinsvatnet fahren. Nach der Serpentinenauffahrt zweigt die Werksstraße zum Stausee ab.

Anforderungen: Der Weg ist überwiegend markiert und leicht zu begehen, in Richtung Süden vermehrt mooriger.

Infrastruktur: Reinsvassbu, verproviantierte DNT-Selbstversorgerhütte mit 8 Betten. Unterkunft, Camping, Restaurant, Supermarkt und Tankstelle in Sunndalsøra

Hinweis: Das Gebiet ist villreinområde (Wildrentiergebiet). Bitte Abstand zu den Tieren halten.

Karte: Calazo 1:50.000 Romsdalen & Eikesdalen.

Vom Parkplatz am **Reinsvassdammen** ❶ folgen wir der Ausschilderung in Richtung Brandstad. Steinmännchen und das rote Touren-T führen uns aussichtsreich auf einem Absatz oberhalb des Nordufers. Den Westen des Sees überragt die Sløtthøa mit ihren drei Gipfeln, in deren Hänge das Gletschereis tiefe Kare gegraben hat, im Nordwesten erhebt sich der Reinstinden oberhalb der Reinsvassbu. Archäologischen Funden zufolge waren bereits vor 9500 Jahren Steinzeitjäger am Reinsvatnet unterwegs.
Nach und nach verlässt der Pfad den feuchter werdenden Uferbereich und steigt sacht im Hang des Südwestausläufers der Steinbruhøa an. Am **Abzweig** ❷ in Richtung Brandstad senkt sich der Pfad zur Sommerbrücke

Blick über den Reinsvatnet.

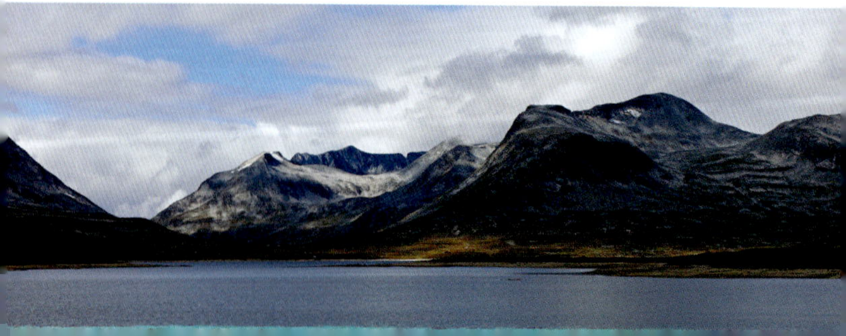

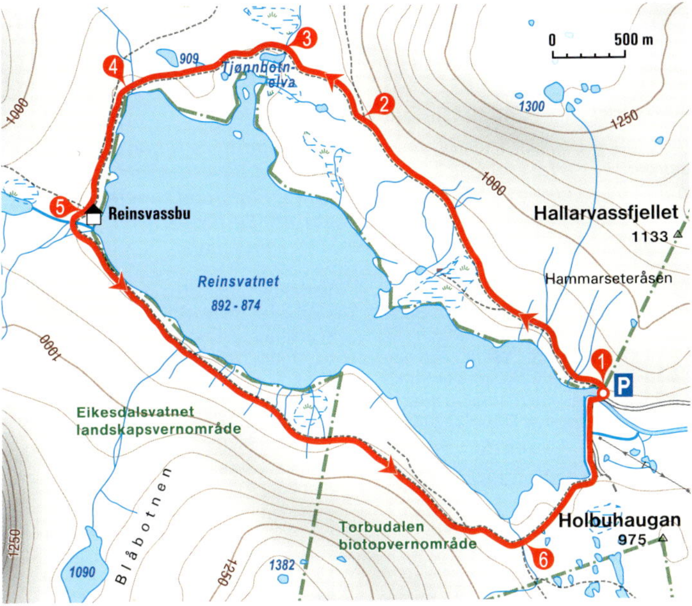

über die **Tjønnbotnelva** ❸ und führt danach zu einer weiteren **Bachquerung** ❹. Ufernah wandern wir in südlicher Richtung, bis wir zur DNT-Hütte **Reinsvassbu** ❺ kommen. Ein attraktives Gipfelziel erhebt sich gleich hinter der Hütte: Der aussichtsreiche Reinstinden ist in passagenweise leichter Kletterei in grobblockigem Gelände erreichbar. Unser Pfad führt uns südlich der Hütte mit einer Brücke über einen Bergbach und danach am Ufer des Reinsvatnet entlang. Rechts von uns erhebt sich die Sløtthøa. Zahlreiche Bäche fließen von ihr hinab, sodass das Gelände deutlich nasser als am Nordufer ist. Vor der ersten Bucht weicht der Pfad ein wenig höher in den Hang aus, um vermoorte Stellen zu vermeiden, und mündet an der Verzweigung Richtung Aursjøhytta in einen **Fahrweg** ❻, der uns zurück zum **Reinsvassdammen** ❶ führt.

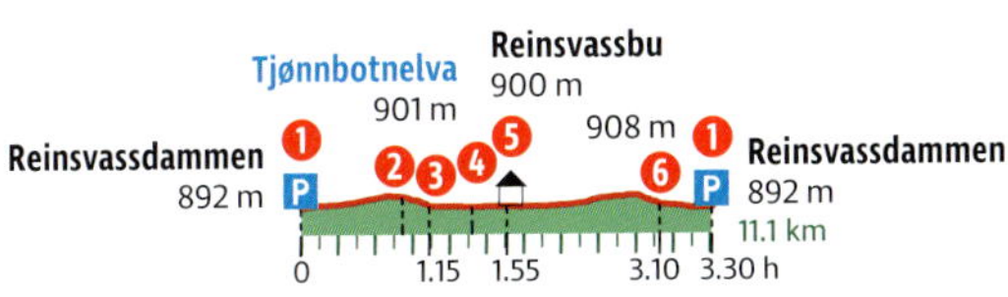

TOP

31 Åmotan

↗ 540 m | ↘ 540 m | 7.1 km

3.10 h

Naturspektakel und Kulturlandschaft

Åmotan – der Zusammenfluss – ist ein einzigartiges Naturschauspiel tosender Wasserfälle, die sich in Schluchten und über Bergkanten ergießen, um sich in einer Symphonie des Rauschens im Talgrund zu vereinen. Inmitten dieser dramatischen Natur klammern sich Bergbauernhöfe und Almen an die Moränen und Terassen der glazialen Landschaft.

Ausgangspunkt: Jenstad, 482 m, gebührenpflichtiger Parkplatz am Ortseingang in der Gemeinde Sunndal. In Gjøra (35 km westlich von Oppdal) von der Rv 70 abbiegen und 3,7 km der Straße 6142 (Fjellgardsvegen) folgen. Kurz vor der Brücke über den Fluss Grøvu biegt nach links der Jenstadvegen ab, eine schmale einspurige Straße mit Serpentinen (nicht für größere Wohnmobile und Caravans geeignet).
Anforderungen: Ausgeschilderter und markierter Wanderweg, Wechsel aus Trittsicherheit erfordernden steilen Pfaden und bequemen Wirtschaftswegen.
Infrastruktur: Sommercafé auf dem Hof Jenstadhaugen. Unterkunft, Camping, Supermarkt und Tankstelle in Gjøra.

Variante: Gammelsetra: Ein schöner Abstecher ist der Weg in das Linndalen mit seiner urigen DNT-Hütte Gammelsetra. An der Wegkreuzung vor der Brücke über die Linndøla 3 geradeaus weiter und dann auf dem Fahrweg der Ausschilderung folgend zur alten Almsiedlung Gammelsetra. Auf dem Fahrweg wieder zurück und dann links haltend den Weg Richtung Lundlia nehmen.
Tipp: Ein lohnender Aussichtspunkt hinab nach Åmotan und auf die Höfe von Jenstad bietet sich von oberhalb des Svøufallet. Am Abzweig des Jenstadvegen geradeaus dem Fjellgardsvegen folgen. Parkmöglichkeit vor der ersten Spitzkehre.
Karte: Turkart 1:50.000 Trollheimen sør.

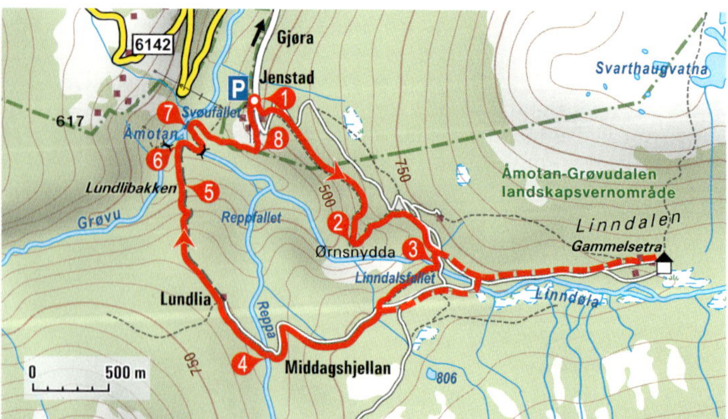

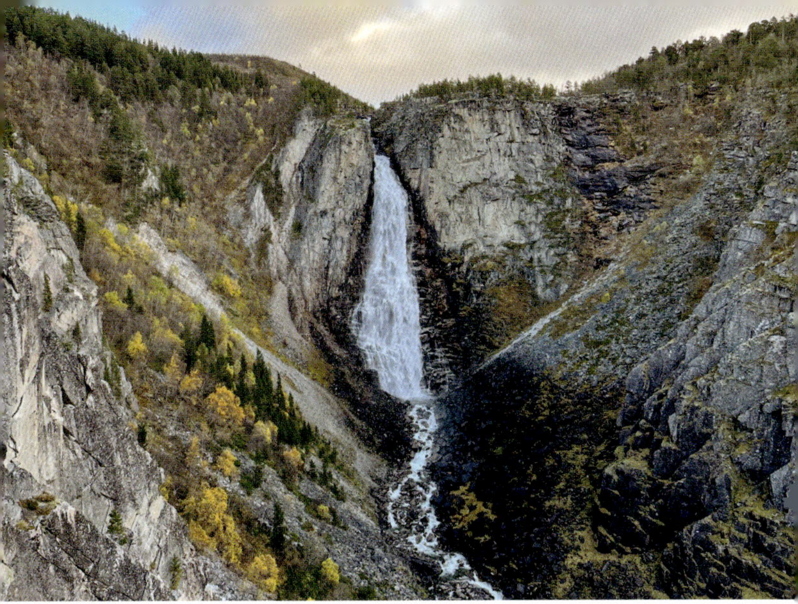

Der Aussichtspunkt Ørnsnydda bietet den besten Blick auf den Linndalsfallet.

Vom Parkplatz in **Jenstad** ❶ leitet uns ein Schild steil den mit Kiefernwald bewachsenen Hang hinauf. Kurz danach kreuzen wir den mautpflichtigen Fahrweg, der hoch zu den Almhöfen im Linndalen führt. Ein Blick nach rechts und wir schauen bereits auf den ersten imposanten Wasserfall – den Reppfallet. Hinter der Maut-Schranke steigt der Weg weiter steil im Kiefernwald (Wirtschaftswald) hinauf. Zwischendurch erhaschen wir den Ausblick auf den gegenüberliegenden Berghang mit seinen Bauernhöfen und dem im Hang tief eingegrabenen und hinabstürzenden Fluss Grødøla, auch Svøu genannt. Der Pfad ist teilweise sehr schmal – Trittsicherheit ist gefordert. Wir gelangen in den Mischwald und zwischen den dicht stehenden Bäumen gibt es immer wieder Blicke weit in das Hochtal der Grødøla und ihren Wasserfall Svøufallet. Der Weg flacht sich ein und führt dann leicht abfallend durch einen knorrigen Kiefernwald bis hin zur Felsklippe **Ørnsnydda** ❷ mit dem Ausblick auf den Wasserfall Linndalsfallet. Entlang dieser exponierten Felsklippe bieten sich weitere spektakuläre Ausblicke auf den Wasserfall.

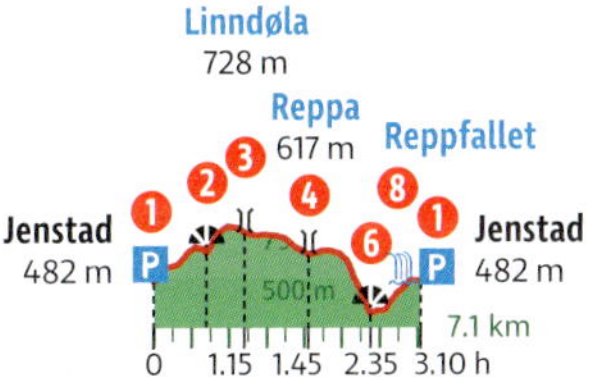

Der Pfad führt uns weiter durch den bewaldeten Hang hinauf, wo wir zu einem kleinen Rastplatz mit Picknicktisch gelangen und wieder einen Blick hinüber zur Grødøla und ihrem Wasserfall Svøufallet haben. Wir folgen der Ausschilderung Gammelsetra. Kurz danach verläuft der Pfad oberhalb einer Abbruchkante. Große Mengen der sandigen Gletscherablagerungen sind hier ins Tal hinabgerutscht. Anschließend treffen wir auf den mautpflichtigen Fahrweg, der von Jenstad hier hinaufführt. Eine kleine Picknickbank bietet nochmals einen Rastplatz mit Ausblick in das von Gletschern geformte Hochtal Reppdalen. Gleich hier zweigt nach rechts unten ein schmaler Fahrweg ab, dem wir folgen. Es ist ein sandiger Weg, wir passieren ein kleines Sandabbaugebiet und an der kurz danach folgenden Wegkreuzung – hier besteht die Möglichkeit die Tour mit einem Abstecher zur Almsiedlung Gammelsetra zu erweitern (Variante) – nehmen wir den Weg abfallend nach rechts hinab zum Fluss **Linndøla** ❸.
Vor der Holzbrücke befindet sich ein altes restauriertes Mühlengebäude. Gleich nach der Brücke folgen wir dem nach rechts abzweigenden Wanderweg, der durch einen lichten Mischwald mit alten Kiefern führt. Relativ nah an der Talschulter entlanggehend, haben wir rechter Hand tiefe Blicke hinab in die Schlucht der Linndøla. Wir gelangen auf einen Fahrweg, folgen diesem nach rechts, passieren den Bach Lokkarbekken und den baumbestandenen Wiesengrund Nerhjellen. Danach fällt der Fahrweg immer steiler hinab in das Reppdalen bis zur Brücke über die **Reppa** ❹. Im Gegenhang geht es bis zu den ersten Wiesen der Alm Lundlia, deren Gebäude wir rechts unterhalb umgehen und geradeaus weiter über die ebenen Weideflächen mit Blick auf den breiten Berg Hælfjellet direkt uns gegenüber. Wir kommen in einen niedrigen Birkenwald, wo der Weg steil in schmalen Serpentinen hinab ins Tal führt. Unterwegs treffen wir auf die alten Siedlungsreste von **Lundlibakken** ❺. Der schmale und steile Bergrücken führt uns immer tiefer, von links donnert der Fluss Grøvu, von rechts rauscht die Linndøla und gegenüber stürzt die Grødøla über die Talkante und bildet den Wasserfall Svøufallet. Vor uns liegt **Åmotan** ❻ – der Zusammenfluss der drei Flüsse. Hier an der Wegkreuzung im Schwemmgebiet der Flüsse wenden wir uns nach rechts, überqueren auf einer Hängebrücke die Linndøla, biegen nach links, überwinden ein mit Tau und Holztreppen versichertes Wegstück und gelangen schlussendlich zum Aussichtsplatz direkt gegenüber dem Wasserfall **Svøufallet** ❼. Der Weg schwingt in einem Rechtsbogen über die Wiesenflächen des Aussichtspunktes und steigt dann steil durch den Kiefernwald den Hang hinauf und verläuft weiter am Rand der Wiesenflächen der Jenstad-Gehöfte bis zum Aussichtspunkt mit Picknickplatz auf den Wasserfall **Reppfallet** ❽. Über den markierten Pfad am Rand der Wiese gelangen wir zurück auf den Jenstadvegen und zum Parkplatz in **Jenstad** ❶.

Der Svøufallet ergießt sich in Åmotan.

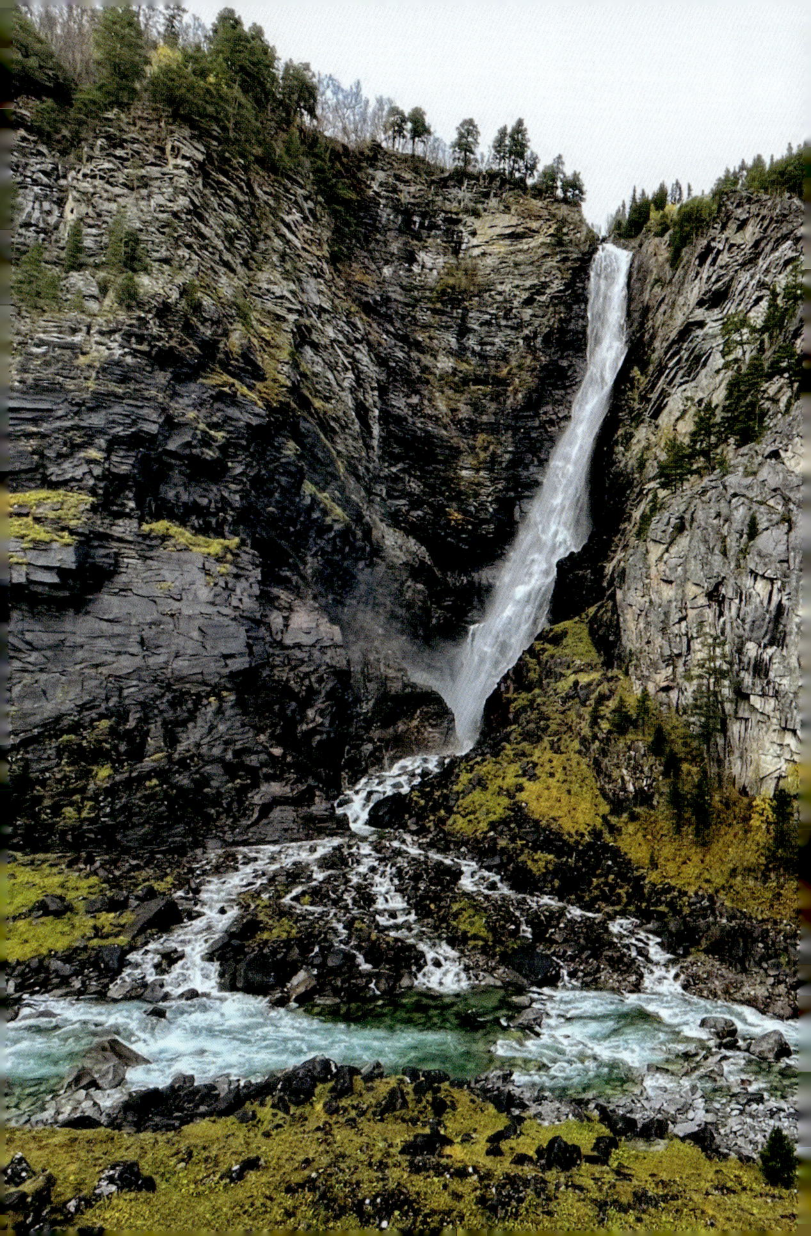

TOP

32 Ekkertinden, 1189 m

↗ 1110 m | ↘ 1110 m | 12.6 km

6.15 h

»Preikestolen«, über dem Sunndalen

Knapp eintausend Meter über dem Sunndalen betritt man die Felsplatte des kleinen »Preikestolens«, von wo aus man, ein bisschen Nervenkitzel inklusive, einen schwindelerregenden und fantastischen Blick über das tief eingeschnittene Tal der Driva genießt. In Richtung Norden erheben sich die Gipfel des Trollheimen und in Richtung Süden schweift der Blick über die Berge der Sundalsfjella. Auf dem Weg zum Gipfel durchsteigt man das Gjørahaugen naturreservat mit seiner seltenen wärmeliebenden Flora. Auf dem Gjørashaugen stehen die Überreste einer Bebauung, die im Zweiten Weltkrieg als Beobachtungsposten diente. Die aus den 1860er-Jahren stammende Almsiedlung Vollasetra dient heutzutage als Übernachtungshütte.

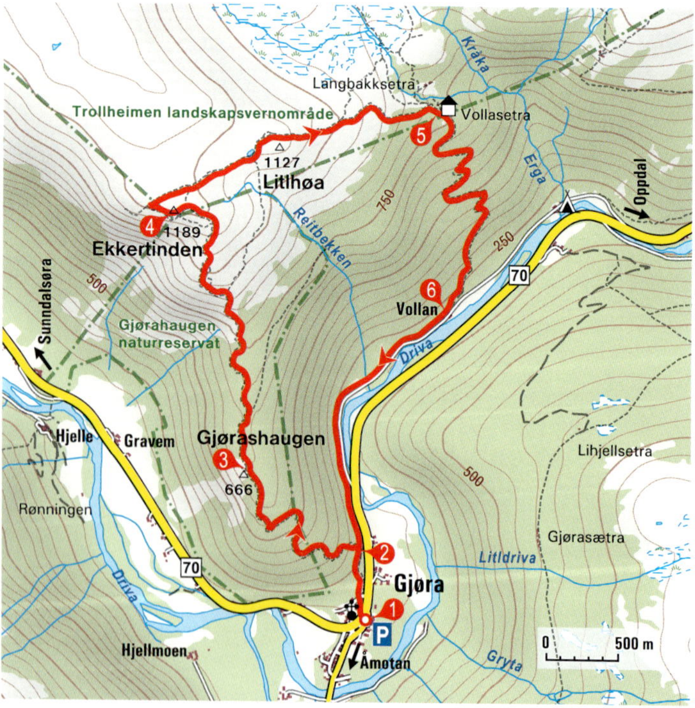

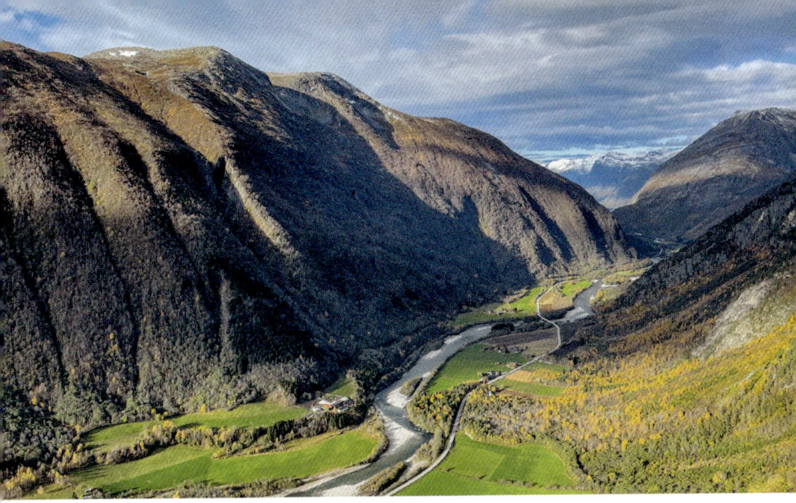

Die Driva schlängelt sich durch das Sunndalen.

Ausgangspunkt: Gjøra, 206 m, Parkplatz am Einkaufszentrum in der Gemeinde Sunndal. 35 km westlich von Oppdal bzw. 33 km östlich von Sunndalsøra an der Rv 70 gelegen.
Anforderungen: Ausgeschilderter Pfad mit zum Teil sehr steilen Anstiegen. An der Plateaukante absolute Schwindelfreiheit und Trittsicherheit notwendig.
Infrastruktur: Vollasetra, verproviantierte DNT-Selbstversorgerhütte mit 23 Betten. Unterkunft, Camping, Supermarkt, Restaurant und Tankstelle in Gjøra.
Tipp: Die Wasserfälle von Åmotan sollte man nicht verpassen.
Karte: Turkart 1:50.000 Trollheimen sør.

Ausgangspunkt unserer Wanderung ist das Einkaufs- und Informationszentrum Sunndalsporten in **Gjøra** ❶. Wir folgen der Ausschilderung des Wanderweges und gehen auf dem Fuß- und Radweg parallel zur Hauptverkehrsstraße Richtung Oppdal. Eine Unterführung bringt uns auf die andere Straßenseite und parallel zur Straße geht es waldig bis zu einer **Wegverzweigung** ❷. Im östlichen Hang des Gjørashaugen führt uns ein wurzelig-sandiger Pfad durch einen von hohen Fichten dominierten Wald steil aufwärts. Eine mächtige Kiefer am Wegesrand markiert das Erreichen des Gjørahaugen naturreservat und den Übergang in einen offenen Edellaubmischwald, der mit knorrigen alten Kiefern durchsetzt ist. Der Pfad mäandriert im Hang im-

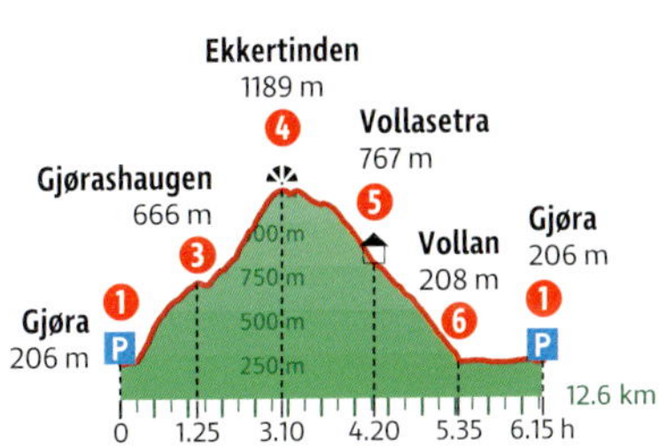

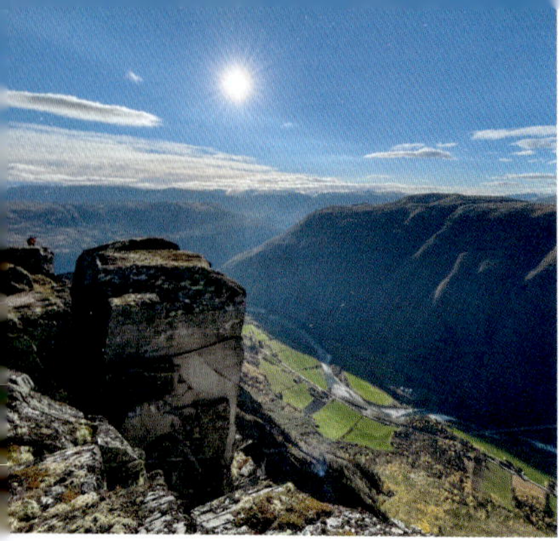

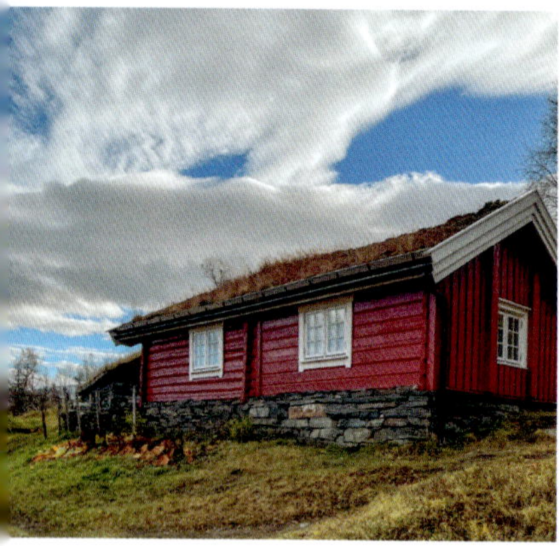

Der »Preikestolen« des Sunndalen und die heutige DNT-Hütte Vollasetra.

mer höher hinauf – im Wechsel von steileren und flacheren Hangstufen. Zwischen den Bäumen hindurch können wir gelegentlich Blicke nach Gjøra und in das Sunndalen hinab erhaschen. Der Bewuchs wird immer niedriger und offener, das Gelände flacht ein und wir gelangen auf den höchsten Punkt des Bergrückens **Gjørashaugen** ❸. Vor uns liegt der breite Rücken des Ekkertinden mit seiner mächtigen Abbruchkante. In südlicher Richtung schauen wir ins Grøvudalen, in dem Åmotan liegt, und wir können deutlich die Almsiedlung Lundlia erkennen. Links vom Weg befindet sich die Flurhytta. Im Zweiten Weltkrieg diente sie zur Beobachtung des Flugverkehrs, war danach in Privatbesitz übergegangen und ist heute in einem schlechten Zustand. Dahinter offenbart sich an der Abbruchkante ein beeindruckender Blick hinab ins Sunndalen mit seinen landwirtschaftlichen Flächen und dem mäandrierenden Fluss Driva.

Wir steigen in die vor uns liegende Senke, felsige Abschnitte und moorige Flächen wechseln sich ab. Im Gegenhang beginnen wir aufzusteigen. Der Pfad hält sich links, direkt an der Abbruchkante und ist teilweise extrem steil (Achtung bei Nässe!). Im Rückblick offenbart sich ein wunderschöner Blick auf die Schleife der Driva um den Gjørashaugen. Oberhalb der Baumgrenze wird das Terrain terassenförmig. Hier existieren immer wieder zwei parallele Pfade, die beide benutzt werden können. Auf 1000 m Höhe sehen wir linker Hand wieder die mächtige Felskante des Ekkertinden über dem tief unten liegenden Sunndalen. Wir steigen weiter im gestuften Heidehang aufwärts. Eine tiefe Rinne, die bis ins Sunndalen hinabstürzt und eine kleine ebene Fläche sind weitere markante Punkte. Gleich danach schwingt der Weg links aufwärts – wir blicken rechts weit in das Sunndalen Richtung Oppdal und vor uns auf die runden Bergrücken Kråkvasstinden (1699 m) und Rokdalskammen

(1590 m) sowie den davor liegenden Bergsee Kråkvatnet. Nur noch wenige Meter und wir haben unser Ziel erreicht. Ein großes Plateau und eine felsige Erhebung markieren den höchsten Punkt des **Ekkertinden** 4. Für die spektakulären Ausblicke hinab ins Tal muss man an der Abbruchkante entlanggehen, von wo sich die unterschiedlichsten Perspektiven ergeben. Vorsicht Absturzgefahr!

Für unseren Rückweg wenden wir uns in Richtung Osten, steigen durch einen nach Süden hin offenen Kessel hinab, bis zur Gegenkante und einem kleinen Sattel. Dahinter öffnet sich ein grandioser Ausblick in ein riesiges Hochtal – das Volladalen. Wir steigen über einen Hangrücken gemütlich abwärts mit Blick auf einen Wasserfall am Ende des Talschlusses. Der Weg schwenkt nach rechts und wir steigen im steilen felsigen Hang hinab mit Sicht auf verschiedene alte Almsiedlungen. Allmählich gelangen wir wieder in die Waldzone und über eine felsige Rippe hinab zur ehemaligen Almsiedlung **Vollasetra** 5. Mehrere alte Hütten dienen dem DNT heutzutage als Übernachtungshütten.

Von hier vollzieht sich der Abstieg über einen alten Saumpfad. Zu Beginn wandern wir noch über Wiesenflächen und anschließend durch Birkenwald. Der Weg verläuft in großen Serpentinen, wobei einige Zwischenstücke sehr schmal im Steilhang (bei Feuchtigkeit rutschig) entlangführen. Anfangs durchmischen alte Kiefern den Birkenwald und schlussendlich gehen wir überwiegend durch Fichtenwald. Die im Talgrund verlaufende Straße und der Fluss werden immer hörbarer. Wir stoßen auf einen quer verlaufenden Fahrweg, der uns nach rechts zum Bauernhof **Vollan** 6 führt. Hier wenden wir uns wieder nach rechts, bis wir auf die Straße Fv 70 treffen, wo wir am Straßenrand entlang bis zum ausgeschilderten Wanderweg gelangen, der uns zum Ausgangspunkt der Tour in **Gjøra** 1 bringt.

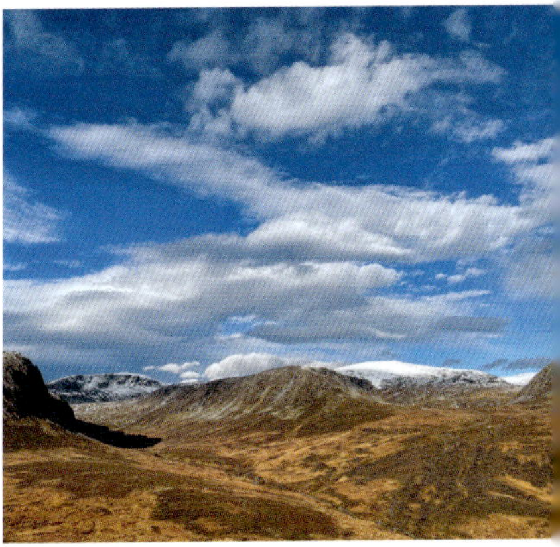

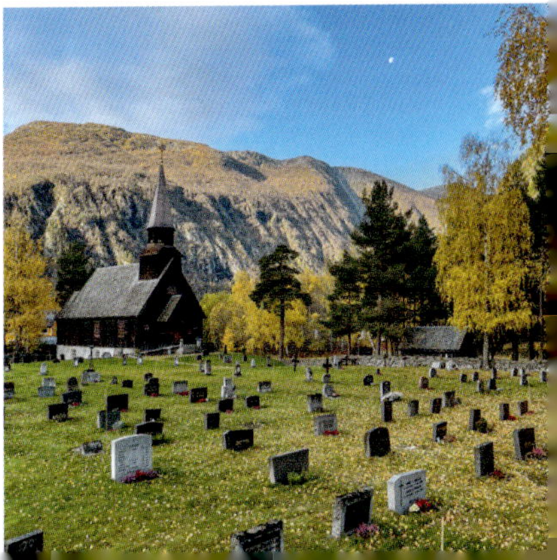

Blick ins Volladalen oberhalb von Vollasetra und der Kirchhof in Gjøra.

↗ 610 m | ↘ 610 m | 9.9 km

33 Høa, 1188 m

4.00 h

Am Ende des Storlidalen

Das landwirtschaftlich genutzte Storlidalen erstreckt sich, vom westlichen Drivadalen abzweigend, von Lønset bis hinauf nach Storlia. Hier, am Ende der Straße, beginnt ein beliebtes Wander-, (Langlauf-)Ski- und MTB-Gebiet inmitten des Trollheimen. Am Beginn unserer Wanderung auf die Høa steht der Hof Storli Gard, der sich seit über 400 Jahren im Besitz der Familie Storli befindet. Er ist zugleich mit 61 km² Ländereien in der utmark einer der größten Privathöfe Norwegens. Neben der Lammfleischproduktion gibt es auch Bier aus der eigenen Mikrobrauerei.

Ausgangspunkt: Storlia, 623 m, Wanderparkplatz am Ende der Straße 6514 in der Gemeinde Oppdal. Von Oppdal aus knapp 21 km der Rv 70 folgen und dann für weitere knapp 21 km dem Storlidalsvegen (Straße 6514) folgen.
Anforderungen: Anfangs Schotterweg, danach führt der markierte Pfad sowohl über mooriges als auch steiniges Terrain.
Infrastruktur: Übernachtungsmöglichkeiten in Storlia sowie in der ganzjährig geöffneten verproviantierten Selbstversorgerhütte des DNT Bårdsgarden (20 Betten). Unterkunft, Camping, Supermarkt und Tankstelle in Oppdal.
Karte: Turkart 1:50.000 Trollheimen sør.

Unsere Tour beginnt am großen Wanderparkplatz in **Storlia** ❶. Unterhalb des Gehöftes Storli Gard mit dem großen braungelben Wohnhaus führt eine Schotterstraße weiter hinein ins Storlidalen. Während die Straße leicht ansteigt, zweigt nach rechts der Fahrweg Nedre Negardslia ab und ein Schild markiert den Aufstieg zum markanten 1504 m hohen Berg Storbekkhøa. Wir gehen weiter geradeaus. Unser Weg senkt sich hinab zum Fluss Lona, den wir auf einer Brücke überqueren. Kurz danach zweigt der

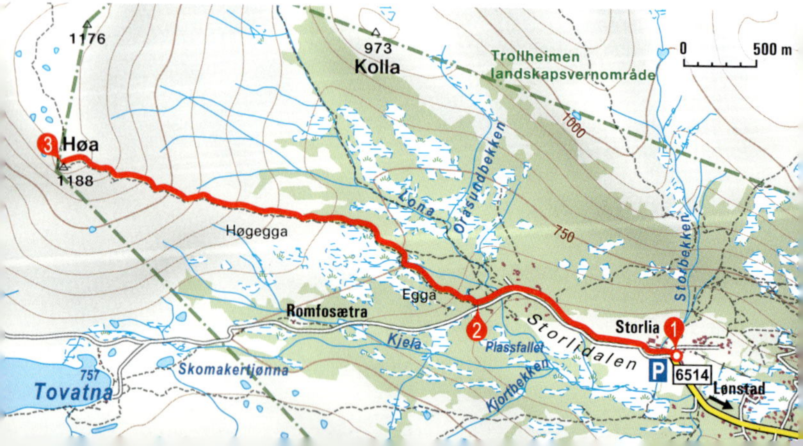

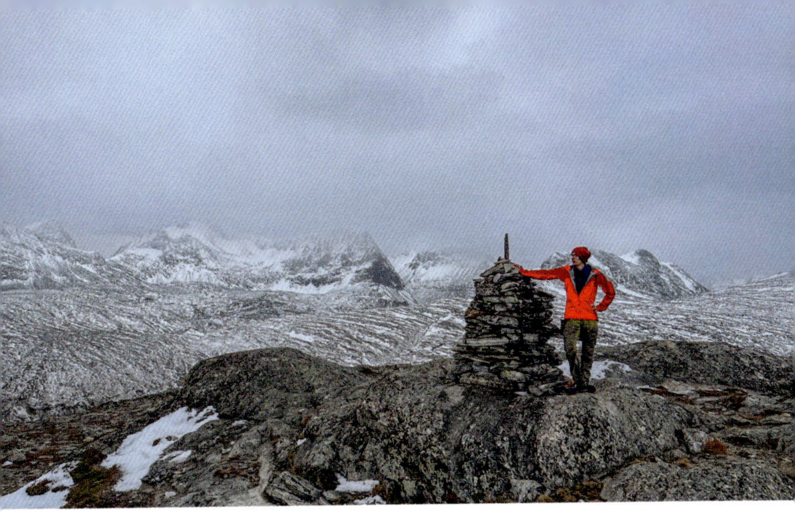

Zu jeder Jahreszeit als Wanderziel beliebt.

markierte Wanderweg nach Kårvatn ab. Wir folgen der Straße noch weitere 250 m, bevor wir an den ausgeschilderten **Abzweig** 2 zur Høa gelangen. Hier steigen wir nach rechts auf einem gut sichtbaren Pfad durch einen Fjellbirkenwald aufwärts. Rasch erreichen wir die erste Moorfläche, die wir, wie auch die folgende, am rechten Rand umwandern. Vor uns liegt das Gipfelmassiv der Høa, links schauen die dramatischen Berge des westlichen Trollheimen hervor und nach rechts öffnet sich der Blick ins Tal der Lona sowie auf den Berg Storbekkhøa. Der Birkenwald wird lichter und niedriger, bald wachsen nur noch Zwergstrauchheide und einige Krüppelbirken. Während der Weg weiter im Gelände ansteigt, öffnet sich hinter uns der Blick über den See Ångardsvatnet und die umliegenden Bergmassive.

Der Weg wird zunehmend steiniger und schlussendlich stehen wir vor dem felsigen Gipfelaufbau. Die roten Farbmarkierungen weisen uns hier zuverlässig den Weg. Es geht steil hinauf und zweimal wähnen wir uns bereits am Ziel. Ein paar wenige Höhenmeter sind jedoch noch zu überwinden, bevor wir am steinernen Turm stehen, der den Gipfel der **Høa** 3 markiert. WIr werden mit einem beeindruckenden Panorama belohnt: Unter uns liegt der lang gestreckte See Tovatna und dahinter türmen sich die steilen Berge des Innerdalen und der umgebenden Bergmassive.

Wir wandern auf demselben Weg zurück nach **Storlia** 1.

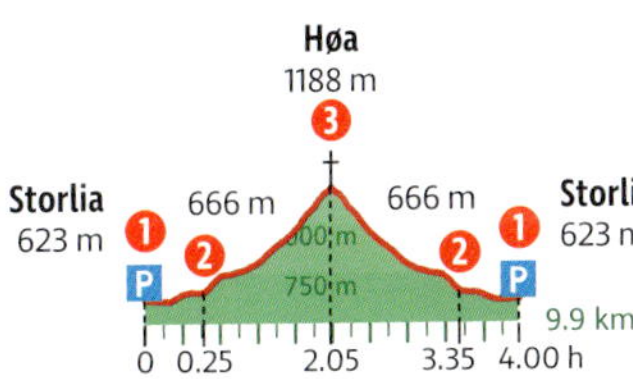

↗ 450 m | ↘ 450 m | 26.4 km

34 Vassendsetra, 683 m

6.20 h

Sandstrand und Seeuferweg im Trollheimen

Raudøra im Trollheimen ist der berühmteste Gebirgssandstrand Mittelnorwegens. Von diesem Idyll am See Gjevillvatnet führt der Weg entlang des Nordufers in fruchtbarer Vegetation bis nach Vassendsetra. Bei entsprechendem Wasserstand kann die gesamte Uferlinie des 21,1 km² großen Stausees von einem Sandstrand gesäumt sein.

Ausgangspunkt: Gjevilvasshytta, 698 m, Parkplatz an der DNT-Hütte in der Gemeinde Oppdal. Von Oppdal 12 km auf der Rv 70 bis zum Abzweig mit der Ausschilderung Gjevillvatnet und weitere 11,4 km auf dem mautpflichtigen Osvegen.
Anforderungen: Zuerst leicht zu gehender Wirtschaftsweg, dann zuweilen mooriger Pfad.
Infrastruktur: Vassendsetra, ganzjährig geöffnete verproviantierte DNT-Selbstversorgerhütte mit 20 Betten. Gjevilvasshytta, ganzjährig geöffnete und saisonal bediente DNT-Herberge mit 64 Betten. Unterkunft, Camping, Restaurant, Supermarkt und Tankstelle in Oppdal.
Tipps: 1. Die Wanderung ist auch als verkürzte Version bis Rensbekksætra ❽ sehr lohnenswert.
2. Da die Gesamtstrecke sehr lang ist, ist gegebenenfalls eine Übernachtung in Vassendsetra angebracht.
Karte: Turkart 1:50.000 Trollheimen.

Vom Parkplatz unterhalb der DNT-Herberge **Gjevilvasshytta** ❶ führt uns die Zufahrtsstraße westwärts, bis der Abstecher auf den Sandstrand **Raudøra** ❷ möglich ist. Er zieht bei gutem Wetter viele Ausflügler an, obgleich Schwimmer wegen der Wassertemperaturen von maximal 17°C die Ausnahme sind. Raudøra gilt als schönster Sandstrand im Binnenland Norwegens.

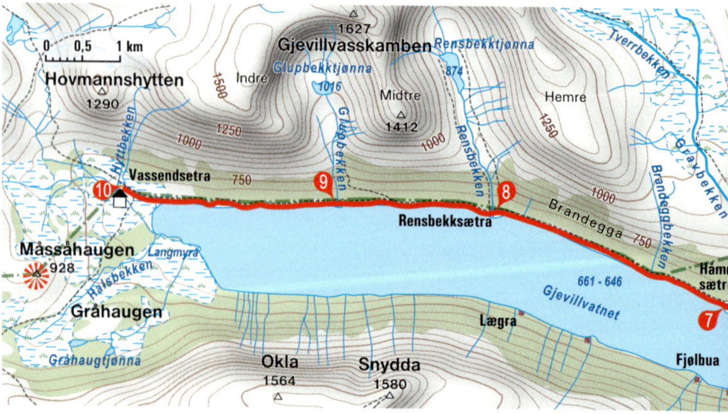

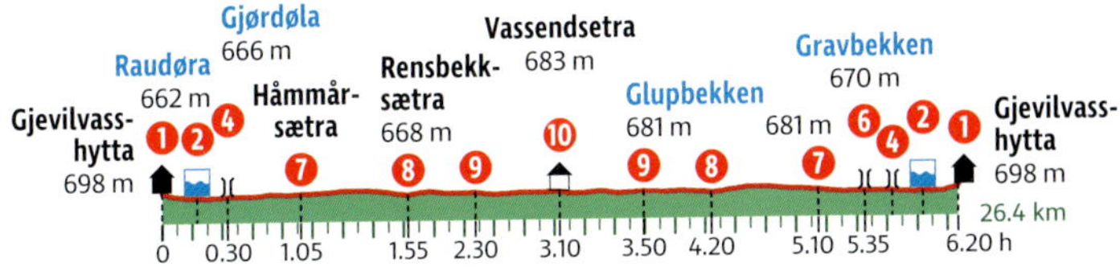

Vor dem ersten in den Stausee mündenden Bach gehen wir landeinwärts zum **Parkplatz** ❸ des Strandes und weiter nach rechts über die Zufahrt auf einem Damm durch Bruchwald und Moor, bis links der Wanderpfad abzweigt. Er mündet an der Brücke über die **Gjørdøla** ❹ wieder auf den Gjevillvassveien, der links die Route vorgibt. Der Wirtschaftsweg passiert den großen **Parkplatz** ❺, an dem der Pfad Richtung Trollheimshytta abzweigt, und ist ab der Brücke über den **Gravbekken** ❻ durch eine Schranke für den öffentlichen Verkehr gesperrt. Der schöne Spazierweg führt uns durch Fjellbirkenwald zu den grassodengedeckten Almhütten von **Håmmårsetra** ❼ über dem Steilufer des Sees. Kurz nach einem Gatter befindet sich ein Uferzugang. Auf der gegenüberliegenden Seeseite genießen wir das Okla-Massiv als Blickfang. Wenig später endet der Weg, der bis hier mit dem Rad befahren werden kann, und setzt sich als Pfad in üppiger Waldvegetation fort. In stetem Auf und Ab führt er uns unterhalb der Felsfluchten des Gjevillvasskamben entlang. Die Alm **Rensbekksætra** ❽ trägt ihren Namen nach dem Bach, der aus einem der Kare des Gjevillvaskamben herausschäumt und an der Mündung einen Schwemmkegel in den See hinausschiebt. Allein schon bis zu dieser Alm mit ebenfalls grassodengedeckter Hütte und Blick auf den See lohnt sich die Wanderung. Von hier geht auch ein Pfad hinauf in das oberhalb der Alm gelegene Kar.

Unser Pfad schlängelt sich weiter durch Fjellbirkenwald und kommt zu einem nächsten Abzweig in das folgende Kar hinauf. Kurz danach kommen wir zum **Glupbekken** ❾. Nach dem Glupbekken durchqueren wir Moorgelände bevor wir an der DNT-Hütte **Vassendsetra** ❿ ankommen.

Der Rückweg zum Ausgangspunkt an der **Gjevilvasshytta** ❶ folgt derselben naturschönen Route.

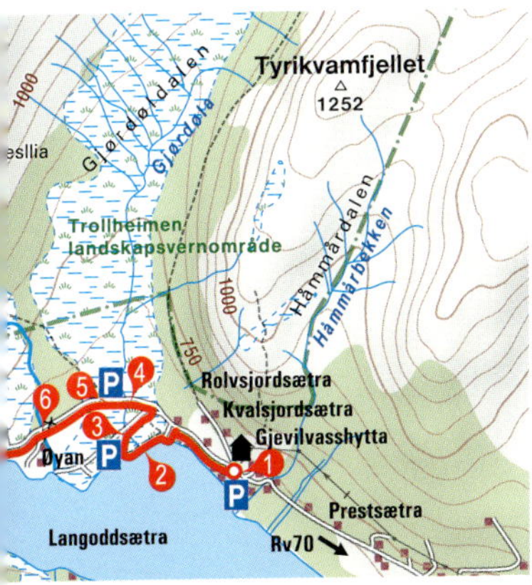

Bild S. 144: Der Strand Raudøra mit dem Gipfel der Snydda.

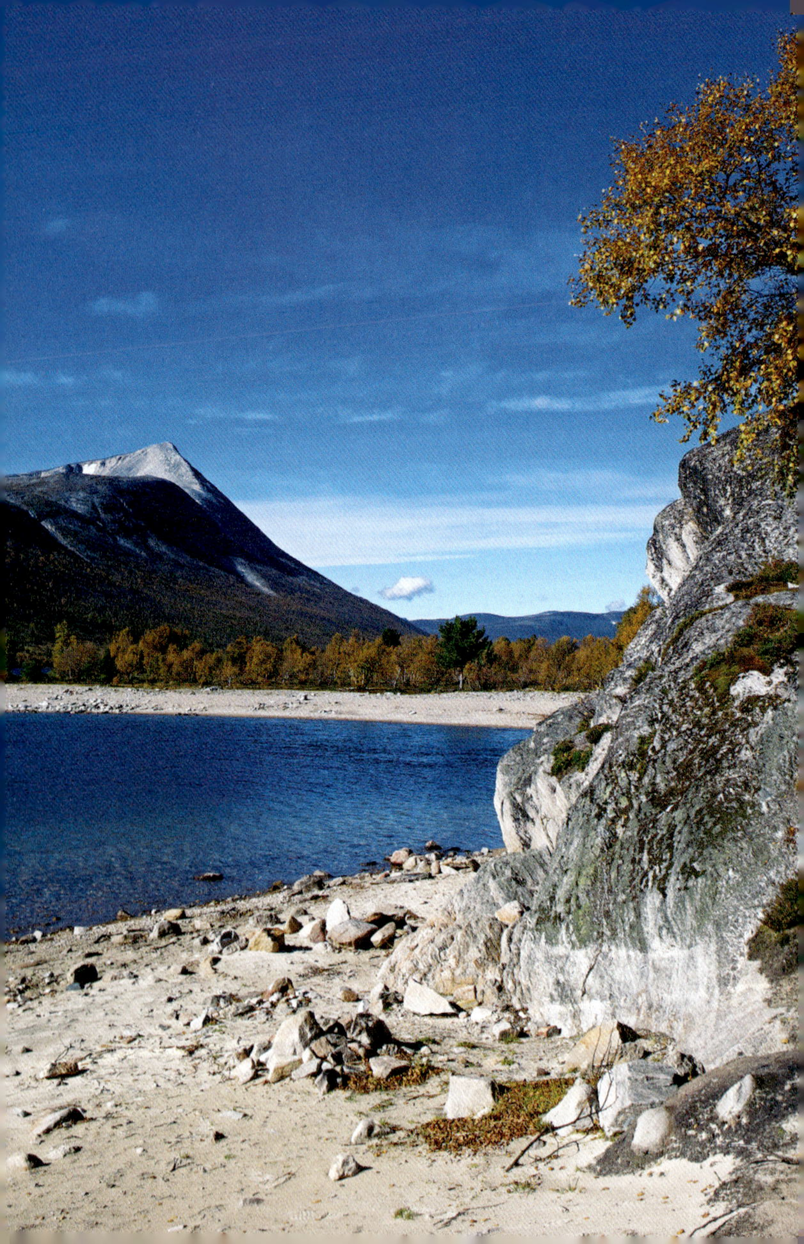

↗ 2430 m | ↘ 2430 m | 58.8 km

3 Tage

Trekanten 35

Trekanten i Trollheimen

Die unter dem Namen Trekanten – Dreiecksrunde – bekannte Wandertour zwischen den Wandervereinsherbergen Jøldals-, Gjevilvass- und Trollheimshytta ist ein Wanderklassiker mit zwei bis drei Übernachtungen im Herzen des Gebirges Trollheimen. Die Tour zeichnet sich fast durchgehend durch Aussichtsreichtum in Alm- und Zwergstrauchgelände aus, die gerölligen Hochgebirgsabschnitte beschränken sich auf den Passübergang von der Gjevilvass- zur Trollheimshytta sowie auf die aussichtsreiche Geithøtta. Die Runde kann natürlich mit diversen Gipfelbesteigungen ausgeweitet werden und der Weg zwischen Trollheimshytta und Jøldalshytta kann über zwei alternative Routen begangen werden.

Ausgangspunkt: Gjevilvasshytta, 698 m, Parkplatz an der DNT-Hütte in der Gemeinde Oppdal. Von Oppdal 12 km auf der Rv 70 bis zum Abzweig mit der Ausschilderung Gjevillvatnet und weitere 11,4 km auf dem mautpflichtigen Osvegen.
Anforderungen: Markierte Route mit überwiegend moderaten An- und Abstiegen, vereinzelt in moorigem Gelände.
Infrastruktur: Saisonal bewirtschaftete DNT-Herbergen Gjevilvasshytta (64 Betten), Trollheimshytta (80 Betten) und Jøldalshytta (92 Betten), alle außerhalb der Bewirtschaftungszeit als verproviantierte Selbstversorgerhütten (mit 10, 28 und 33 Betten) nutzbar. Unterkunft, Camping, Restaurant, Supermarkt und Tankstelle in Oppdal.
Variante: Zwischen Trollheims- und Jøldalshytta sind 3 verschiedene Routen markiert: die hier beschriebene Normal-Route über die Geithøtta mit 6 Stunden Länge, die Talroute durch die Wälder des Naturreservats Svartådalen (5 Std.) und die anspruchsvollere Gipfelroute über die dreigipfelige Trollhøtta (9 Std.).
Karte: Turkart 1:50.000 Trollheimen.

1. Tag: Von der **Gjevilvasshytta** ❶ aus leitet uns ein Grasweg neben einer Weide abwärts zum nicht asphaltierten Fahrweg, der rechts Richtung Badestelle Raudøra führt. An einer Gabelung gehen wir geradeaus weiter, überqueren auf einer Brücke den Bergbach Gjørdøla und kommen zu einem großen **Wanderparkplatz** ❷. Wir biegen hier nach rechts auf den ausgeschilderten Wanderpfad Richtung Trollheimshytta. In lichtem Fjellbirkenwald mit eingestreuten Kiefern, begleitet vom Rauschen des Røstbekken, geht es aufwärts. Links zeigt sich die Okla, während unter uns der Bergbach Gravbekken rauscht. Wir gewinnen zügig an Höhe, verlassen den Wald und gehen auf gut 1000 m Höhe steigungsfrei bis zur Mündung des Tverrbekken. Gut 500 m weiter bachaufwärts überqueren wir den **Gravbekken** ❸ auf einer Brücke. Wir steigen in die Flanke der Blåhøa und durchschreiten so das Hochtal des Tverrbekken, in das sich zahlreiche Bäche ergießen und das von Mooren durchzogen ist. Eine Talstufe höher kommen wir unterhalb der uns umgebenden Bergmassive an zwei Karseen vorbei und steigen da-

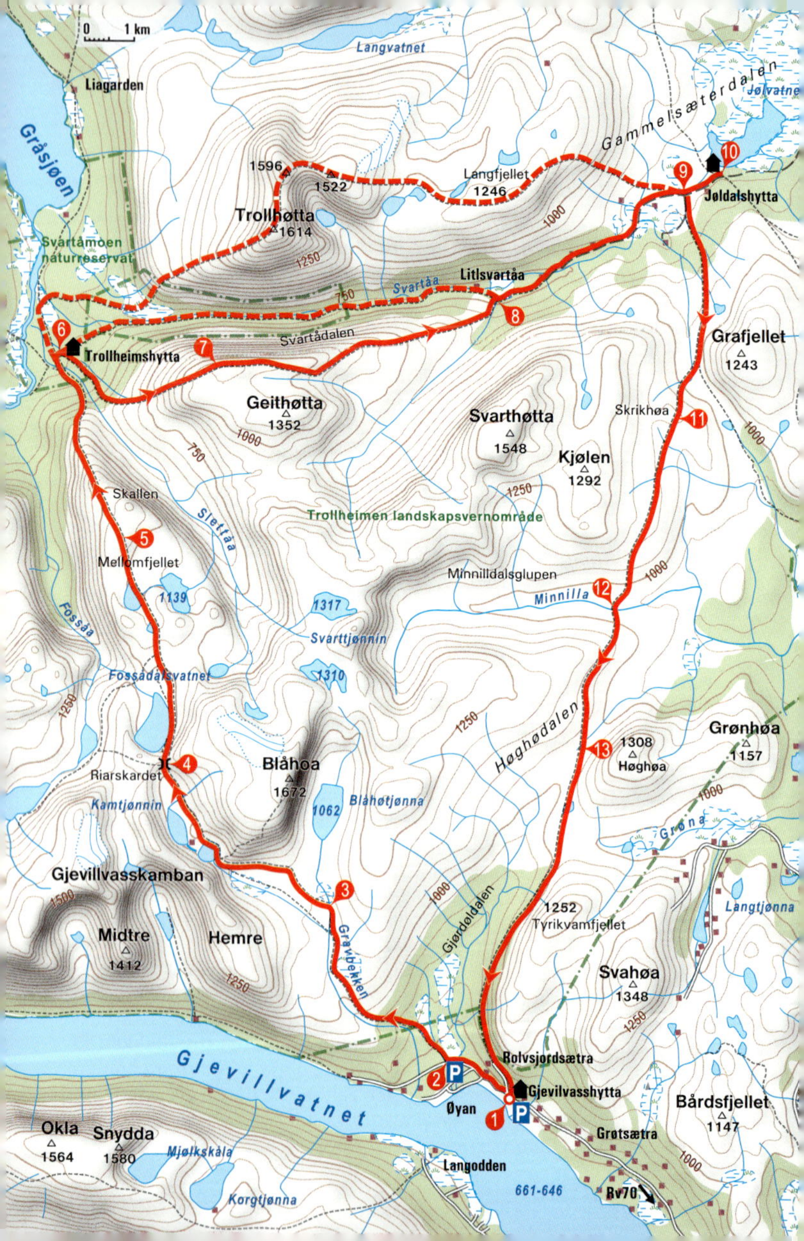

0 1 km
Langvatnet
Liagarden
Gråsjøen
Gammelsæterdalen
Jølvatne
Jøldalshytta
Langfjellet
1246
1596
1522
Trollhøtta
1614
Svartåmoen
naturreservat
Litlsvartåa
Svartåa
Svartådalen
Trollheimshytta
Geithøtta
1352
Grafjellet
1243
Svarthøtta
1548
Skrikhøa
Kjølen
1292
Skallen
Slettåa
Trollheimen landskapsvernområde
Mellomfjellet
Minnilldalsglupen
Minnilla
Fossåa
1317
Svarttjønnin
Fossådalsvatnet
1310
Høghødalen
1308
Høghøa
Grønhøa
1157
Blåhoa
1672
Riarskardet
Kamtjønnin
1062
Blåhøtjønna
Grøna
Gjevillvasskamban
Gravbekken
Gjørdøldalen
1252
Tyrikvamfjellet
Langtjønna
Midtre
1412
Hemre
Svahøa
1348
Rolvsjordsætra
Gjevillvatnet
Gjevilvasshytta
Øyan
Bårdsfjellet
1147
Grøtsætra
Okla
1564
Snydda
1580
Mjølkskåla
Langodden
661-646
Korgtjønna
Rv70

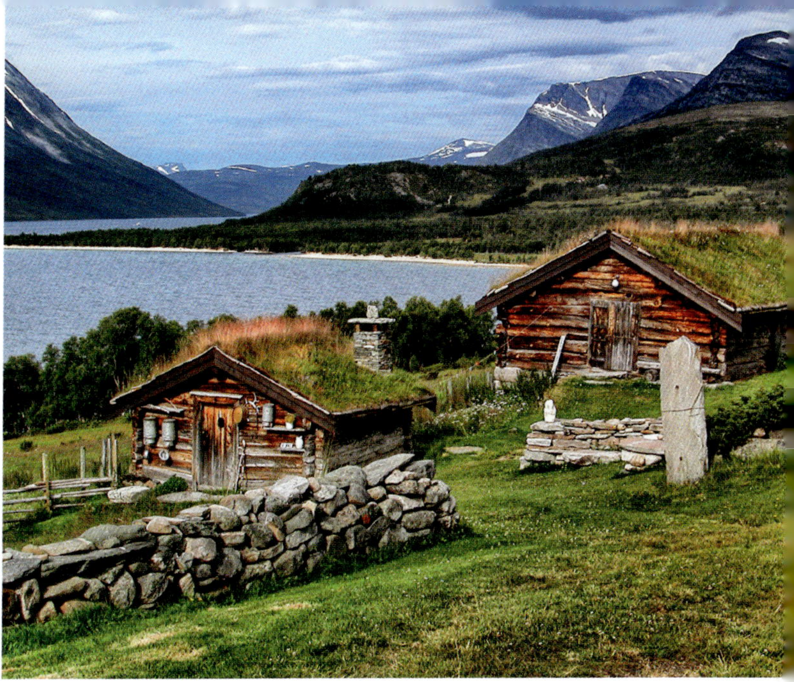

Seterkultur am Gjevillvatnet.

nach zum Sattel **Riarskaret** ❹ hinauf. Links von uns erhebt sich der Riaren und vor uns breitet sich der Karsee Fossådalsvatnet aus, zu dem es steil hinabgeht, bevor wir rechts an ihm vorbeigehen können. An der Pfadverzweigung nördlich des Sees wandern wir geradeaus weiter. Sanft geht es aufwärts über das **Mellomfjellet** ❺.

Von hier aus geht es über 750 m abwärts. In zunächst relativ ebenem Gelände senkt sich der Pfad zum Felskopf Skallen, verliert zwischen den Schluchten der Bergbäche Fossåa und Slettåa mit Blick auf das Dach des Trollheimen rasch an Höhe und taucht im Steilhang über der Slettåa in den Wald ein. Schlussendlich überqueren wir den Bergfluss auf einer Ganzjahresbrücke und erreichen die **Trollheimshytta** ❻. Die Herberge liegt an einem zentralen Wanderpfad-Knotenpunkt und eignet sich gut als Basislager zur Ersteigung der umliegenden Gipfel.

2. Tag: Für den Weiterweg bieten sich uns drei Möglichkeiten an: die Route über die Geithøtta, die Talroute durch die Wälder des Svartåmoen naturreservat im Svartådalen und die Route über die drei Gipfel der Trollhøtta. Wir entscheiden uns für die erstgenannte Route. Von der Trollheimshyt-

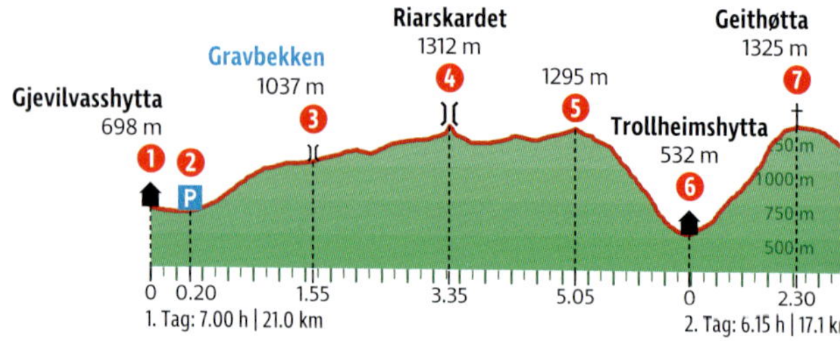

ta aus steigen wir den ersten Kilometer waldig im Slettådalen aufwärts, begleitet vom Rauschen der über Kaskaden ins Tal rauschenden Slettåa. Der Weg nimmt einen Linksschwenk und führt aus der Baumzone heraus und die westliche Flanke der Geithøtta hinauf. Schon im Aufstieg genießen wir die Blicke auf die uns umgebende Bergwelt und hinab in die Täler. Mit dem Erklimmen des breiten und weitläufigen Gipfelterrains erreichen wir auch den höchsten Punkt unserer Mehrtagestour. Unser Weg verläuft zwar nicht über die höchste Stelle des Berges, aber auch hier an der nördlichen Kante der **Geithøtta** ❼ genießen wir einen fantastischen Blick. Tief unter uns liegt die Trollheimshytta inmitten des Mündungsgebietes der aus den Tälern heranströmenden Bergbäche, die schlussendlich im See Gråsjøen münden. Auf der gegenüberliegenden Seite des Svartådalen thront die Trollhøtta mit ihren drei Gipfeln.

Aussichtsreich wandern wir nun, rechts begleitet vom Gipfel der Svarthøtta, wieder hinab ins Tal. Zunächst gelangen wir zum Ausgang des Litlsvartådalen mit dem Litlsvartåstoen. Hier tost der **Litlsvartåa** ❽ in Kaskaden durch eine kleine Schlucht, unterhalb der wir den Bergbach auf einer Brücke überqueren. Unser Weg trifft danach auf den aus Trollheimen durch das Svartådalen kommenden Weg. Wir wandern weiter in östlicher Richtung in sachtem Anstieg. Der Pfad wird zum breiteren Weg und führt uns zu den Almen Myrseter und Retåssætra, wo wir auf die Nordseite der Svartåa wechseln. Im weitläufigen Moorgelände gelangen wir in das Gammelsæterdalen, wo einerseits die Route über die Trollhøtta zu uns stößt und andererseits kurz danach an der Pfadverzweigung **Vollan** ❾ nach rechts unser morgiger Weiterweg abzweigt. Wir wandern jedoch heute noch einen knappen Kilometer weiter bis zur **Jøldalshytta** ❿.

3. Tag: Am nächsten Tag geht es von der Hütte wieder zurück zur Pfadverzweigung **Vollan** ❾. Unser Weg führt nun in Richtung Süden in das Tal zwischen Gråfjellet (links) und Litlsvarthøtta (rechts) und hinauf bis zur Anhöhe **Skrikhøa** ⓫. Von hier aus geht es wieder abwärts am Kjølen vorbei und in moorigem Gelände steiler in das Tal der aus westlicher Richtung heranströmenden **Minnilla** ⓬, die wir auf einer Brücke überqueren. Im

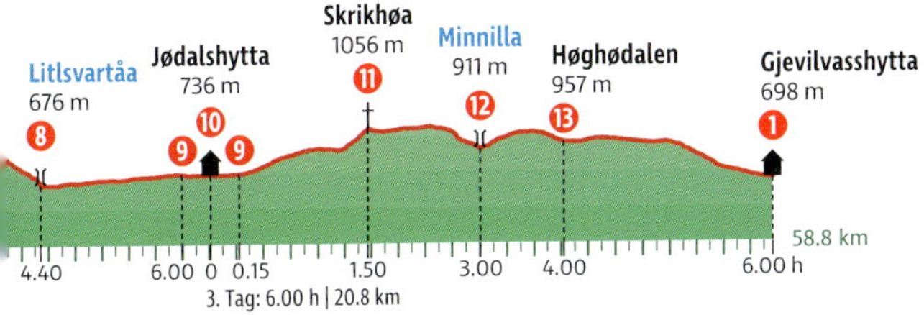

Gegenhang wandern wir nochmals gut 100 Höhenmeter steil hinauf in das **Høghødalen** ⑬, wo sich links von uns die Høghøa erhebt. Gleich darauf steigen wir in das fruchtbare und wasserreiche Gjørdøldalen hinab. Der durch Wald führende Pfad wird auf den letzten Metern der Zielgeraden unserer Mehrtagestour zum Traktorweg und führt direkt zu unserem Ausgangspunkt an der **Gjevilvasshytta** ① über dem lang gestreckten See Gjevillvatnet.

Unterwegs im Trekanten.

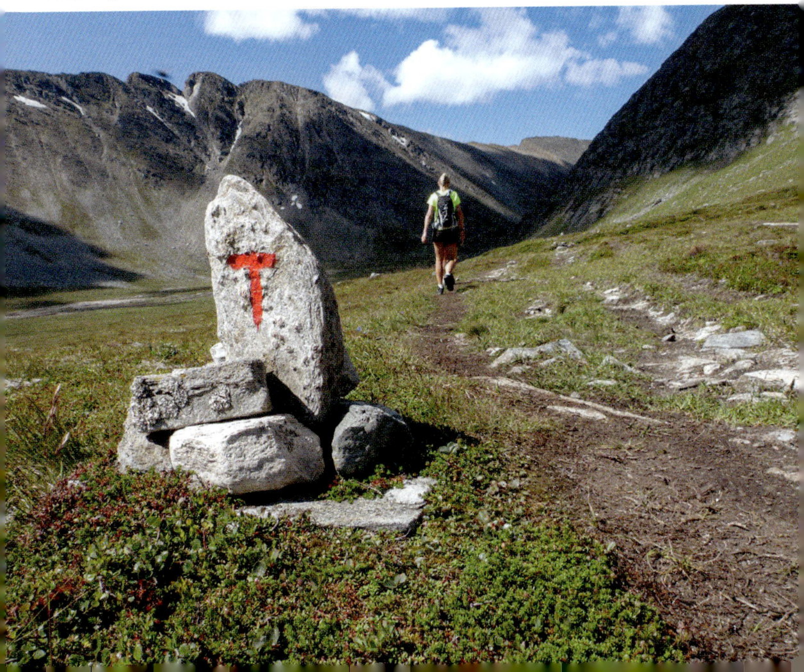

↗ 280 m | ↘ 280 m | 8.0 km

36 Skagsvola, 932 m

2.20 h

Trysils Wanderhighlight

Vom See Engeren aus betrachtet verlockt die lang gestreckte Felswand förmlich dazu, sie zu besteigen. Über 450 m oberhalb des Seeniveaus, auf dem Grat der Skagsvola stehend, wird man nicht enttäuscht. Der auf gut 700 m Höhe startende Wanderweg führt auf schnellem Weg auf den Grat hinauf. Fernsichten in das Gebiet des Femunden und schwindelerregend steil hinab auf den Engeren begeistern Jung und Alt.

Ausgangspunkt: Brunnsdalen, 712 m, Wanderparkplatz zur Skagsvola in der Gemeinde Trysil. Von der Fv 26 am südlichen Ende des Sees Engeren auf den Sennsjøvegen (Straße 2176, Ausschilderung) abbiegen. Nach 7 km nach rechts abbiegen und 5,7 km ins Brunnsdalen hinauffahren. Beide Straßen sind nicht asphaltiert. Die Befahrung ist auch mit größeren Wohnmobilen möglich.
Anforderungen: Am Grat etwas Schwindelfreiheit nötig, kritische Stellen können aber umgangen werden. Sonst einfache Wanderung.
Infrastruktur: Unterkunft, Camping, Supermarkt, Restaurant und Tankstelle in Engerdal. Toilette am Parkplatz.
Karte: Topo 3000 1:50.000 Trysil nord.

Wir beginnen unsere Wanderung am gut ausgebauten Wanderparkplatz im **Brunnsdalen** ❶, von dem aus uns ein breit angelegter Weg zunächst durch einen Kahlschlag führt und anschließend an einem Moor vorbei. Nach knapp 700 m endet der ausgebaute Weg hinter einem Holzsteg über

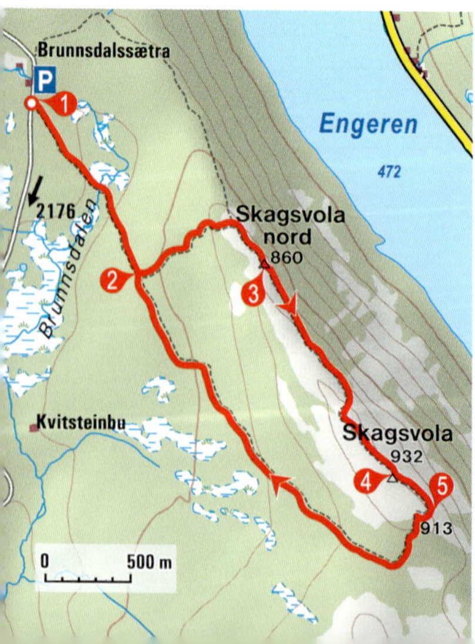

den Bach Brunnsdalsbekken. Weiter geht es über einen mit Wurzeln und Steinen durchsetzten Pfad durch einen Fichten- und Kiefernwald. Dieser ist mit Planken ausgebaut, was das Vorwärtskommen erleichtert (und die Wurzeln schont). Nach weiteren gut 500 m gelangen wir zu einem beschilderten **Abzweig** ❷, der uns nach links stetig aufsteigend zur Bergkante leitet. Oben angekommen stößt von links ein alternativer Aufstieg aus dem Brunnsdalen dazu. Hier wenden wir uns nach rechts und gehen in Richtung des Geröllhanges, der zum Nordgipfel des lang gestreckten Bergrückens der Skagsvola hinaufführt. Im oberen Bereich des Anstiegs halten wir zunächst auf

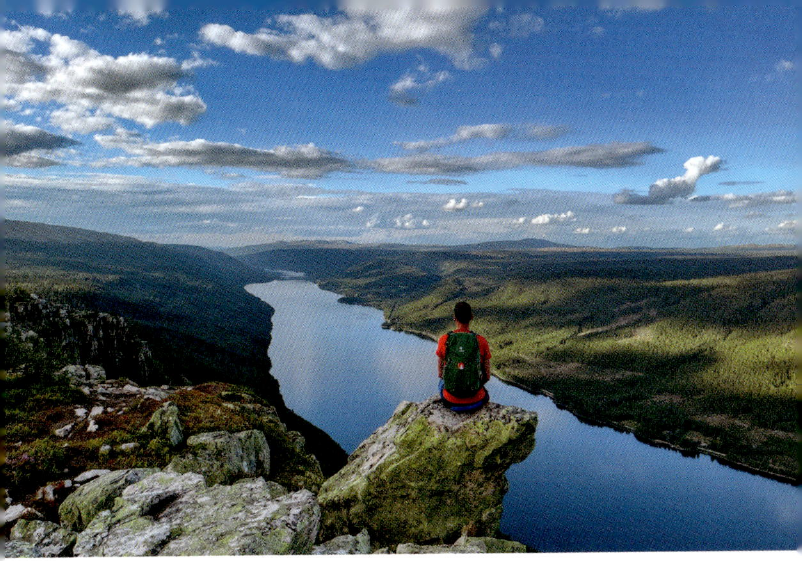

Auf Skagsvola genießt man einen ausgiebigen Blick auf den lang gestreckten Engeren.

ein weißes Schild zu und erreichen auf 860 m Höhe den Gipfel **Skagsvola nord** ❸. Hier blicken wir tief hinab auf den 17 km langen See Engeren. Entweder wandert man nun weiter über die ausgesetzten Felspassagen oder umgeht diese rechter Hand. Wir entscheiden uns für die Kraxelei über den Grat. An jedem der folgenden Aussichtspunkte stehen wir wie auf einer Klippe gut 400 m oberhalb des Sees und genießen die Ruhe. In den Abendstunden verströmt die Umgebung bei geeignetem Licht eine besondere Atmosphäre.

Nach einem kurzen Zwischenabstieg in einen Sattel steigen wir hinauf zum Hauptgipfel. Die T-Markierungen verlieren sich hier etwas, sodass es besser ist, einen eigenen Weg zu finden. Auf 932 m Höhe stehen wir auf dem höchsten Punkt des Grates der **Skagsvola** ❹. Ab hier geht es nur noch abwärts, wieder gibt es mehrere Wege, die entweder zum **Südgipfel** ❺ führen oder direkt in südwestlicher Richtung dem Wald entgegen. Wir wandern wieder teils über Steine und Wurzeln und auf großen Abschnitten erleichtern Planken das Vorankommen. Der Weg führt uns nach rechts in nordwestlicher Richtung und nach gut 2,3 km gelangen wir wieder zurück zum **Abzweig** ❷ und von da aus zum Wanderparkplatz im **Brunnsdalen** ❶.

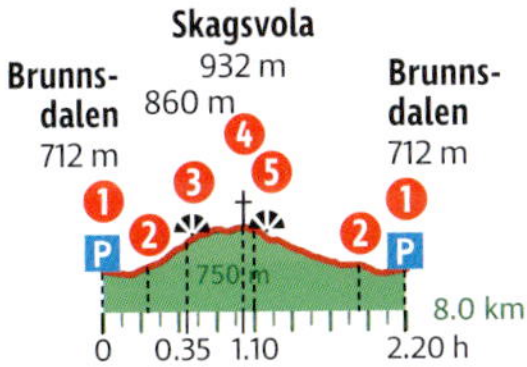

↗ 470 m | ↘ 470 m | 11.8 km

37 Tverfjellet, 1209 m

3.30 h

Unendliche Weite auf Trysils höchstem Gipfel

Selten kommt man so leicht und doch abwechslungsreich einen Berg hinauf, wandert dabei in eine sanfte Stille hinein und bekommt zur Belohnung unendlich scheinende Weitsichten. Das Rondane ist in weiter Ferne, die Sølen-Gruppe in greifbarer Nähe und die Region um den Femunden ausgebreitet wie ein gemalter Teppich aus Bergen und Kuppen. Außer Schneehühnern wird man kaum jemandem begegnen.

Ausgangspunkt: Brunnsdalen, 776 m, Wanderparkplatz Tverfjellet in der Gemeinde Trysil. Von der Fv 26 am südlichen Ende des Sees Engeren auf den Sennsjøvegen (Straße 2176, Ausschilderung) abbiegen. Nach 7 km nach rechts abbiegen und 7,4 km ins Brunnsdalen hinauffahren. Beide Straßen sind nicht asphaltiert. Die Befahrung ist auch mit größeren Wohnmobilen möglich.

Anforderungen: Angenehm zu gehender Pfad mit nicht allzu steilen Steigungen, Waldboden, Heidebewuchs und Geröll, wenige feuchte Passagen. Anfangs blaue, dann rote Markierungen.
Infrastruktur: Unterkunft, Camping, Supermarkt, Restaurant und Tankstelle in Engerdal. Toilette am Parkplatz Skagsvola.
Karte: Topo 3000 1:50.000 Trysil nord.

Wir starten am Parkplatz im **Brunnsdalen** ❶ in westlicher Richtung und gehen ohne Steigung durch bewaldetes Gelände mit mehrheitlich Fichtenbewuchs sowie üppigen Beständen an Wacholder, Krähen- und Blau-

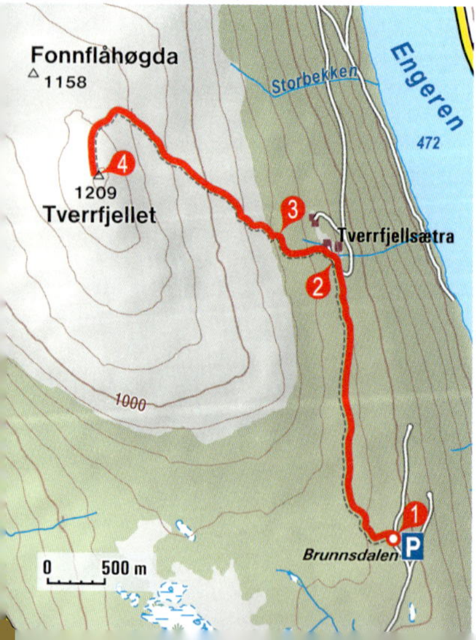

beeren sowie Birken und Erika. Die anfänglich blauen Holzmarkierungen enden nach 2 km abrupt an einem Schild mit der Bezeichnung »Storjotvollen«, was auf eine ehemalige Weide hinweist. Nach einem weiteren halben Kilometer erreichen wir eine Gabelung an der ehemaligen Alm **Tverfjellsætra** ❷. Von rechts erreicht uns ein aus dem Tal herauf zur Alm führende Fahrweg. Unser Pfad biegt hier nach links und verläuft aufwärts entlang der alten Begrenzungsmauer der Alm. Allmählich weichen die Fichten und Birkenbewuchs dominiert die Umgebung. Schon bald stehen wir auf einer ebenen Hangstufe inmitten von dichtem Krähen- und Blau-

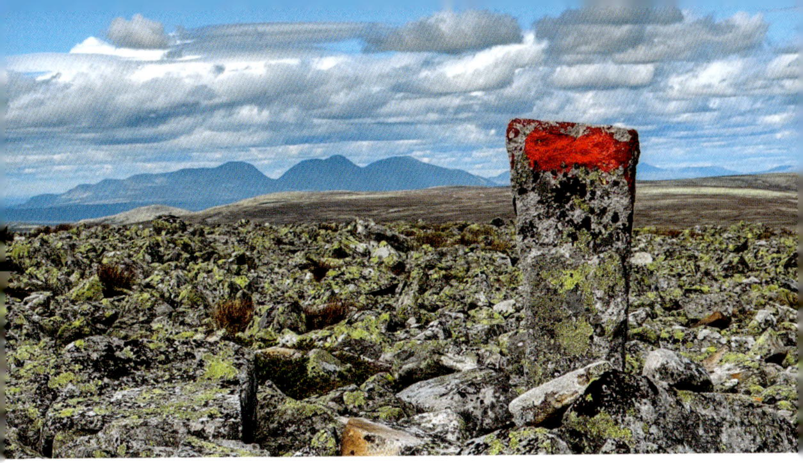

Verwitterndes Gestein auf dem Tverrfjellet.

beeren sowie Erikabewuchs. Ein **Schild ❸** leitet uns erneut nach links, die nächsten Terrassenstufen hinauf, wobei wir abwechselnd über Geröllstreifen und durch Heidebewuchs wandern. In einem feuchteren, mit Weiden und Moltebeeren bewachsenen Terrain finden sich kleine Quellen. Von hier aus wandern wir weiter sanft ansteigend vorbei an hell leuchtenden Rentierflechten, lila Erika und (im Herbst rot leuchtenden) Blaubeergewächsen. Wir bewegen uns auf die nächste lang gestreckte Höhenstufe zu, erklimmen diese in einem Bogen, um daraufhin in südwestlicher Richtung den Anstieg zum Gipfelplateau zu meistern. Anfangs säumt noch kleiner Frauenmantel den Pfad. Die letzten 50 Höhenmeter führt der gut ausgetretene Pfad jedoch nur noch durch eine endlos erscheinende Geröllwüste, die sowohl den gesamten vor uns liegenden Gipfelbereich als auch den der nördlich angrenzenden Storhøa (1139 m) bedeckt. Die Steine sind mit Landkartenflechten bedeckt und je nach Lichtverhältnissen erscheinen die Bergkuppen grün oder gelblich schimmernd.

Am höchsten Punkt des **Tverrfjellet ❹** angekommen, werden wir umringt von kleinen varden und genießen den 360-Grad-Blick: nach Norwesten auf die Sølen-Gruppe, nach Nordosten auf die Elgåhogna und in südöstlicher Richtung zum Fulufjellet. Bei guten Sichtverhältnissen kann man im Nordwesten die in gut 120 km Entfernung liegenden Gipfel des Rondane sehen.

Der Rückweg erfolgt über denselben Pfad ins **Brunnsdalen ❶**.

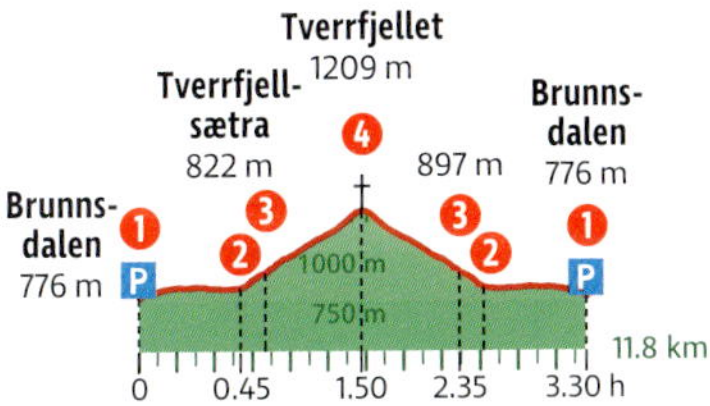

↗ 320 m | ↘ 320 m | 7.9 km

38 Galtåsen, 981 m

2.30 h

Über Isteren und Galtsjøen

Die leichte familienfreundliche Wanderung führt uns kurzweilig und schnell auf den flachen Gipfel des Galtåsen, den man auch Galtåsknappen nennt. Nach dem Blaubeerwald schließt sich ab der Baumgrenze ein weiß-grün leuchtendes Meer aus Rentierflechten an. Von oben ist die Sølen-Gruppe zum Greifen nah. Herab schauen wir auf sieben Seen, von denen der lang gestreckte Isteren mit seinen Buchten, Stränden und Inseln sowie der anschließende sehr viel kleinere Galtsjøen die nächstgelegenen sind. Beide Seen gehören zum Trysilelven-Klarälven-Gewässer-System: Der in den schwedischen See Vänern mündende Klarälven entspringt auf schwedischer Seite im Rogen-Gebiet als Røa, durchfließt den Femunden, wird zur kurzen Gløta, durchfließt den Isteren und den Galtsjøen, um dann als Femundselva und nach Verlassen des Sennsjøen als Trysilelva wieder der schwedischen Grenze entgegenzuströmen, wo der Fluss zum Klarälven wird. Ein komplexes Wasserstraßensystem, das bis ins 20. Jahrhundert zum Flößen von Holz genutzt wurde.

Ausgangspunkt: Galten, 659 m, Parkmöglichkeit an der Fv 217 in der Gemeinde Engerdal. Am südlichen Ende des Sees Isteren von der Fv 26 auf die Fv 217 in Richtung Åkrestrømmen abbiegen. Nach 2,4 km am Galten Gård eine Parkmöglichkeit suchen.
Anforderungen: Angenehm zu gehende Pfade mit nicht allzu steilen Steigungen, Waldboden, Heidebewuchs und wenig Geröll, wenige feuchte Passagen. Anfangs blaue, dann rote Markierung.

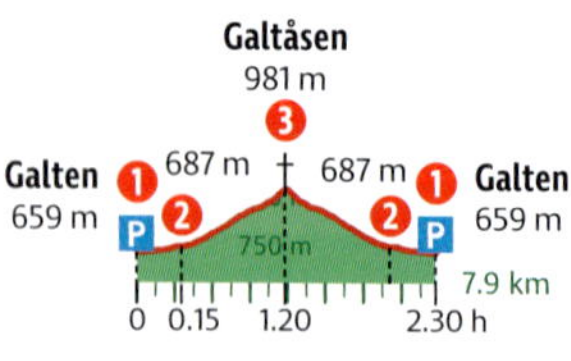

Infrastruktur: Restaurant, Unterkunft im Galten Gård; Unterkunft, Camping und Restaurant in der näheren Umgebung verteilt; Supermarkt, Tankstelle in Drevsjø.
Tipp: Das sogenannte Elvdalen, das entlang der Femundselva verläuft, besticht mit seiner Schönheit nicht nur Angler. Entweder fährt man die gesamte Strecke der Straße 2176 (nicht asphaltiert, Abzweig 10 km südlich von Galten, Ausschilderung Snerta) oder man startet an der Elvbrua (Picknickplatz, Kaskaden) und biegt dort in den Elvbruveien (Ausschilderung Elvdalen, Maut).
Karte: Turkart 1:50.000 Femunden Sør.

Von **Galten** ❶ aus gehen wir nur wenige Meter in nordöstliche Richtung, wo uns ein Schild auf den breiten Wanderpfad leitet. Der Weg führt die ersten 1,5 km eben durch einen Kiefernwald, der im späteren Verlauf mit Birken durchmischt ist. Ein Teppich aus Blau- und Rauschbeerenbewuchs, Erika sowie Rentierflechten bedeckt den Waldboden, riesige Felsbrocken liegen verstreut umher. Die zum Teil mit Flechten behangenen Birken, kleine Tümpel sowie umgekippte Bäume sorgen bei der Wanderung für

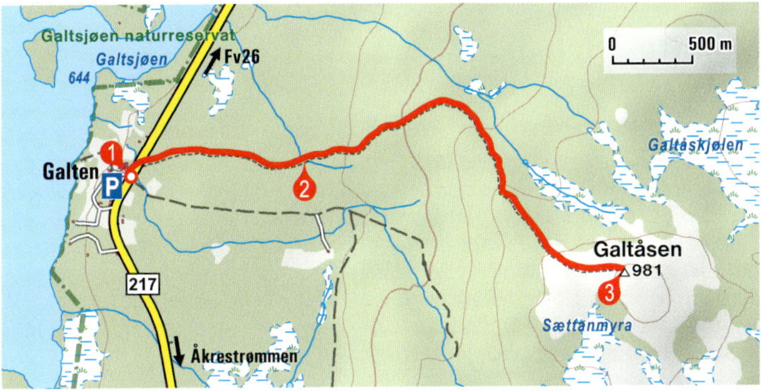

Abwechslung. Letztere strecken ihre großen tellerförmigen Wurzeln am Wegesrand und sogar quer über dem Weg in die Luft, was jedoch kein Problem darstellt.

Nach einer kleinen **Bachquerung** ❷ beginnt der Weg allmählich anzusteigen. In einem deutlich steileren Abschnitt macht er einen weitläufigen Rechtsschwenk und wendet sich in südlicher Richtung dem Gipfel entgegen. Ab einer Höhe von 860 m verlassen wir allmählich die Baumzone. Vor uns liegt die in ein Meer von Rentierflechten getauchte Gipfelkuppe. Der zunächst noch breit ausgetretene Pfad endet in kleineren Geröllpassagen, die zu queren sind, bevor wir auf dem weitläufigen abgeflachten Gipfelplateau des **Galtåsen** ❸ stehen. Nach Westen schauen wir genau auf das imposante Massiv der Sølen-Gruppe.

Der Rückweg erfolgt über denselben Weg nach **Galten** ❶.

Auf dem Weg zum Gipfel ist man von einem Meer aus Rentierflechten umgeben.

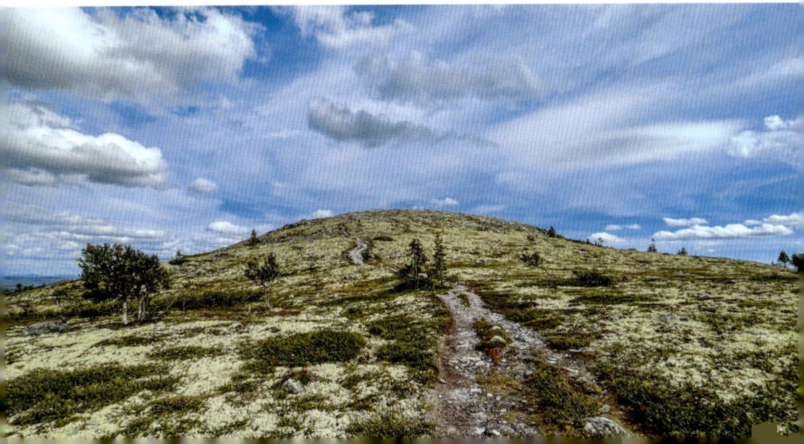

TOP

↗ 1060 m | ↘ 1060 m | 22.2 km

39 Midtre Sølen, 1755 m

8.00 h

Markanter »Sattel-Berg« zwischen Rondane und Femunden

Der Sølen, eingebettet in das 2011 gegründete gleichnamige Landschaftsschutzgebiet, ist ein ausgezeichnetes Wandergebiet und bietet mit seinen drei Gipfeln dank des solitären Standortes Weitsichten par excellence. Eine Besonderheit des Berges ist der tief eingeschnittene Sattel Sølenskardet, der zwischen den Gipfeln Søre Sølen und Midtre Sølen das Massiv einkerbt. Er liegt auf 1250 m Höhe, während der südliche Gipfel mit 1688 m und der mittlere mit 1755 m emporragen. Der Name des Sølen stammt übrigens passend vom altnordischen Wort für Sattel.

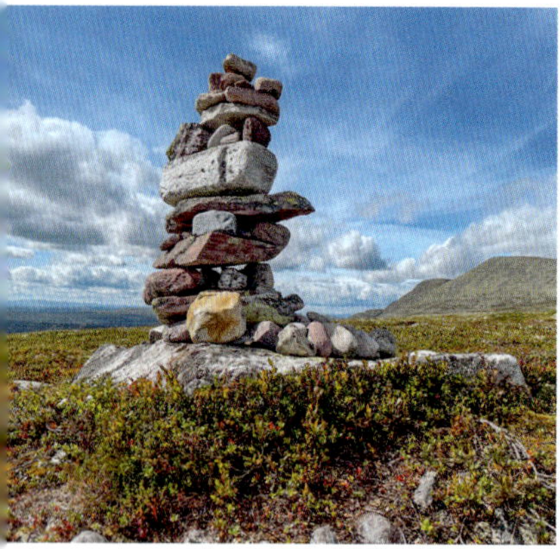

Ausgangspunkt: Gravåsen, 791 m, Wanderparkplatz am Ende der gleichnamigen Mautsstraße in der Gemeinde Rendalen. 26 km östlich des Fv 30 (Åkrestrømmen) von der Fv 217 in den nicht asphaltierten Mautweg Gravåsen abbiegen und 4,2 km bis zum Wanderparkplatz fahren.
Anforderungen: Ausgeschilderter und markierter Wanderweg, ausgetreten, ab dem See Skardstjønna Geröllfelder.
Infrastruktur: Restaurant, Unterkunft, Camping entlang der Fv 217; Supermarkt, Tankstelle in Drevsjø sowie Åkrestrømmen.
Karte: Turkart 1:100.000 Rendalen.

Bunte Gesteinsmischung als Wegweiser.

Am nördlichen Ende des großen Wanderparkplatzes **Gravåsen** ❶ betreten wir das Landschaftsschutzgebiet Sølen landskapsvernområde, ein Schild informiert ausführlich darüber. Ein breiter steiniger Weg bringt uns durch einen lichten Bestand an Kiefern und Birken, Heidebewuchs und Rentierflechten leicht ansteigend zu einem Abzweig, der nach rechts zur Schutzhütte Sandbu und zum See Sandtjønnan führt. Hier wandern wir geradeaus weiter. Vor uns liegt eine weite und karge Ebene mit leuchtendem Erika- und Rentierflechtenbewuchs sowie einzeln stehenden niedrigen Kiefern. In der Ferne erhebt sich das Sølen-Massiv: Gut erkennbar sind rechts der Midtre Sølen und links der Søre Sølen. Nach gut 800 m kommen wir zu einem weiteren **Abzweig** ❷, der hier abgehende Weg führt ebenfalls zum Sandtjønnan und der Sandbu. Wir wandern weiter geradeaus durch offenes Gelände auf einen Moränenhügel zu. An der dort befindlichen

Wegverzweigung 3 wählen wir den nach links führenden schmaler werdenden Pfad. Schon bald überqueren wir das plötzlich auftauchende murmelnde Bächlein Halvorsbekken, das in der weiter links liegenden Moorfläche Halvorsfløyet entspringt. Die Pfadspuren werden nun wieder breiter. Wir steigen steinig und bequem den Hang zur flachen Anhöhe Harahøgda hinauf, ein Trockenbach hat sich tief in das Schiebematerial gefressen. Rückblickend schauen wir auf die große Ebene hinter uns mit dem See Sandtjønnan und den im Süden liegenden Bergketten. Ein kurzer steiler Anstieg bringt uns auf eine weitere Anhöhe und führt uns in eine zerfurchte Moränenlandschaft. Vor uns liegt nun die Südseite des Søre Sølen und dahinter der »Doppelgipfel« des Midtre Sølen. Wir wandern ansteigend durch eine wellig-steinige Landschaft mit Toteislöchern, die Småhøgdene genannt wird. Rechter Hand öffnet sich immer mehr der Blick auf die weite karge und flächige Landschaft, die von Mooren und Seen geprägt ist.

Schlussendlich queren wir im Hang unterhalb des Søre Sølen nach rechts hin zum See Skardstjønna. Im steindurchsetzten Heidehang steigen wir hinab und gelangen zum Ausfluss der **Skardstjønna** 4 und einer Wegkreuzung.

Im gegenüberliegenden Heidehang steigt der Weg in mehreren parallelen Pfadspuren zunächst sanft an und kommt rasch in die Geröllzone des südöstlichen Berghangs. Im ersten großen Geröllfeld ist die Wegfindung mühsam – wenige Spuren

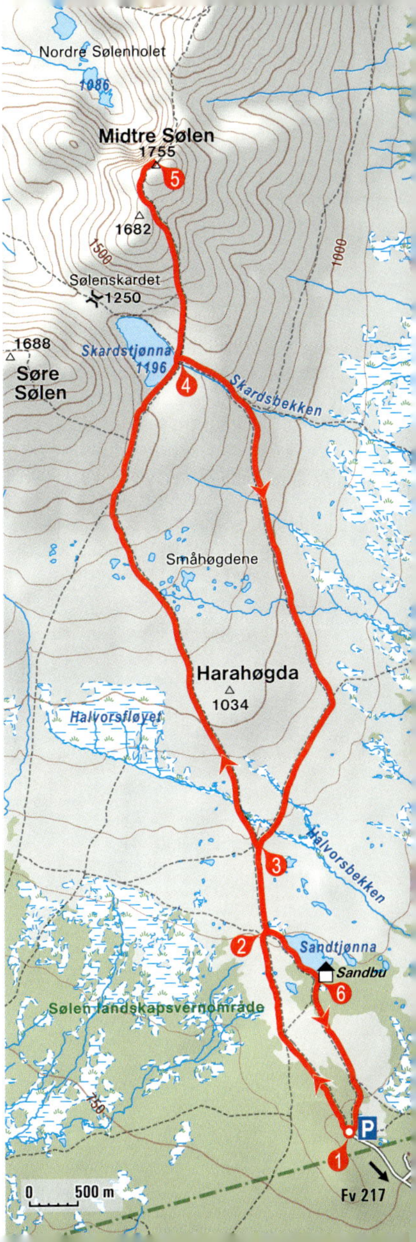

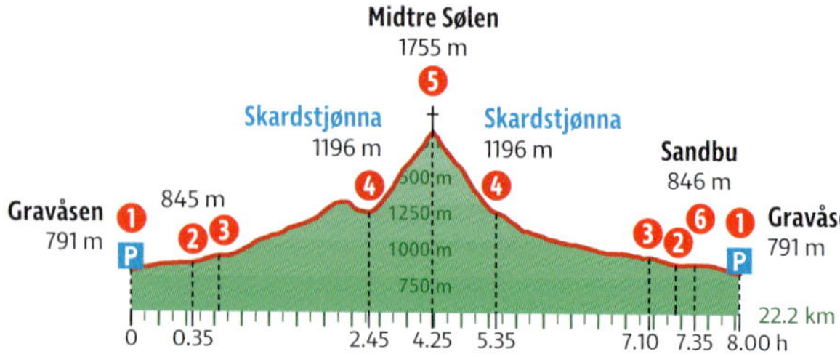

und varden helfen uns bei der Orientierung. Weiter oben steigt der Pfad sichtbar gut durch das Geröll und schwingt im Hang in den zwischen den zwei Gipfeln gelegenen Sattel des Midtre Sølen. Die letzten Höhenmeter steigen wir teilweise durch loses Geröll, bis wir auf dem Gipfelgrat stehen. An der Abbruchkante wandern wir durch blockiges Geröll bis zum Hauptgipfel des **Midtre Sølen** ❺, der mit einem Steinturm markiert ist. Der Gipfel bietet uns einen fantastischen Rundumblick. Tief hinab blicken wir in das Tal Nordre Sølenholet mit seinen Seen. Von einem zweiten Steinturm aus haben wir einen tollen Blick auf die grün gefärbten Hänge des Nordre Sølen und den dahinterliegenden See Sølensjøen.

Auf dem Weg zum faszinierenden Gipfelanstieg.

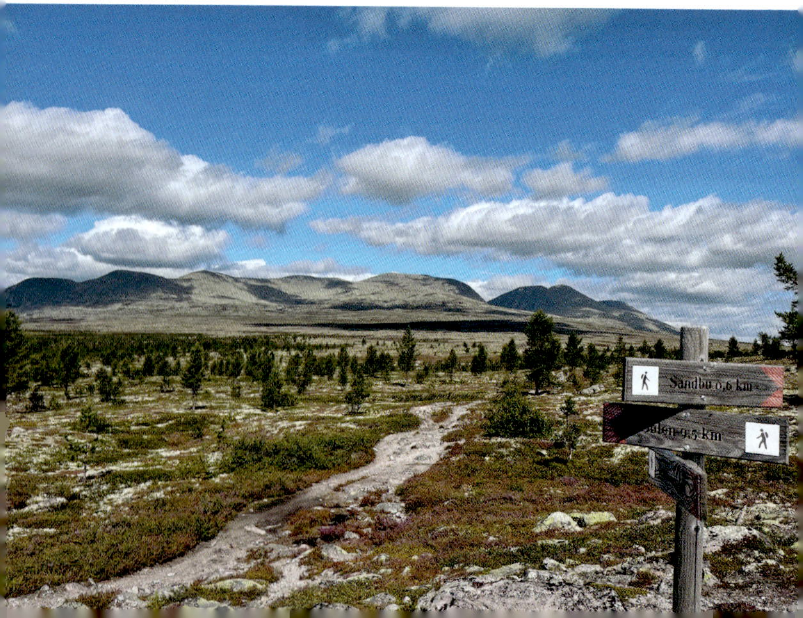

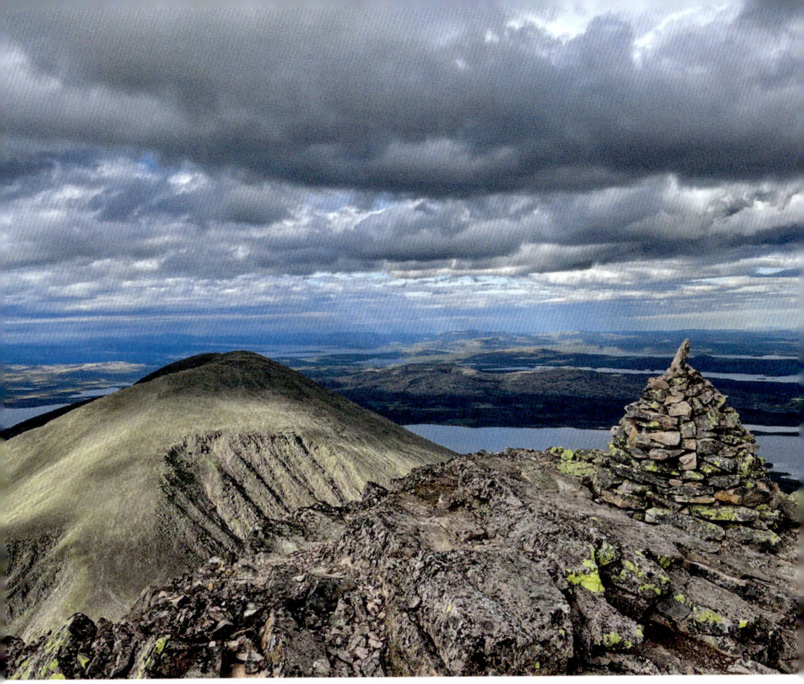

Gipfelblick auf den Nordre Sølen.

Wir steigen wieder bis zur **Skardstjønna** ❹ hinab und wenden uns an der Wegkreuzung nach links in Richtung Ulvågrenda. Entlang des Baches Skardsbekken wandern wir auf einem ausgetretenen Pfad abwärts. Einen guten halben Kilometer später zweigt unmarkiert nach rechts, den Bach querend, ein Pfad ab, dem wir folgen. Dieser führt uns (anfangs in einem Rechtsschwenk) teils steinig stetig abwärts, wobei immer wieder ebene Abschnitte vorkommen. Der Blick zurück lohnt sich, um den Ausblick auf das Sølenmassiv zu genießen. Wir durchwandern die Heidelandschaft, bis der Pfad einen Moränenwall durchsticht, nach rechts abbiegt und uns hinabsteigend zur **Wegverzweigung** ❸ bringt. Von hier aus wandern wir bis zum **Abzweig** ❷ mit der Ausschilderung zur Sandbu, wo wir nach links abbiegen. Unser Weg führt uns nun am See Sandtjønna entlang bis zur Schutzhütte **Sandbu** ❻. Hier gehen wir den breiten Weg in südlicher Richtung. Den 200 m später nach rechts abzweigenden Weg ignorieren wir. An der nächsten Verzweigung wählen wir den rechten schmalen Pfad und gelangen so nach einem Rechtsschwenk schlussendlich zurück zum Wanderparkplatz **Gravåsen** ❶.

↗ 130 m | ↘ 130 m | 6.8 km

40 Gutulia nasjonalpark

2.00 h

Norwegens kleinster Nationalpark

Der kleine Park an der Grenze zu Schweden schützt einen Urwald mit Fichten- und Kieferbeständen sowie das kulturhistorische Erbe dreier seter (Almen). Von 1750 bis 1949 wurden die seter Nedpåvollen, Lillevollen und Oppåvollen von Mitte Juni bis weit in den September hinein mit Kühen, Ziegen und Schafen bewirtschaftet. Vor allem die Frauen und jüngsten Kinder verbrachten hier den gesamten Sommer, die Männer brachten das Heu in den Höfen ein. Heutzutage kann man sich ein Bild von den alten Zeiten machen: Während der Ferienzeit lädt auf Nedpåvollen Nationalparkpersonal zu Sirup, Kaffee und Svele ein und hält Informationsmaterial bereit.

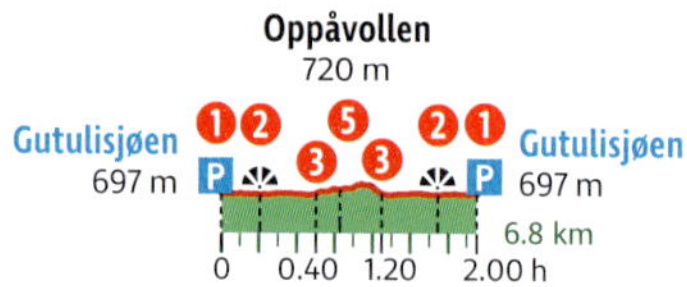

Ausgangspunkt: Gutulisjøen, 697 m, Wanderparkplatz des Nationalparks in der Gemeinde Engerdal. Knapp 5 km nördlich von Drevsjø von der Fv 26 in Richtung Elgå auf die Straße 2210 abbiegen. Die Straßen sind zum großen Teil nicht asphaltiert. Achtung! Fahren Sie umsichtig, Rentiere kreuzen permanent die Fahrbahn! Nach 17 km der Ausschilderung nach Gutulia folgen. Die folgenden gut 3 km Waldweg sind für große Fahrzeuge nicht geeignet.
Anforderungen: Leichte Wanderung über Waldpfade. Vereinzelt felsig, mit Wurzeln durchsetzt und Planken in feuchten Abschnitten.
Infrastruktur: Am Parkplatz Übernachtungsmöglichkeit für Camper und Zelter, Toilette vorhanden. Unterkunft, Camping, Supermarkt, Restaurant und Tankstelle in Elgå und Drevsjø.
Tipp: In Drevsjø lohnt ein Besuch des Blokkodden villmarksmuseum, das sich mit verschiedenen Themen der Alltagskultur der Region beschäftigt.
Karte: Turkart 1:50.000 Femunden Sør.

Svele und Sirup am seter Nedpåvollen im Gutulia nasjonalpark.

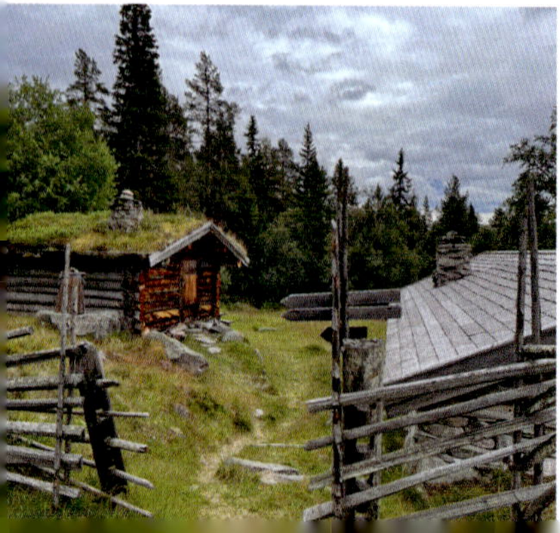

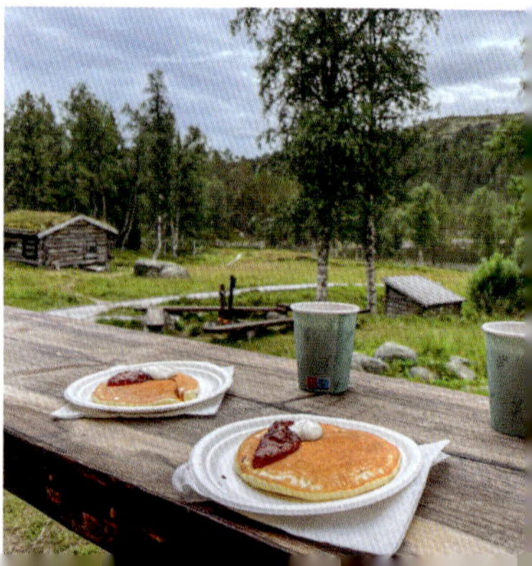

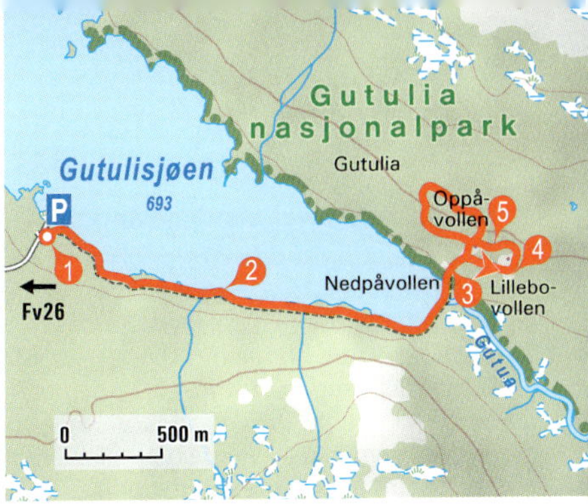

WIr starten vom Parkplatz am **Gutulisjøen** 1 auf einem breiten Weg in südöstlicher Richtung, der schnell zu einem sanft auf- und abführenden Pfad wird. Wir wandern leicht oberhalb des Sees und kommen an ersten Informationstafeln vorbei, die auf Norwegisch und Englisch über den Nationalpark sowie über Fauna und Flora der Umgebung informieren. Vorbei an alten Kiefern, gelangen wir zu einem kleinen **Aussichtspunkt** 2 mit einer Sitzgelegenheit. Von hier aus haben wir einen guten Überblick über den See und die nördlich gelegenen Ausläufer der Femundsmarka. Am gegenüberliegenden Ufer erheben sich die bewaldeten Hänge der 949 m hohen Gutulivola im Herzen von Gutulia. Nach gut 1,5 km wechselt der Baumbestand von Kiefern zu Fichten. Schon bald haben wir einen schönen Blick auf den seter Nedpåvollen am anderen Seeufer. Am Ende des Sees kommen wir an ausgewiesenen Zeltplätzen vorbei und überqueren auf einer Brücke den Bach Gutua. Hier überschreiten wir die Nationalparkgrenze. In Richtung See erkennen wir die Reste eines alten Flößerdamms, bevor wir den idyllisch am Seeufer gelegenen seter **Nedpåvollen** 3 betreten. Nach informativen Gesprächen über die Vergangenheit des Ortes setzen wir unsere Wanderung auf dem ausgeschilderten natursti (Naturlehrpfad) fort, der in östlicher Richtung hinter einem Zaun zu zwei weiteren Almsiedlungen und durch den urwüchsigen Wald des Gutulia nasjonalpark führt. Auf dem gesamten Rundweg begleiten uns Tafeln (wieder auf Norwegisch und Englisch), die kurzweilig über interessante Dinge am Wegesrand informieren. Kleine türkisfarbene Holzpflöcke leiten uns zunächst auf einem Wiesenpfad sanft aufwärts zum seter **Lillebovollen** 4. Hier weist ein Schild zur 1,5 km entfernt stehenden Sturfuru (Großen Kiefer). Wir folgen weiter den Markierungen bis **Oppåvollen** 5, dem dritten seter. In einem der Gebäude kann man sich eine gute Vorstellung vom Leben in früheren Zeiten machen. An der folgenden Verzweigung wandern wir geradeaus und vollführen eine Rundwanderung durch den urwüchsigen Kiefernwald, der vereinzelt mit Fichten und Birken bewachsen ist und bereits seit vielen Jahren nicht mehr bewirtschaftet wird. Die Runde endet wieder an der Verzweigung am seter Oppåvollen. Wir gehen geradeaus und steigen im letzten Abschnitt des natursti quer über die ehemaligen Weiden, die heutzutage zur Erhaltung der Alm-Kulturlandschaft gemäht werden.

Vom seter **Nedpåvollen** 3 aus wandern wir wieder zurück zum Parkplatz am **Gutulisjøen** 1.

TOP

↗ 720 m | ↘ 720 m | 11.1 km

41 Elgåhogna, 1460 m

4.00 h

Hinauf zum Zwei-Länder-Panorama

Eine beeindruckende Wanderung, die ab der Baumgrenze in immer kargeres Terrain vorstößt. Begleitet vom Bergbach Bjørbekken durchschreiten wir glaziale Landschaftsformen, halten nach Rentieren Ausschau und erklimmen die große Kuppe des Gipfels, wo wir von einem Meer an verwitterndem Gesteinen umgeben sind. Grün-gelblich schimmernde Flechten überziehen Bergkuppe um Bergkuppe. Das 360-Grad-Panorama bietet eine schier unendlich scheinende Weite über die Femundsmarka, in Richtung Rondane im Westen, Fulufjellet im Süden und in die Weiten Schwedens hinein.

Ausgangspunkt: Parkplatz an der Fv 221, 745 m, in der Gemeinde Engerdal. Knapp 5 km nördlich von Drevsjø von der Fv 26 in Richtung Elgå auf die Straße 2210 und später auf die aus dem schwedischen Idre kommende Fv 221 in Richtung Elgå abbiegen. Ab der Kreuzung noch knapp 6,5 km bis zum linker Hand liegenden Parkplatz fahren.
Anforderungen: Keine besonderen Schwierigkeiten, ab der Brücke über den Bjørbekken 4 ist es steil und gerröllig; rote Markierungen.
Infrastruktur: Unterkunft, Camping, Supermarkt, Restaurant und Tankstelle in Elgå und Drevsjø.
Variante: Für Wanderer, die nicht so hoch hinaus wollen oder mit kleinen Kindern unterwegs sind, lohnt sich auch der abwechslungsreiche Aufstieg bis 3.
Hinweis: Das Gebiet ist Rentierland! Die Tiere kreuzen immer wieder die Straße. Fahren Sie achtsam, vermeiden Sie jeglichen Stress für die Tiere und planen Sie ein paar zusätzliche Minuten ein. Gleiches gilt für die Wanderung: Respektieren Sie die Bedürfnisse der Tiere.
Tipps: 1. In Elgå befindet sich das Besucherzentrum des Femundsmarka nasjonalpark mit einer kleinen Ausstellung, Informationen und einem Fahrradverleih. 2. In Drevsjø lohnt ein Besuch des Blokkodden villmarksmuseum, das sich mit verschiedenen Themen der Alltagskultur der Region beschäftigt.
Karte: Turkart 1:50.000 Femunden nord.

Moränenlandschaft am Bjørbekken.

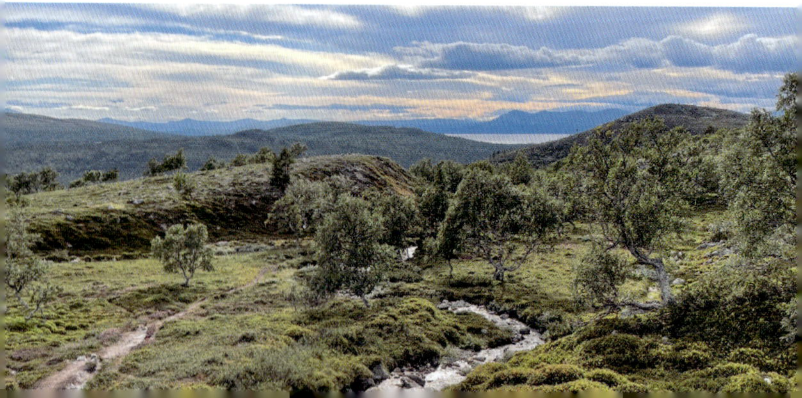

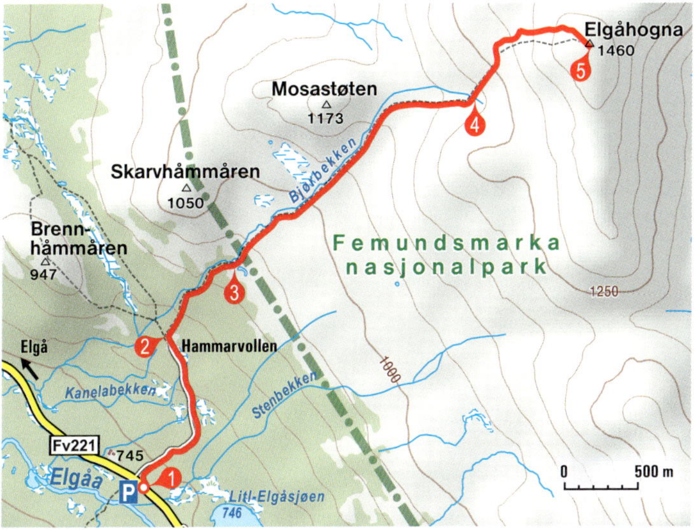

Vom Parkplatz an der **Fv 221** ❶ gehen wir 100 m in Richtung Elgå und folgen der Ausschilderung Elgåhogna und Brennhåmmåren nach rechts auf einen Fahrweg. Ohne nennenswerte Steigung durch einen lichten Fichten-Birken-Wald mit typischem Bodenbewuchs von Blaubeeren, Erika, Wacholder und Weide gelangen wir nach gut 1 km zur ehemaligen Alm Hammarvollen. Vor dem Hauptgebäude weisen uns erneut Schilder in Richtung Elgåhogna und Brennhåmmåren auf einen Pfad nach links. Nach nur wenigen Metern trennen sich an einer **Gabelung** ❷ die zwei Wanderwege. Nach links geht es zum bereits sichtbaren Gipfel des Brennhåmmåren. Wir folgen der roten Markierung nach rechts auf einem steinigen, mit Wurzeln durchsetzten Pfad, der entlang des rauschenden Bergbachs Bjørbekken, der in kleinen Kaskaden herabstürzt, allmählich emporsteigt. Immer wieder laden idyllische Stellen, sogar mit einem kleinen Badepool, zum Verweilen und Rasten ein. Nach einer Bachüberquerung steigen wir einen Felsriegel hinauf und gelangen zu einer Ebene mit einem kleinen **See** ❸, von wo aus wir bereits eine erste Fernsicht am Brennhåmmåren vorbei in Richtung des Femunden haben. Den nur noch

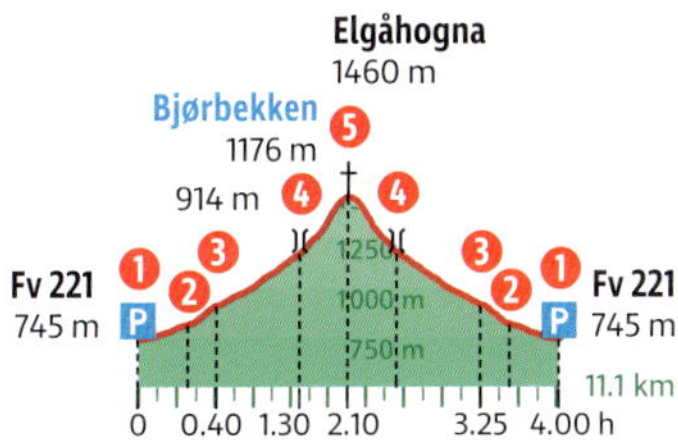

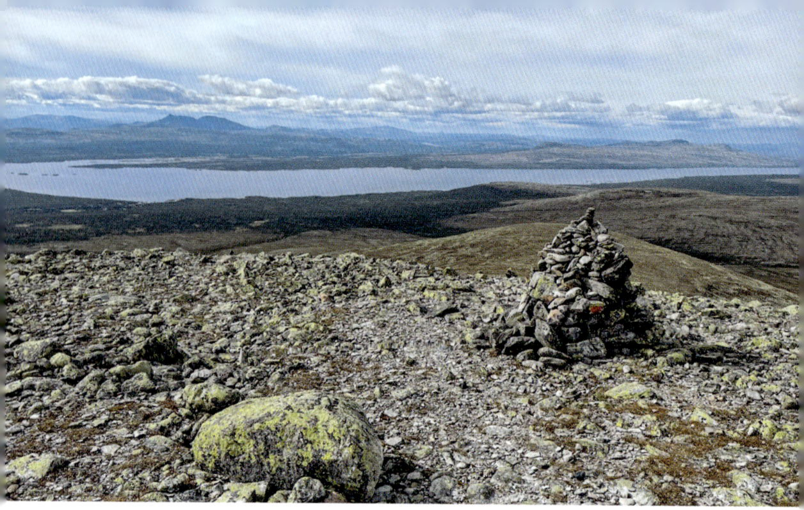

Auf dem zweithöchsten Gipfel im Femundsmarka nasjonalpark.

vereinzelt stehenden knorrigen Birken sieht man die harschen Witterungsbedingungen der Region an. Ein weiterer kurzer Anstieg einen Moränenwall hinauf bringt uns in die baumfreie Zone mit Zwergstrauchbewuchs und in eine Moränenlandschaft, die uns auch weiterhin entlang des Bjørbekken maßvoll steigend aufwärts führt. Hier betreten wir nun den Femundsmarka nasjonalpark. Vor uns erheben sich die kahlen Gipfel der Elgåhogna (mittlere Erhebung) und ihrer Ausläufer. Der Weg führt uns unterhalb des 1050 m hohen Skarvhåmmåren und des 1173 m hohen Mosastøten vorbei. Die gesamte Region ist Rentierweidegebiet, eine Begegnung mit einzelnen Tieren oder ganzen Gruppen ist sehr wahrscheinlich. Beim Zurückschauen offenbart sich ein immer umfassenderer Blick über die in nördlicher, westlicher und südwestlicher Richtung liegenden Gebirgszüge. Auf der Höhe des zwischen Mosastøten und Elgåhogna liegenden Sattels schwenkt der Weg nach Osten und führt in das Quellgebiet des Bjørbekken, der nun tief eingeschnitten unter uns liegt. Auf 1170 m Höhe queren wir den **Bjørbekken** 4 und schöpfen Wasser, um für den letzten sehr steilen Abschnitt hinauf zum Gipfel gerüstet zu sein. Die nun noch ausstehenden 290 Höhenmeter führen schweißtreibend durch Blockgeröll, wobei man lange auf den ersehnten Blick auf den Gipfel warten muss. Endlich oben angekommen, befindet man sich auf einem großen mit Geröll übersäten Plateau. In gut 200 m Entfernung steht der aus Steinen gesetzte Gipfelturm auf dem höchsten Punkt der **Elgåhogna** 5, in dessen Windschatten wir die grandiose Rundumsicht in Augenschein nehmen können.
Der Rückweg erfolgt über den selben Weg zum Parkplatz an der **Fv 221** 1.

↗ 770 m | ↘ 770 m | 19.6 km

2 Tage

Stor-Svuku/Svahke, 1421 m

42

Blickfang der Femundsmarka

Der Gipfel des Stor-Svuku/Svahke liegt inmitten des Femundsmarka nasjonalpark im norwegisch-schwedischen Grenzgebiet, welches ein Eldorado für Kanuten, Angler und Wanderer ist. Als Basis für die Wanderung dient die DNT-Hütte Svukuriset, die am Fuße des Stor-Svuku steht und eine außergewöhnlich attraktive Familienunterkunft ist. Der Femunden, Norwegens drittgrößter See (bzw. der größte nicht regulierte See Norwegens) entwässert das auf schwedischer Seite gelegene Rogen-Gebiet, aus dem die Røa entspringt, die als Quellfluss der Trysilelva/Klarälven gilt.

Ausgangspunkt: Jonasvollen, 665 m, gebührenpflichtiger Parkplatz und Schiffsanleger in der Gemeinde Engerdal. 41 km nördlich von Drevsjø von der Fv 26 auf die Fv 28 in Richtung Røros und nach weiteren 15,7 km auf die mautpflichtige, nicht asphaltierte Straße nach Jonasvollen abbiegen bzw. 45 km südlich von Os von der Fv 28 nach Jonasvollen abbiegen.
Anforderungen: Fahrweg und Bergpfad in überwiegend grobblockigem Gelände.
Infrastruktur: Svukuriset, saisonal bewirtschaftete DNT-Herberge mit 45 Betten. Unterkunft in Jonasvollen bzw. Unterkunft, Camping, Supermarkt, Restaurant und Tankstelle in Elgå.
Hinweise: 1. DIe M/S Fæmund II verkehrt von Ende Juni bis Mitte August einmal täglich sowie jeweils freitags bis sonntags an den zwei Wochenenden vor und nach der Saison von Jonasvollen und Elgå nach Revlingen (Fahrplan unter femund.no). 2. Die M/S Fæmund II startet in Jonasvollen bzw. Revlingen zwischen 11 und 13 Uhr, samstags später.
Varianten: 1. Zu Fuß führt von Elgå ein Wanderweg in 8 km zur DNT-Hütte hinauf. 2. Außerdem können in Elgå Mountainbikes ausgeliehen werden, mit denen man über den gut 10 km langen Fahrweg nach Svukuriset gelangt.
Karte: Turkart 1:50.000 Femunden Nord.

Stor-Svuku/Svahke und M/S Fæmund II bei der Überfahrt nach Jonasvollen.

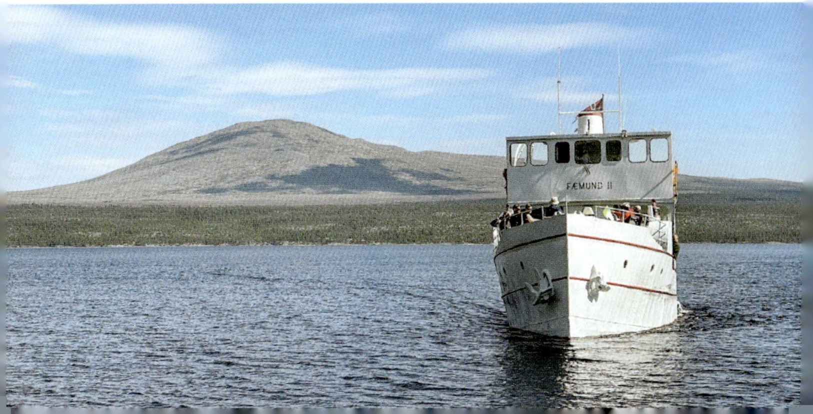

1. Tag: Wir starten unsere Wanderung in **Jonasvollen** ❶ mit einer Schifffahrt über den See Femunden nach **Revlingen** ❷. Von dort gehen wir bequem den Fahrweg entlang, der uns bis zur DNT-Herberge **Svukuriset** ❸ leitet. Der ehemalige Hof wurde einst von Familien aus Femundshytta besiedelt, nachdem dort die Bergwerkstätigkeit zum Erliegen gekommen war. Lange bevor die ersten Wanderwege ausgeschildert wurden, kaufte der DNT Oslo die ersten Teile des Anwesens.

Vor den Hütten leiten uns die Ausschilderung und die roten T-Markierungen auf den in östlicher Richtung verlaufenden Fahrweg. Kurz darauf werden wir, wo der Weg nach rechts schwenkt, nach links auf einen Pfad geleitet. Wenig später erreichen wir die Grenze des Femundsmarka nasjonalpark und kurz darauf weicht der lichte Baumbewuchs der großen Moorfläche **Svukurismyra** ❹**.** WIr wandern nun ständig aufwärts, naschen hier und da Moltebeeren und gelangen nach dem Verlassen des Moores zu einer **Pfadverzweigung** ❺. Nach rechts führt der Weg über die südöstlichen Ausläufer des Stor-Svuku-Massivs in das Grøtådalen und zur ehemaligen Alm Grøtådalsætra. Wir folgen dem linken Pfad in nördlicher Richtung, der uns das Nordbekkdalen in der Südflanke des Stor-Svuku hinaufführt. Die Wegbeschaffenheit wird zunehmend gerölliger und steiler. Je höher wir steigen, desto mehr weitet sich das Panorama über den Femunden und auf die gegenüberliegende Bergwelt. Der Weg wird nochmals steiler, sodass wir die zweite Hälfte der knapp 600 Höhenmeter zwar langsamer, aber trotz allem gut vorankommen. Nach einem letzten Steilaufschwung in grobem Blockgelände erreichen wir den flachen, plateauförmigen Gipfel des **Stor-Svuku/Svahke** ❻, der in der Sprache der Sami Svahke heißt.

Der Fernblick von hier oben ist außerordentlich weit: In Richtung Osten schweift der Blick über die Höhen und Täler von Dalarna und Jämtland. Von

Der Stor-Svuku/Svahke ist von überallher gut erkennbar.

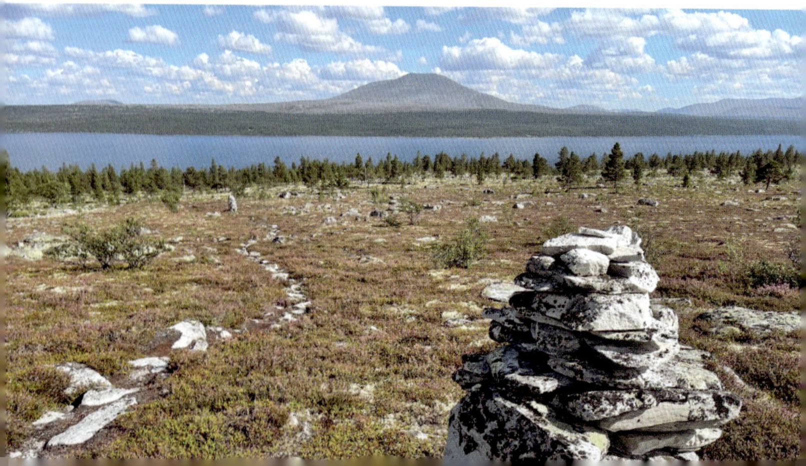

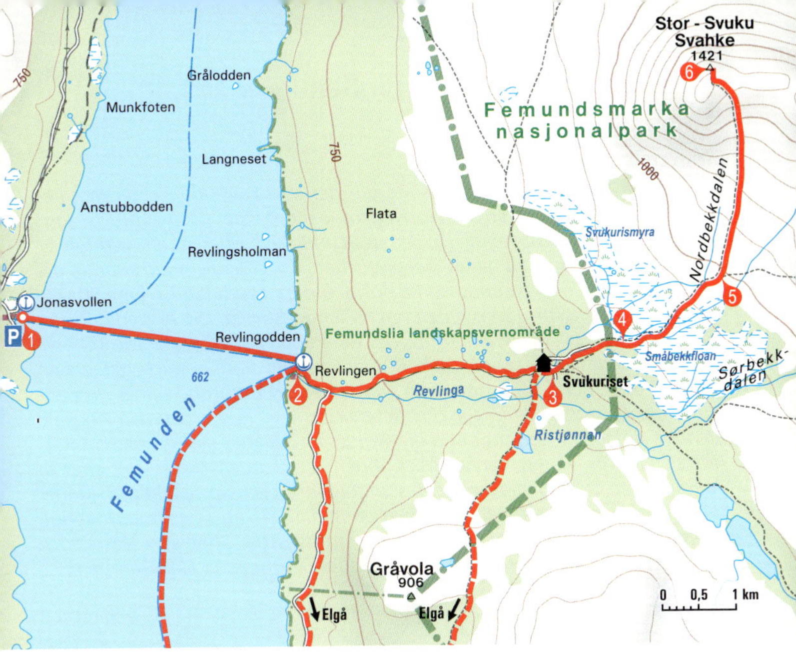

Norden nach Süden erstreckt sich der Panoramabogen vom Massiv des Sylan über die Region um die Forollhogna, den Tron, den spitzen Elgspiggen und die Sølen-Gruppe. Bei guter Sicht blickt man in weiter Ferne auf den doppelgipfeligen Sølnkletten und die Zweitausender im Rondane. Der aussichtsreiche Abstieg folgt derselben Route zur DNT-Herberge **Svukuriset** ❸, wo wir den Abend bei einem guten Essen ausklingen lassen.

2. Tag: Am nächsten Tag machen wir uns auf den Rückweg nach **Revlingen** ❷ und setzen mit der M/S Fæmund II nach **Jonasvollen** ❶ über.

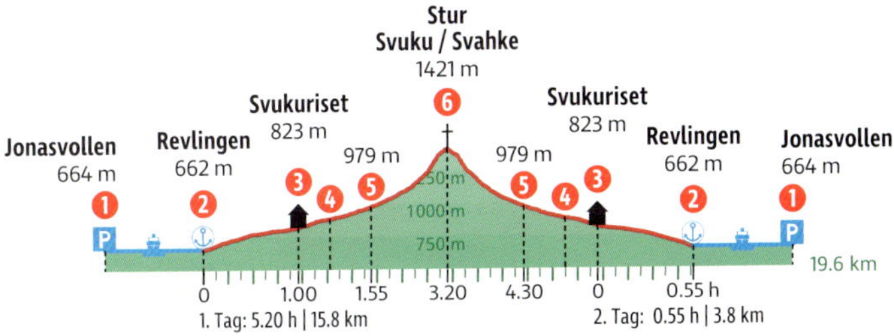

↗ 380 m | ↘ 380 m | 16.3 km

43 Femundshytta – Jonasvollen

5.00 h

Einsam über dem Femunden

Wir starten mit einer Schiffspassage auf der M/S Fæmund II über den Femunden, den drittgrößten See Norwegens, der mit einer Größe von 203 km² auch der größte nicht regulierte See des Landes ist. Über 60 km verläuft er von Nord nach Süd und bildet die westliche Grenze der Femundsmarka, die zum großen Teil als Femundsmarka nasjonalpark geschützt ist. Eine Stunde dauert die Fahrt von Jonasvollen nach Femundshytta. Die Ansiedlung gehört zum Komplex des Weltkulturerbes Røros und beherbergte von 1739 bis 1822 eine Schmelzhütte, die zum Kupferwerk der nordwestlich gelegenen Bergbaustadt gehörte. Ausgewählt wurde der Ort aufgrund seines damaligen Holzreichtums, denn für das Schmelzen von Kupfer wurden enorme Mengen Holzkohle benötigt und die Wälder im Umkreis der Haupt-Schmelzhütte in Røros waren bereits früh abgeholzt. Zeugen dieser Zeit sind in Femundshytta die Schlackehügel, Fundamente und ein Spielplatz: Kinder aus vergangenen Zeiten haben Røros en miniature aus Steinen aufgebaut. Die Wanderung führt aussichtsreich in fantastischer Stille von Nord nach Süd über den lang gestreckten Ausläufer des Bergmassivs Flenskampen.

Ausgangspunkt: Jonasvollen, 665 m, gebührenpflichtiger Parkplatz und Schiffsanleger in der Gemeinde Engerdal. 41 km nördlich von Drevsjø von der Fv 26 auf die Fv 28 in Richtung Røros und nach weiteren 15,7 km auf die mautpflichtige nicht asphaltierte Straße nach Jonasvollen abbiegen bzw. 45 km südlich von Os von der Fv 28 nach Jonasvollen abbiegen.
Anforderungen: Zum großen Teil markierte, nicht allzu schwere Wanderung, Wald- und Heidepfad, zum Teil durch mooriges Gelände. Streckenweise muss der Pfad etwas gesucht werden.
Infrastruktur: Unterkunft in Jonasvollen; Unterkunft, Camping, Restaurant, Supermarkt, Tankstelle in Drevsjø, Os und Røros.
Hinweise: 1. DIe M/S Fæmund II verkehrt von Ende Juni bis Mitte August einmal täglich sowie jeweils freitags bis sonntags an den zwei Wochenenden vor und nach der Saison von Jonasvollen nach Femundshytta (Fahrplan unter femund.no). 2. Die M/S Fæmund II startet in Jonasvollen am frühen Nachmittag, samstags später.
3. Wandert man entgegengesetzt der beschriebenen Richtung, muss eine Übernachtung (Zelt) eingeplant werden, da die südgehende Schiffspassage morgens stattfindet.
Karte: Turkart 1:50.000 Femunden nord.

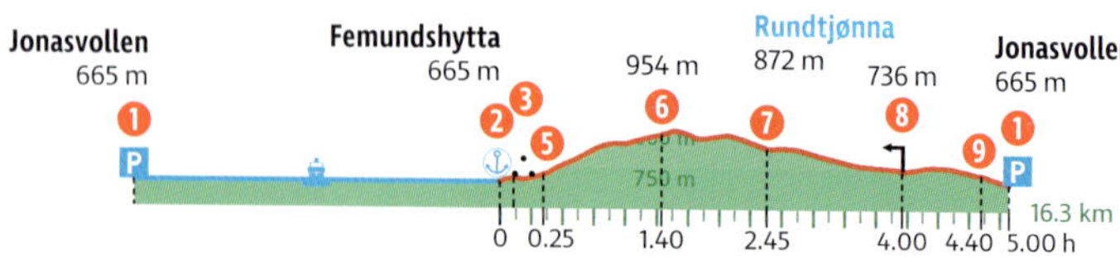

Von der Anlegestelle in **Jonasvollen** 1 bringt uns die Fæmund II in 60 Minuten über die Anlegestelle Haugen nach **Femundshytta** 2. Von der Anlegestelle wandern wir in Richtung Farmhaus und an diesem rechts vorbei eine Wiese entlang, bis wir zu einem Zaun kommen. Kurz danach geht es nach links. Nach ein paar Metern kommen wir zum **lekebyen** 3, der Spielstadt, die Kinder vergangener Generationen aufgebaut haben. Wir wandern weiter bis zu einer aus Steinen gesetzten Mauer und orientieren uns an roten Punkten, die als Markierung dienen. An der Mauer geht es hinab zu den **Schlackehalden** 4, die wir überqueren. Rote T-Markierungen leiten hier zum Fahrweg hinab, wir aber halten uns rechts, überqueren ein Bächlein und gehen in einem großen Rechtsbogen aufwärts durch lichten Baumbestand, bis wir zum vom Fahrweg heraufsteigenden **Pfad** 5 kommen, wo wir nach rechts einschwenken. Jenseits des Femunden ragt, einem Wächter über der Femundsmarka gleich, der Stur-Svuku/Svahke empor. Umgeben von Heidegewächsen und Rentierflechte steigen wir moderat aufwärts. Am Wegesrand stehen nicht mehr genutzte Strommasten, Zeugnis der Elektrifizierung von Femundshytta, die übrigens erst 1978 stattfand. Allmählich weitet sich das Panorama über den Femunden, bis er uns fast vollständig zu Füßen liegt. Im Norden kommen allmählich die Gipfel des Flenskampen zum Vorschein. Eine Moorstelle lädt im Hochsommer zum Naschen von Moltebeeren ein. In der Nähe einer Ansammlung von meh-

Die Einsamkeit kann man hier gut genießen.

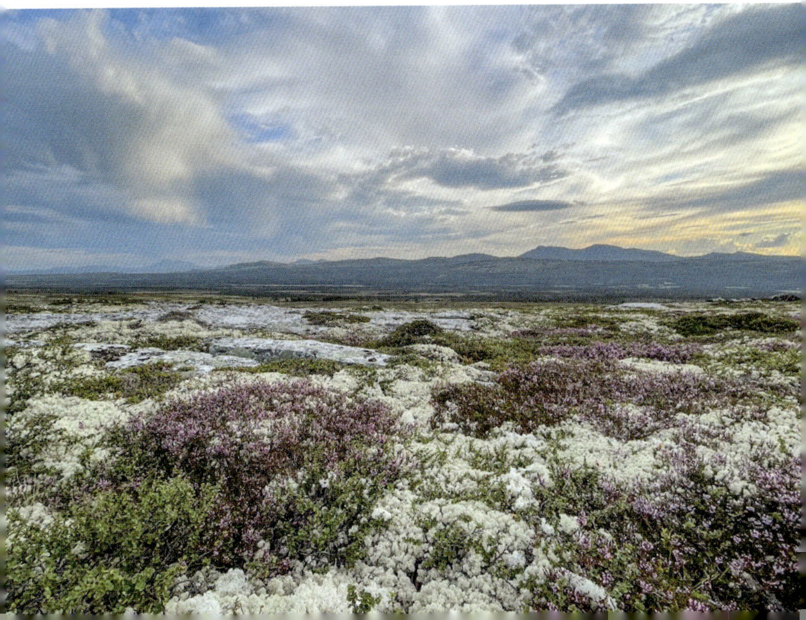

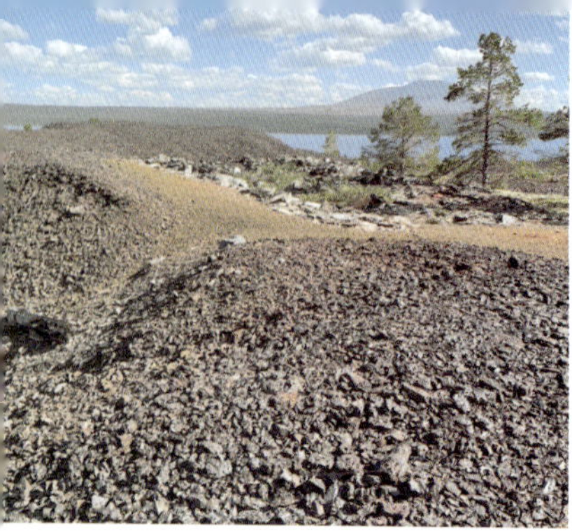

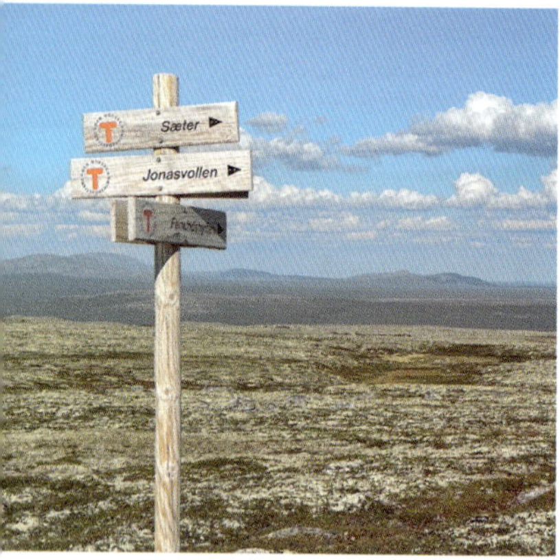

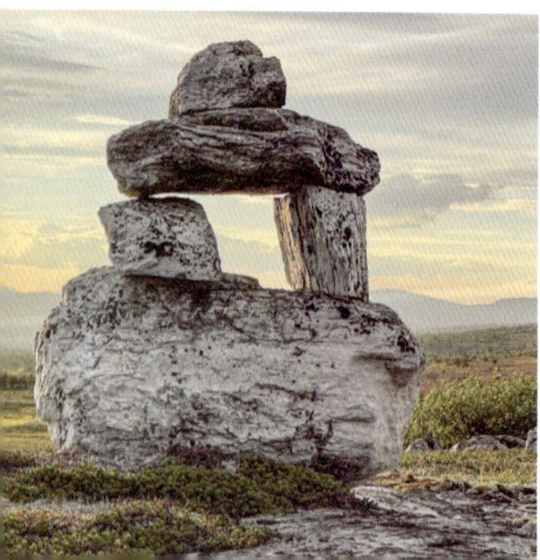

reren kleinen Seen achten wir auf die T-Markierung und lassen uns nicht von den varden verwirren, bis wir nach einer Feuchtstelle zu einer **Wegkreuzung** 6 gelangen. Nach rechts kommt man zum Flenskampen, der zum Greifen nahe scheint. Bevor wir nach links abbiegen, genießen wir nochmals die unendlich erscheinende Weite der Femundsmarka. Der Pfad ist nur schwach ausgebildet, sodass wir aufmerksamer sein müssen. Wir steigen in den unteren Ausläufer der Flanke der Anhöhe Søndre Buhøgda aufwärts. Der Femunden rückt wieder in unser Blickfeld und auch die Seen, an denen wir vorbeigekommen waren. Die nächsten Kilometer wandern wir parallel zum Femunden in die schier endlose Weite. Allmählich tritt am Horizont das Massiv des Sølen in Erscheinung. Die vielen Elchspuren zeugen von einer regen Aktivität dieser Tiere in diesem Gebiet. Wir müssen eine sumpfige Senke durchschreiten und suchen uns dabei den bestmöglichen Weg, versuchen aber, nicht die Orientierung zum ursprünglichen Pfad hin zu verlieren, der nach dieser Passage wieder besser sichtbar ist. Nach einem kurzen Aufstieg geht es wieder abwärts, nun wieder trockener durch Rentierflechten hindurch. Links vor uns erhebt sich die Falkfangerhøgda, deren Name auf eine frühere aktive Vogelfangtätigkeit hinweist. Und wieder durchschreiten wir ein Feuchtgebiet und kommen dabei am See **Rundtjønna** 7 vorbei. All-

Die Schlackehalden in Femundshytta und Wegweiser auf dem Weg nach Jonasvollen.

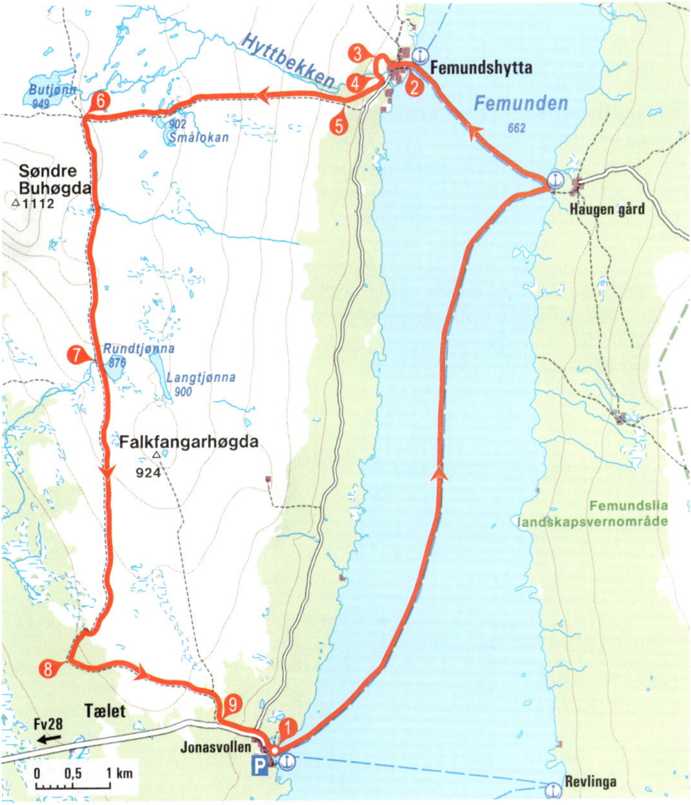

mählich breitet sich vor uns das Tal aus und der Wind weht die Geräusche der Zivilisation zu uns. Zwischen Mooren und Wäldern sind einzelne Farmen zu erkennen. Während es stetig abwärts geht, wird der Boden nochmals feuchter, bis wir in ein Gelände kommen, in dem immer mehr große Steine liegen. Auf unter 800 m Höhe gelangen wir zur Baumgrenze und der Birkenbewuchs beginnt. Knapp 1,5 km weiter biegt der Weg nach **links** 8 ab. Wir wandern nun durch Kiefernbestand und der Waldpfad hält auf den Sture-Svuku/Svahke zu. Eine letzte fast baumlose Anhöhe und wir schwenken nach rechts hin zur **Mautstraße** 9 nach Jonasvollen. Ein letzter Kilometer führt uns entlang der nicht asphaltierten Straße zurück zum Schiffsanleger in **Jonasvollen** 1.

↗ 50 m | ↘ 50 m | 1.9 km

44 Plaassja/Røros

0.40 h

Weltkulturerbe und Kupferbergbau

Nordwestlich des Femunden liegt Norwegens berühmteste Bergbaustadt – das Weltkulturerbe Røros. Nachdem im 17. Jahrhundert in der Region Kupfererz entdeckt worden war, begann eine über 300-jährige Ära intensiven Schürfens, Verhüttens und Abholzens. Zu einer Handvoll Waldbauern gesellten sich Bergarbeiter aus ganz Europa. Verschiedene Gewerke, Bauern und Institutionen ließen Røros zu einer typischen, 2000 Einwohner zählenden Bergbaustadt avancieren, die 1897 als dritte Stadt in Europa elektrischen Strom erhielt. 1977 legte das Røros Kupferwerk nach 333 Jahren seine Arbeit nieder. Mit seiner authentischen Holzbebauung, der Kirche, den Überresten der Bergbautätigkeit, wie der weithin sichtbaren Schlackehalde, und dem östlich der Stadt gelegenen Besucherbergwerk Olavsgruva zieht Røros seitdem viele Besucher in seinen Bann.

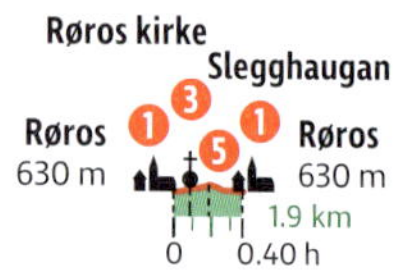

Ausgangspunkt: Plaassja/Røros, 630 m, zentraler Parkplatz an der Fv 30 (Johan Falkbergets vei).
Anforderungen: Leichter Spaziergang.
Infrastruktur: Unterkunft, Camping, Restaurant, Supermarkt und Tankstelle in Røros.
Tipps: 1. Das World Heritage Centre und Museum Smelthytta wartet mit einer hervorragenden Ausstellung über die Ära des Kupfererzabbaus auf (rorosmuseet.no). 2. 13 km nordöstlich von Røros lohnt sich die Besichtigung der Olavsgruva (rorosmuseet.no). 3. Für die Besichtigung des Museums und den Spaziergang durch das Städtchen sollte man genügend Zeit einplanen.
Karte: Turkart 1:100.000 Femunden.

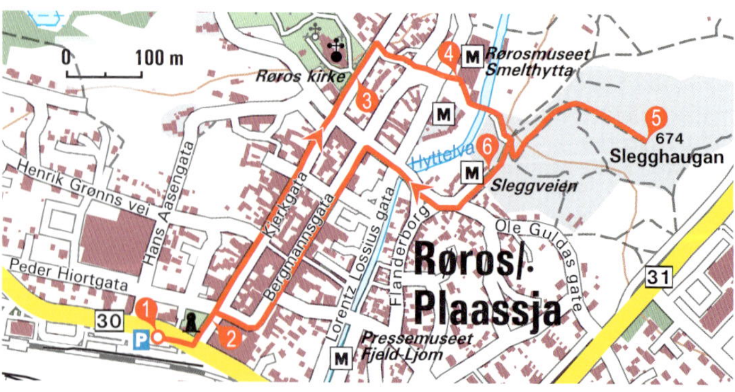

Vom Parkplatz in Plaassja/**Røros** 1 gehen wir zur östlich gelegenen Kjerkgata, in die wir einbiegen. Hier steht die **Statue »Bergmannen og hans hustru«** 2, zu Ehren all jener, die den Ort aufgebaut haben. Wir gehen entlang der Hauptachse des Ortes vorbei an Souvenirläden und Galerien sowie Cafés. Die Häuser gehörten einst der wohlhabenderen Bevölkerungsschicht. Wir gehen bis zur markanten oktogonalen **Røros kirke** 3, die einen Besuch lohnt. Kurz danach biegen wir nach rechts in ein kleines Verbindungsgässchen, das uns zur ehemaligen Schmelzhüttenanlage leitet, die heutzutage das **Rørosmuseet** 4 beherbergt. Die interessante Ausstellung gewährt Einblicke in die Komplexität der Bergbaustadt und ihre Lebens- und Arbeitsabläufe. Am Museum vorbei gelangen wir über den Fluss Hyttelva hinüber zur weithin sichtbaren Schlackehalde von Røros, dem **Slegghaugen** 5. Auf dem Weg zum höchsten Punkt erspürt man förmlich das entbehrungsreiche Leben vergangener Zeiten. Vom Slegghaugen wieder herabkommend gehen wir direkt in den **Sleggveien** 6 mit seinen ärmlichen Häusern und in einem Bogen wieder über die Hyttelva. Hier hat man nun die Möglichkeit, entweder entlang der Lorenz Lossius gata oder hinauf zur Bergmannsgata zu gehen. Am besten man kreuzt zwischen den Straßen hin und her, bis man sich satt gesehen hat an all der Authentizität des Ortes und wieder zum zentralen Parkplatz von Plaassja/**Røros** 1 gelangt.

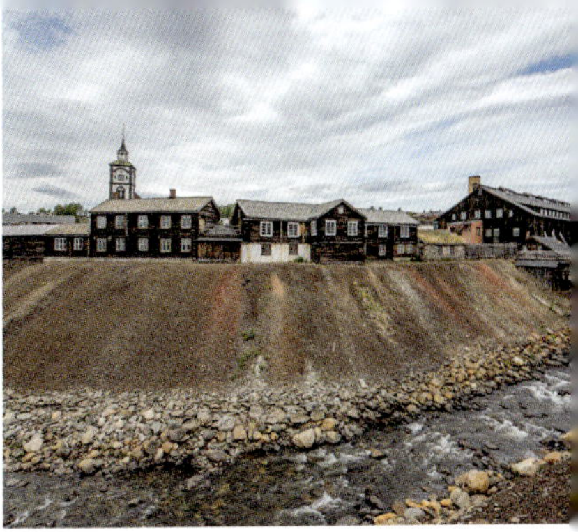

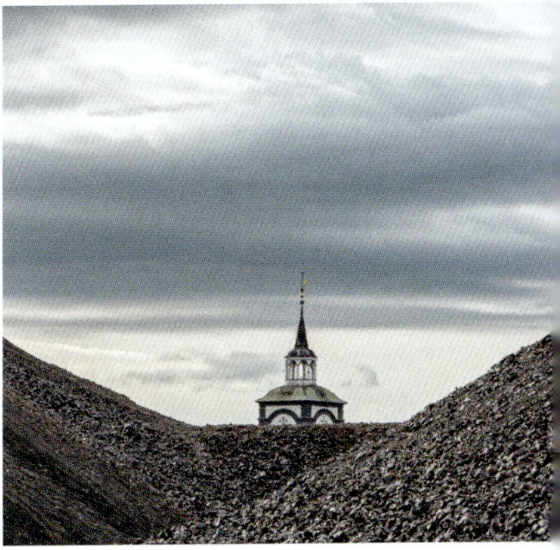

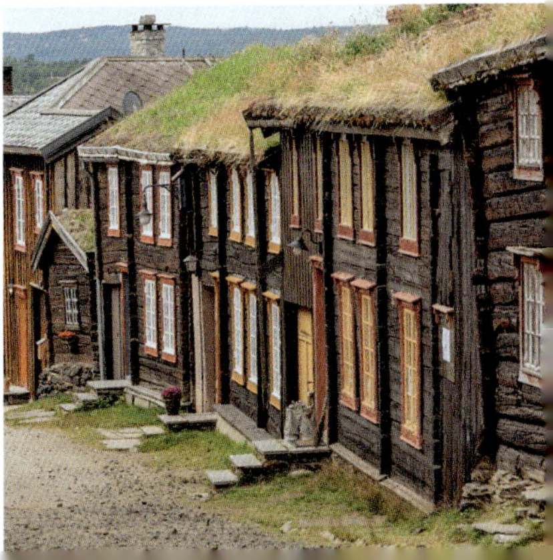

Stadtimpressionen.

↗ 600 m | ↘ 600 m | 16.3 km

45 Forollhogna, 1332 m

5.10 h

Pilgerweg, Almwirtschaft und Wildren-Lebensraum

Das Gebiet des Forollhogna nasjonalpark ist durch seine glaziale Landschaft geprägt: sanfte Bergkuppen, Moränen und Seen. Besiedelt wird der Park von einer der vielen Wildrenherden Norwegens, die im weitläufigen Gelände Platz für ihre Wanderungen hat.
Der namensgebende Gipfel fungierte im Mittelalter als Landmarke für die Pilgerer, die auf ihrem Weg zum Nidarosdom hier vorbeikamen. Bis heute wird im Gebiet der Forollhogna Almwirtschaft betrieben.

Ausgangspunkt: Vangrøftdalsveien, 841 m, Wanderparkplatz in der Gemeinde Os. Westlich von Os fährt man von der Fv 30 ab und folgt entweder der Ausschilderung Øvre Dalsbygda oder Dalsbygda, nach 8,5 bzw. 6,5 km folgt man der Ausschilderung Vangrøftdalsveien (mautpflichtig). Dieser folgt man 17,7 km bis zum Wanderparkplatz.
Anforderungen: In Abschnitten mit der Pilgermarkierung versehener Wiesen- und Bergpfad sowie im Almbereich Fahrweg. Auf der Forollhogna steinige Abschnitte.
Infrastruktur: Unterkunft, Camping, Restaurant, Supermarkt und Tankstelle in Os.
Hinweise: 1. Im Wandergebiet leben Wildrentiere. Verhalten Sie sich bitte rücksichtsvoll den Tieren gegenüber. Halten Sie Abstand, gehen Sie den Tieren nicht hinterher.
2. Respektieren Sie die Priavatsphäre der Almbewohner und ihrer Tiere.
Tipp: Das östlich von Os gelegene Røros sollte man nicht verpassen.
Karte: Norge-serien 1:50.000 Forollhogna.

Spellmovollen, zwischen Østerbekken und Sudda gelegen.

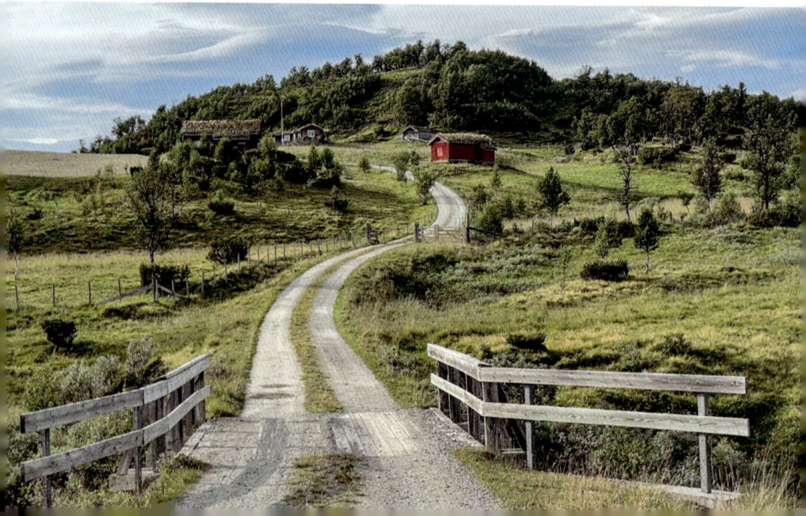

Vom **Wanderparkplatz ❶** geht es hinter einem Holzsteg bei den Informationstafeln und dem Picknicktisch nach links auf einen Waldpfad. Als Markierung dienen uns rot angemalte Kanthölzchen, die an Bäumen hängen. An der folgenden Weggabelung wenden wir uns, der Ausschilderung zum Pilegrimsleden (Pilgerweg) folgend, nach rechts. Der Pfad schlängelt sich schmal auf weichem Waldboden an Moorflächen und Weiden vorbei sowie durch lichten Birkenbewuchs mit kleinen Lichtungen. Ab und zu wird es morastig unter den Füßen. Immer wieder gehen Pfade von unserem Weg ab, die Markierung leitet uns jedoch sehr gut vorwärts.

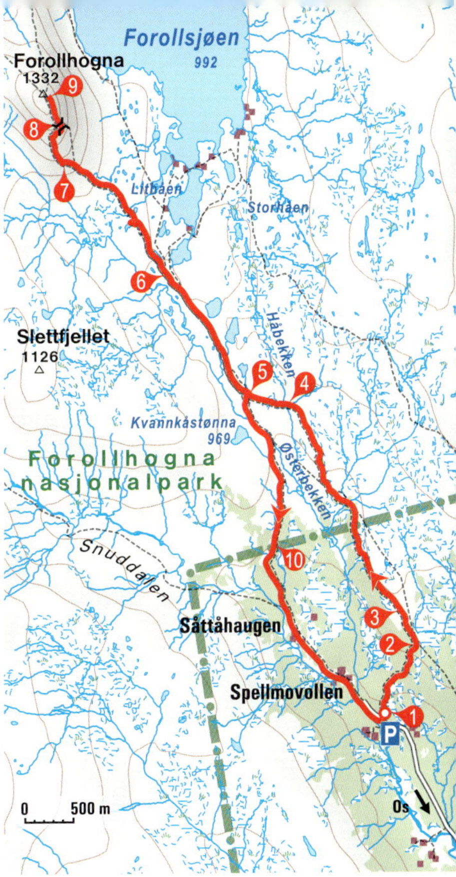

Nach wenigen hundert Metern können wir den in der Ferne herausragenden Gipfel der Forollhogna erblicken. Allmählich geht es sanft aufwärts. Nach gut 900 m stoßen wir auf den **Pilegrimsleden ❷**, dem wir nach links folgen. Über die nächsten Kilometer wird uns nun das offizielle Logo des Pilgerweges begleiten: die ineinander verschränkten Kreuze Olavskorset und Hanskorset. Ein kurzer Anstieg bringt uns zu einer **Anhöhe ❸**, einem schönen Aussichtsplatz mit turbok. Während wir in Richtung Süden und Westen auf Almen schauen, blicken wir im Norden auf die pyramidenförmige Forollhogna. Anschließend geht es wieder auf und ab durch teils bewaldetes Gelände und teils durch Zwergstrauchheide, eingebettet in eine zauberhafte Moränenlandschaft. Wir passieren die Grenze zum Forollhogna nasjonalpark und kommen zum Bach Hembekken, den wir problemlos auf Steinen überspringen. Am gegenüberliegenden Ufer entdecken wir eine ältere Pilegrimsleden-Markierung aus Metall. Wir wandern weiter durch eine mit Hügeln, Senken und kleinen Bachläufen durch-

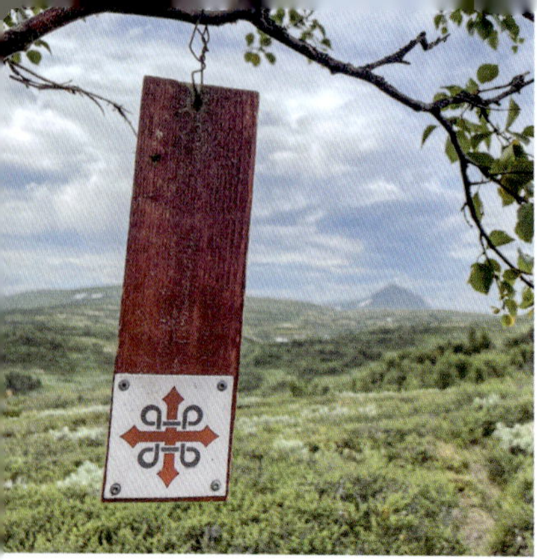

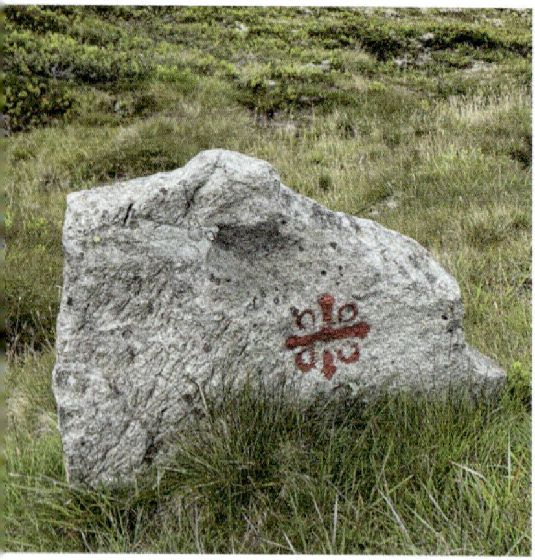

Auf dem Pilegrimsleden.

setzte Landschaft und überqueren den **Håbekken** 4. Danach wird die Wegfindung ein wenig schwierig. Von nun an müssen wir nach Steinen mit dem Pilegrims-Logo als Markierung Ausschau halten. Wir überqueren eine **Quadspur** 5, die uns bei unserem Rückweg zurück ins Tal führen wird und folgen weiter der Markierung durch die weite offene Landschaft. Links von uns hat sich das Flüsschen Østerbekken tief in das eiszeitliche Schiebematerial eingegraben. An der nächsten **Gabelung** 6 verabschieden wir uns vom Pilegrimsleden, der weiter entlang der Fahrspur in Richtung des vor uns liegenden Sees Forollsjøen strebt. Wir nehmen den linken ausgetretenen Pfad und steigen durch kupiertes Gelände aufwärts. Nach rechts erweitert sich der Blick über den Forollsjøen immer mehr. Bevor es zur Forollhogna steil hinauf geht, gelangen wir an ein großes ganzjähriges **Schneefeld** 7, welches wir je nach Schneeverhältnissen im unteren Ende überwinden können. Während wir in den westlichen Hang des Forollhogna-Massivs gelangen, wird der Weg steiler und steiniger. Unter uns streckt sich das Langeriksdalen von Nord nach Süd. Wir gelangen in einen breiten **Sattel** 8 zwischen Vor-und Hauptgipfel und blicken hinab in Richtung Osten auf den Forollsjøen. Vom Vorgipfel rechts von uns bietet sich ein unglaubliches Panorama nach Süden, über den Forollsjøen und die umliegende eiszeitlich geprägte Landschaft. Tief im Süden thront die markante Gråhøgda, 1543 m, bei Os. Die letzten Höhenmeter geht es steinig und felsig sowie steil weiter, bis wir den großen Steinturm auf dem Gipfel der **Forollhogna** 9 erreichen. Nördlich von uns befindet sich eine kleine naturwissenschaftliche Messstation. Von dort sieht man den deutlich ausgetretenen Pfad, der über den lang gestreckten nördlichen Rücken hinab nach Bakksætra im Tal der Bua führt.

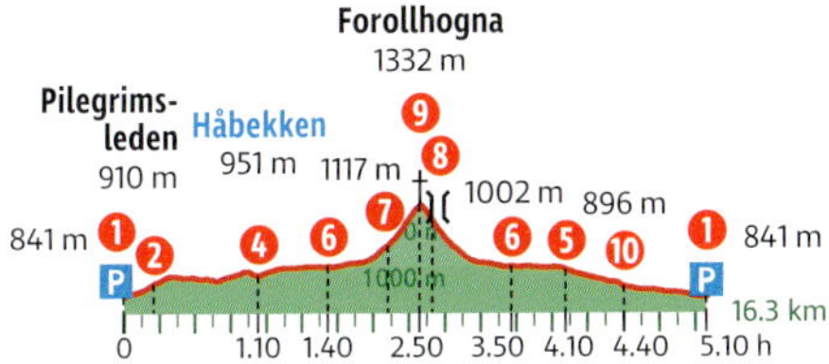

Für den Rückweg wählen wir zunächst denselben Pfad. An der **Quadspur** 5 biegen wir nach rechts ab und folgen dieser. Auf einem dicken Bohlenbrett überqueren wir den rauschenden Østerbekken, der sich danach eine kleine Schlucht gegraben hat. Langsam gelangen wir wieder in die Buschzone: Niedrige Birken und Wacholder dominieren das Gelände. Wir passieren die **Nationalparkgrenze** 10 und in dem lichten mit Büschen und Bäumen bewachsenen Gelände finden sich Spuren der Beweidung durch Rinder während des Almsommers. Unsere Quadspur geht in einen richtigen Schotter-Fahrweg über, auf dem wir an den wunderschönen Almen Såttåhaugen und Spellmovollen vorbeikommen. Letztere dient auch als Pilgerherberge und fügt sich wie in einem Bilderbuch in die Landschaft ein.
Nach gut 500 m sind wir zurück am **Wanderparkplatz** 1.

Entlang von Feuchtwiesen geht es in Richtung Gipfel.

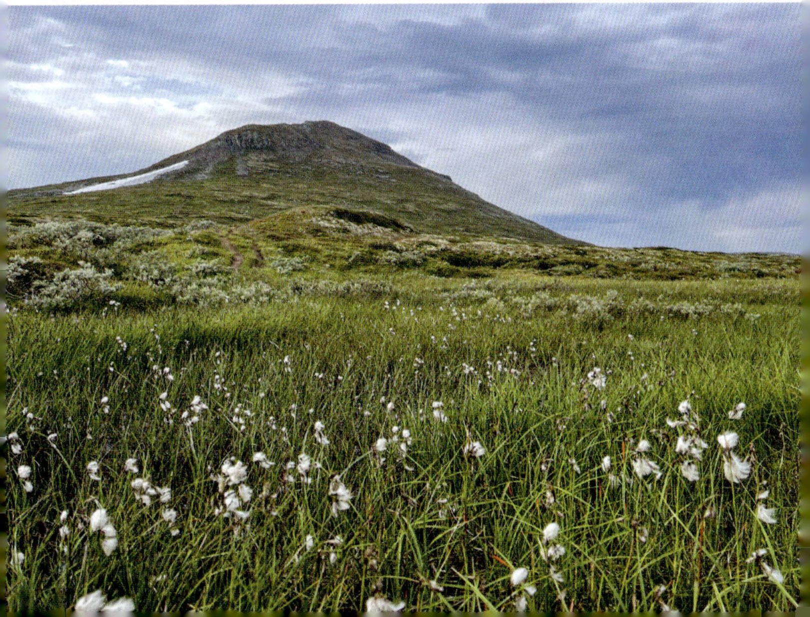

↗ 490 m | ↘ 490 m | 9.5 km

46 Stororkelhøa, 1524 m

3.30 h

Rentierflechte soweit das Auge schaut

Die Stororkelhøa bei Oppdal ist ein aussichtsreicher Quarzitrücken im seenreichen Quellgebiet der Orkla. Der größte Fluss im südlichen Trøndelag mündet nach 182 km in den Trondheimsfjorden.

Ausgangspunkt: Orkelsjøen, 1061 m, Wanderparkplatz in der Gemeinde Oppdal. In Oppdal von der E 6 17,4 km der Ausschilderung Orkelsjøen (mautpflichtiger Orkelsjøvegen) folgen.
Anforderungen: Leicht zu begehender Pfad, steiler Anstieg im oberen Bereich.
Infrastruktur: Unterkunft, Camping, Restaurant, Supermarkt und Tankstelle in Oppdal.

Tipps: 1. Bei weniger optimalen Witterungsbedingungen kann man eine kurze Wanderung um den See mit einem Abstecher auf die Falkhøa nordöstlich des Sees unternehmen (Orkelsjøen rundt).
2. Lohnenswert ist auch eine Moutainbiketour in südlicher Richtung durch das Unndalen zum 11 km entfernten Unndalsvatnet.
Karte: Topo 3000 1:50 000 Dovrefjell øst.

Unser **Wanderparkplatz ❶** liegt oberhalb der Baumgrenze am Orkelsjøen im Quellgebiet der Orkla. Das Gelände ist übersät mit Almwegen, ehemaligen Almsiedlungen und Dutzenden Ferienhäusern sowie kleinsten Seen und Mooren. In östlicher Sichtlinie erhebt sich unser Ziel, die Stororkelhøa. Wir wandern zunächst auf dem Fahrweg in Richtung Seeausfluss am südlichen Ende des Orkelsjøen und kommen dabei an den kleinen Seen Masingtjønna und Langtjønna vorbei. Kurz nach dem Ausfluss entfernt sich unser Weg vom Orkelsjøen. An der bald darauf folgenden **Wegverzweigung ❷** folgen wir der rechten Spur. Wir umgehen in einem großen Bogen ein größeres Moor, bevor der Weg wieder auf die Stororkelhøa zuhält.
Auffällig sind neben der weiten Aussicht die Farben: Weite Flächen des Geländes sind von weißen Rentierflechten bedeckt, Landkartenflechten zaubern auf die Steinblöcke Farbteppiche aus Weiß, Gold und Grau. Im

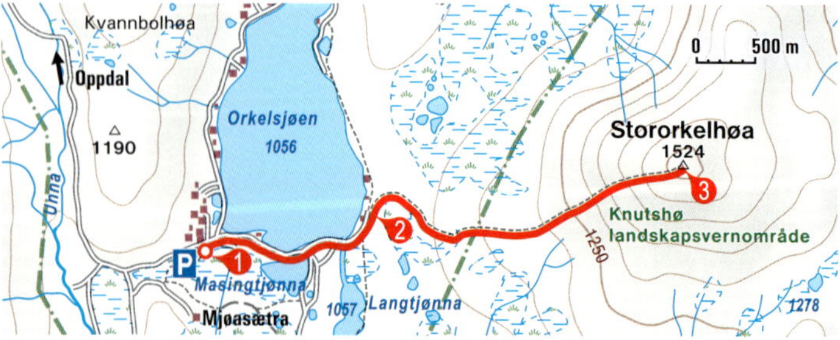

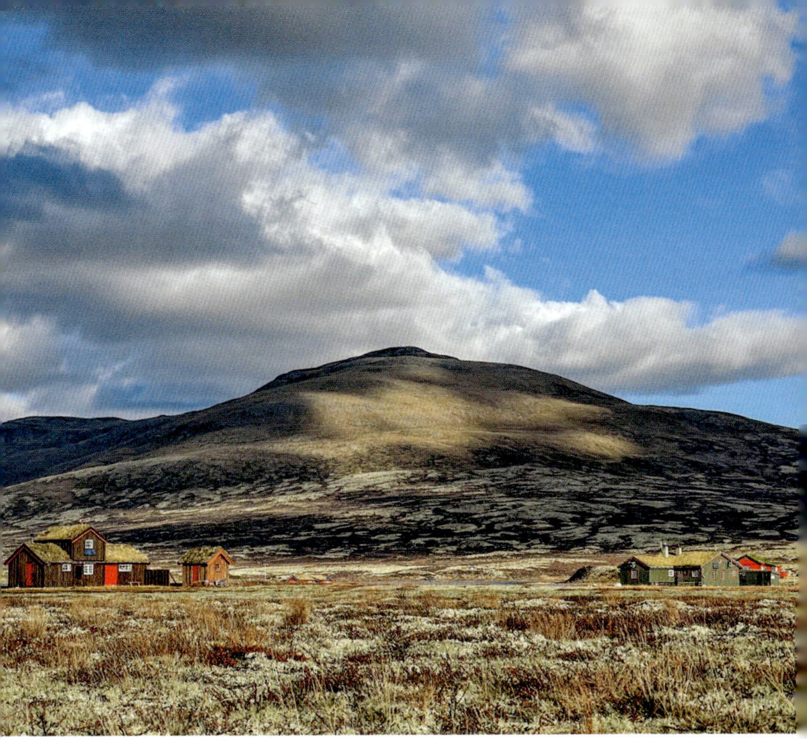

Besonders im Herbst eine Augenweide – die Stororkelhøa.

Pflanzenkleid dominieren Wacholder, niedrige Lapplandweiden, Zwergbirken und Krähenbeerensträucher. Zuletzt wird das Gelände etwas steiler, dann ist der aussichtsreiche Gipfel der **Stororkelhøa** ❸ erreicht.

Westwärts fällt der Blick zur Snøhetta, der höchsten Erhebung des Dovrefjells, im Nordwesten ragen die Bergspitzen des Trollheimen auf. Die Stororkelhøa erhebt sich im Quellgebiet der Orkla zwischen dem Orkelsjøen westlich und dem Vesle Orkelsjøen östlich des Berges. Das Wasser aus den beiden Seen fließt zunächst südwärts, ehe das Tal nach wenigen Kilometern ostwärts schwingt, dort erreicht es die Waldzone und fließt nordwärts dem Trondheimsfjorden zu.

Der Abstieg folgt derselben aussichtsreichen Route zum **Wanderparkplatz** ❶.

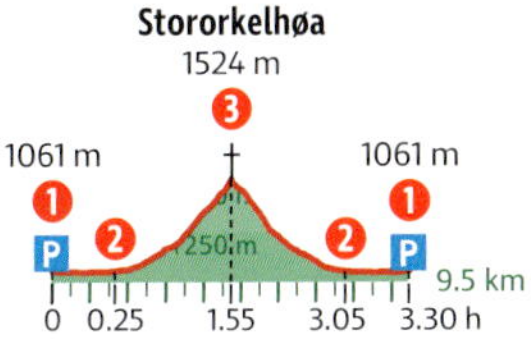

TOP

47

Gilså – Ramsjøhytta – Schulzhytta

↗ 1400 m | ↘ 1400 m | 53.7 km

3 Tage

Drei Tage durch das Fjell des Skarvan og Roltdalen nasjonalpark

Die Fjellgebiete des Skarvan og Roltdalen nasjonalpark erheben sich im südöstlichen Trøndelag mit dem Fongen/Lopmesvaerie (1441 m) als höchstem Berg. Namensgeber sind die Bergkette Skarvan/Tjohkeleh, die im Storskarven (1171 m) gipfelt, sowie das Roltdalen, das größte straßenlose Wald- und Almtal im südlichen Trøndelag. Der Park wurde 2004 zum Schutz der Wildtiere, der ausgedehnten alten Nadelwälder, der großen Moorflächen sowie der lebendigen Sami-Kultur mit ihrer Rentierhaltung gegründet. Trotz der vom menschlichen Einfluss nicht komplett verschont gebliebenen Areale sind die geschützten Gebiete weitgehend frei von menschlichen Bauaktivitäten und der damit zusammenhängenden Infrastruktur geblieben. Der den Wild- und Rentieren zugutekommende Schutz birgt jedoch neue Gefahren: die sich ausweitende Beliebtheit der Region bei Wanderern.

Ausgangspunkt: Gilså, 527 m, Wanderparkplatz an der alten Schmelzhütte in der Gemeinde Meråker. Von der E 14 in Meråker auf die Fv 6770 abbiegen, 12 km bis Stordalsvollen, danach rechts auf die Fv 6774 Richtung Rotvoll und nach 1,7 km nach rechts auf einen schmalen Fahrweg nach Gilså abbiegen.
Anforderungen: Fjellpfade, die festes Schuhwerk und Trittsicherheit verlangen, morastige Abschnitte, Flussfurtungen, die bei starkem Regen erschwert sein können.
Infrastruktur: Bjørneggen/Biernerånhtjoe, ganzjährig geöffnete verproviantierte DNT-Selbstversorgerhütte mit 38 Betten. Ramsjøhytta, ganzjährig geöffnete verproviantierte DNT-Selbstversorgerhütte mit 34 Betten. Schulzhytta, saisonal bewirtschaftete DNT-Herberge mit 30 Betten (außerhalb der Saison Selbstversorgerhütte mit 36 Betten). Unterkunft, Restaurant, Supermarkt und Tankstelle in Meråker.
Hinweise: 1. Von der DNT-Hütte Bjørneggen bestand ein direkter Wanderweg in Richtung Wegverzweigung ❷. Dieser ist momentan nicht begehbar, daher wird Gilså als Ausgangspunkt gewählt. 2. Das gesamte Wandergebiet ist Weidegebiet (domestizierter) Rentiere. Bitte verhalten Sie sich respektvoll den Tieren und den mit den Tieren arbeitenden Menschen, den Sami, gegenüber. Verhalten Sie sich bitte ruhig und nähern Sie sich nicht den Tieren. Respektieren Sie die Umzäunungen und die Privatsphäre der Sami.
Karte: Topo 3000 1:50.000 Sylan nord.

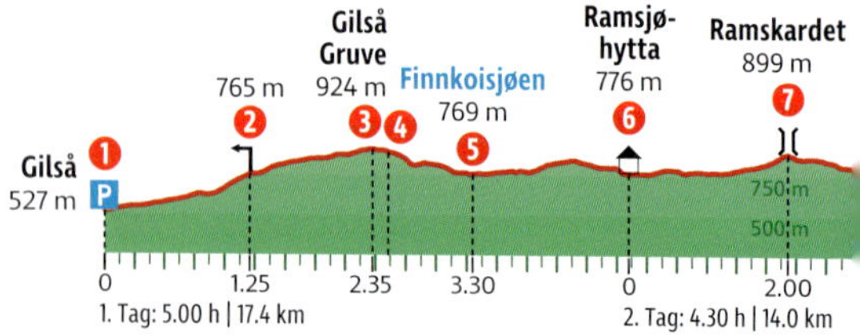

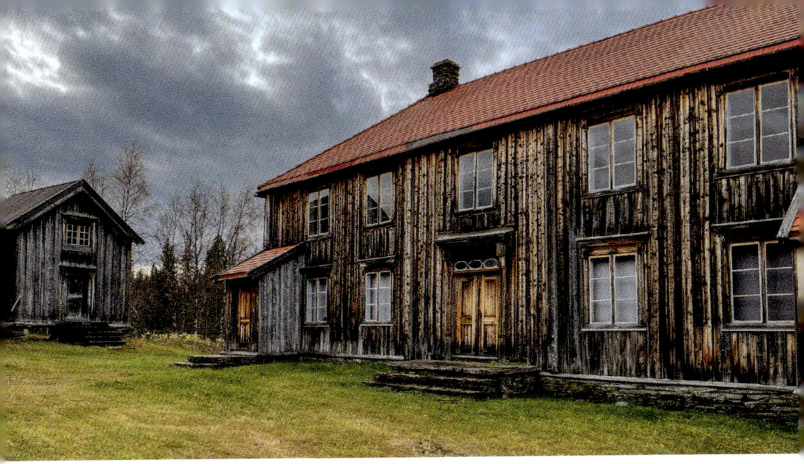

Das Anwesen des Grubenverwalters von Gilså.

1. Tag: Wir starten unsere Wanderung in **Gilså** ❶, wo sich früher die alte Schmelzhütte der Kupfergruben befand. Ein großes herrschaftliches Gebäude sowie zwei Stabbur (Speicher), ein Stall und Informationstafeln erzählen aus den Jahrhunderten des Kupferabbaus in der Region.
Wir folgen dem Fahrweg links neben dem Anwesen, überqueren auf einer Brücke den tosenden und über Steine sprudelnden Fluss Gilsåa und gelangen so zu einem kleinen Wendeplatz und einer Hütte. Geradeaus weiter führt ein schmaler Fahrweg, der alte Grubenweg, den wir einschlagen. Heutzutage wird er von den Sami mit dem Quad genutzt. Wir passieren große Moorflächen mit lichtem Baumbewuchs sowie die alte Wegverzweigung nach Bjørneggen. Der Fahrweg bringt uns ansteigend weiter durch die weiten Moorflächen und im Hang hinauf bis zu einer **Wegverzweigung** ❷. Vor uns liegt der breite Rücken des Gruvfjellet und die darunterliegende ehemalige Erzgrube Litjfjellgruva. Der Pfad geradeaus führt ansteigend zur Grube und weiter bis zur Schulzhytta – dies wird unser Rückweg sein. Wir biegen hier nach links Richtung Ramsjøhytta ab. Der Weg ist nun nur noch eine einfache Quadspur. Rasch gelangen wir zum Fluss Litjelva, des-

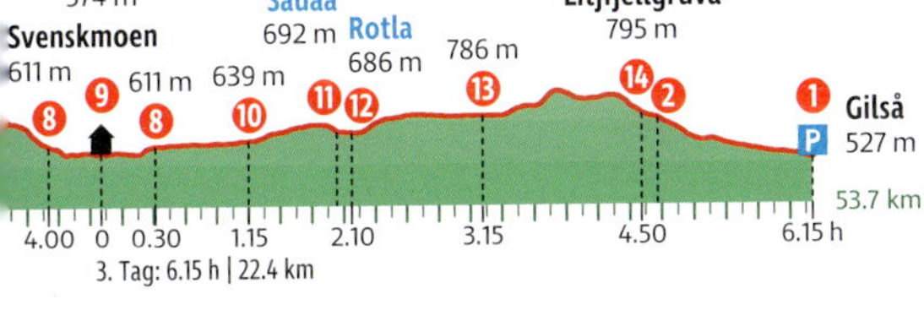

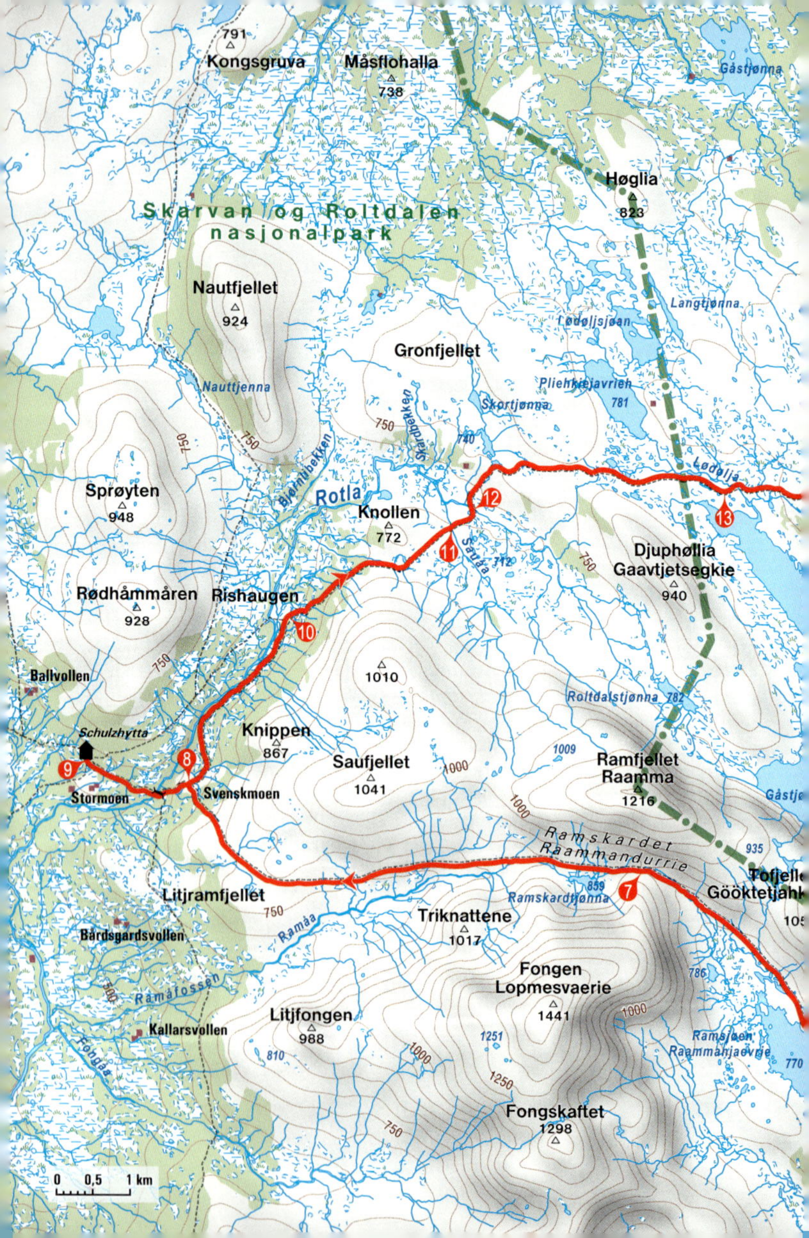

791
Kongsgruva
Måsflohalla
738
Gåstjønna
Høglia
823
Skarvan og Roltdalen
nasjonalpark
Nautfjellet
924
Langtjønna
Lødøljsjøan
Gronfjellet
Nauttjenna
Pliehkiejavrieh
781
Skortjønna
750
750
750
740
Bjørnlibekken
Skardbekken
Lødølja
Sprøyten
948
Rotla
Knollen
772
12
13
11
Sauåa
712
Djuphøllia
Gaavtjetsegkie
940
750
Rødhåmmåren
928
Rishaugen
10
1010
750
Ballvollen
Roltdalstjønna 782
Schulzhytta
Knippen
867
1009
9
8
Saufjellet
1041
1000
Ramfjellet
Raamma
1216
Stormoen
Svenskmoen
1000
Gåstjø
Ramskardet
Raammandurrie
935
Tofjelle
Gööktetjahk
859
7
Litjramfjellet
750
Ramskardtjønna
Ramåa
Triknattene
1017
Bårdsgardsvollen
Fongen
Lopmesvaerie
786
Ramåfossen
500
1441
1000
Kallarsvollen
Litjfongen
988
1251
Ramsjøen
Raammanjaevrie
Fongåa
810
1000
770
1250
750
Fongskaftet
1298
0 0,5 1 km

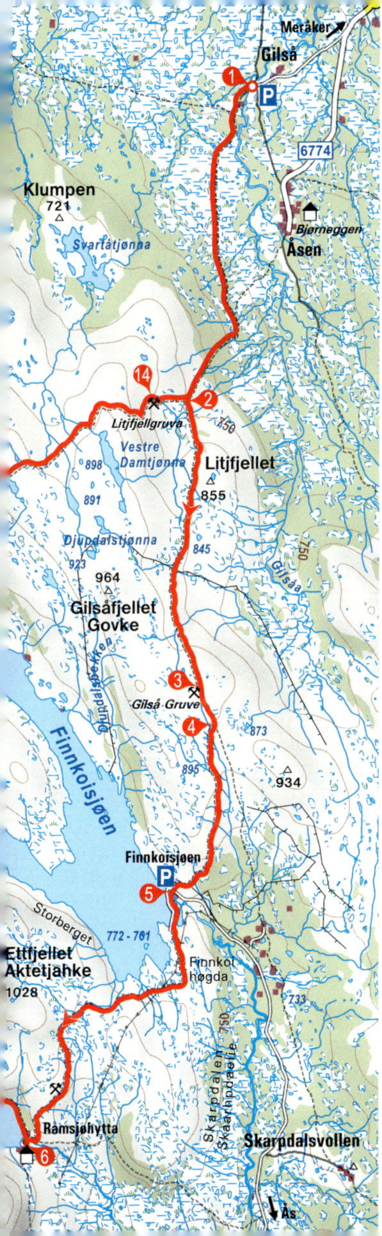

sen flaches steiniges Flussbett wir furten. Wir steigen ein Tal hinauf, rechts neben uns erstreckt sich ein langer flacher Rücken, links vor uns liegt die niedrige Anhöhe Litjfjellet. Weiter ansteigend geht es durch mooriges, terassenförmig gestuftes Gelände, immer wieder finden sich Metallteile aus der Zeit des Bergbaus am Wegesrand. In der Entfernung sehen wir einen quer verlaufenden Rentierzaun, den wir passieren müssen. Wir halten auf eine kleine markante Anhöhe zu, ein kurzer Anstieg, der Weg führt uns rechts unterhalb der Anhöhe vorbei und vor uns liegt die flache Abraumhalde des ehemaligen Bergwerks **Gilså Gruve 3**. In der Mitte der großen Halde befindet sich das mit Wasser gefüllte Grubenloch (mit Zaun gesichert). Verschiedene Mauerreste von ehemaligen Gebäuden sind noch vorhanden, ebenso liegen diverse Metallteile herum. Markant schaut auf der rechten Seite das Massiv des Fongen/Lopmesvaerie, 1441 m, hervor. Geradeaus geht es auf der Quadspur über das Grubengelände weiter. Der Blick öffnet sich in das vor uns liegende Tal Sånkadalen und auf die dahinter liegenden Berge mit dem markanten Øfjellet, 1251 m, sowie dem Sylan/Bealjehkh-Massiv an der norwegisch-schwedischen Grenze. Nach 500 m zweigt unser Weg nach **rechts ab 4** (die markante Quadspur verläuft geradeaus weiter). Schilder und bemalte Steine machen auf den Abzweig aufmerksam. Ab jetzt ist es nur noch ein schmaler Pfad, der vor allem zu Beginn in dem kargen Gelände nicht gut sichtbar ist, rote »Ts«

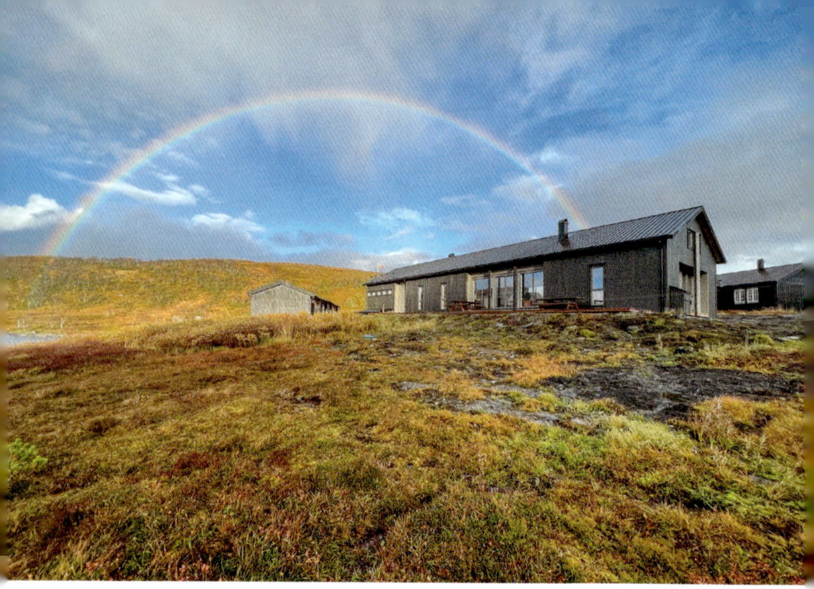

Die Ramsjøhytta am See Ramsjøen/Raammanjaevrie.

auf Steinen weisen uns den Weg. Auf der rechten Talseite haltend, steigt der Pfad langsam hinab, bleibt jedoch relativ weit oberhalb der Talsohle. Das karge Terrain weicht mittlerweile grasigem Zwergstrauchgelände.
Vor uns im Tal sind die ersten Hütten zu sehen und dahinter thront prominent das Øfjellet. Nach einer Weile fällt der Blick auf ein großes flaches Gelände (Rentier-Corral). Kurz danach schwenkt der Pfad nach rechts und gibt den Blick frei auf das südöstliche Ende des sich von Nord nach Süd über 7 km lang streckenden Sees Finnkoisjøen mit seiner steinernen Staumauer. Eine Schotterstraße führt bis an den Staudamm heran, mehrere Hütten und Garagen befinden sich in der Umgebung. Wir gelangen an das sandig-steinige Ufer des **Finnkoisjøen** 5, wenden uns nach links und gehen über den Überlauf des ersten Dammes und danach über die Krone des großen Natursteindammes.
Auf dem folgenden Pfad geht es entlang der südlichsten Buchten des Sees, zunächst noch relativ eben, später im hügelig-moorigen Gelände aufwärts. Vor uns liegen drei Bergrücken, der Wanderweg hält zunächst auf den mittleren Berg zu, schwingt dann vor der Geartanuelie, 951 m, nach links. Der Blick öffnet sich Richtung Süden auf das Sylan/Bealjehkh-Massiv und das vor uns liegende Tal des Flusses Lødølja. Rechter Hand erstreckt sich ein flacher Bergrücken, hier war von 1836–1841 die Ramfjellgruva in Betrieb und es wurde nach kupferhaltigem Kies gegraben. Wir wandern um die

felsige südöstliche Abbruchkante des Bergrückens, schwingen nach rechts in ein sehr kurzes und kleines Tal, gelangen in den Sattel und stehen im steilen Hang der links von uns liegenden Anhöhe Pt. 826. Unter uns liegt der See Ramsjøen/Raammanjaevrie und dahinter der höchste Berg des Skarvan og Roltdalen nasjonalpark, der Fongen/Lopmesvaerie, 1441 m. Der Pfad führt im steilen Hang weit oberhalb des Sees entlang, durch die Birken lassen sich die ersten Blicke auf das Ensemble der Ramsjøhytte erhaschen. Wir steigen hinab zum Austritt der Ramsjøelva/Raammanjohke aus dem See, überqueren diesen mit einer Brücke und gelangen dann hinauf zur 2022 neu errichteten **Ramsjøhytta** 6. Durch die großen Panoramafenster der modern gestalteten Hütte geniessen wir einen fantastischen Ausblick über den See bis hinüber auf den Fongen. Die Ramsjøhytta ist ein populärer Ausgangspunkt für Wanderungen auf diesen Berg.

2. Tag: Am nächsten Tag gehen wir zurück zur Brücke, überqueren den beginnenden Fluss und wandern am östlichen Ufer des Ramsjøen/Raammanjaevrie entlang, wobei wir auch den Skarvan og Roltdalen nasjonalpark betreten. Zu Beginn helfen uns Holzplanken und Steinplatten bei den schlammigsten Passagen, aber immer wieder sind morastige Abschnitte zu überqueren. Vor allem nach starken Regenfällen ist dies mühsam. Gehen wir zunächst noch recht ufernah, so verläuft der Weg später weiter oberhalb im Gelände. Am Seeende strebt der Pfad Richtung Hochtal und zum Sattel Ramskardet/Raammandurrie. Das Gebiet ist mit Zwergstrauchheide bewachsen, links unter uns liegt eine kupierte Moränenlandschaft mit klei-

Der Weg zum Sattel Ramskardet/Raammandurrie.

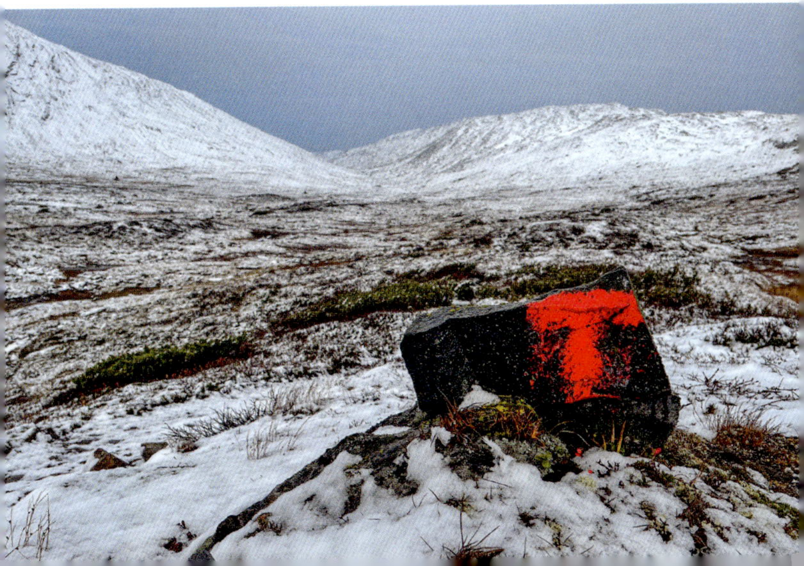

nen Tümpeln und Bächen. Auch wir kreuzen viele Bächlein und morastige Stellen, wobei die Furtungen bei normalem Wasserstand kein Problem darstellen. Die letzten Höhenmeter zum Sattel zwischen den Gipfeln Fongen/ Lopmesvaerie und Ramfjellet/Raamma hinauf werden steiniger und rauer. Neben uns verlaufen die Stangen der Wintermarkierung, Steinmänner weisen uns den Weg durch die felsige Landschaft. Schlussendlich kommen wir in den Sattel **Ramskardet/ Raammandurrie** 7. Vor uns öffnet sich der Blick in das breite Tal mit dem lang gestreckten Bergsee Ramskardtjønna. Von hier aus besteht die Möglichkeit, den Gipfel des Fongen/Lopmesvaerie zu besteigen.

Unser Weiterweg führt uns das Tal der aus dem Ramskardtjønna entwässernden Ramåa hinab. Es ist steinig und feucht und wieder sind herabströmende Bäche zu queren. Wandern wir zunächst noch nahe am Flüsschen entlang, so schneidet sich dieses, je mehr sich das Tal weitet, immer stärker in das Gelände ein. Unser Pfad hingegen verläuft relativ konstant auf der gleichen Höhe der rechten Talseite.

Nach der Markierung der Weghälfte zwischen den zwei Übernachtungshütten (Schild) verläuft der Pfad gemütlich durch niedrige Zwergstrauchheide. Immer wieder steigen wir über karge Geröll- und Kiesrücken aus Gletscherschiebematerial, die von den herabfließenden Bächen durchschnitten werden. Nach der Überquerung eines kleinen markanten Baches, der Richtung Ramåa hinabstürzt, wird der Weg wieder morastiger und erster Birkenbewuchs tritt auf. Wir befinden uns unter dem steinigen Rücken

Im Tal der Ramåa mit Blick auf den Litjfongen.

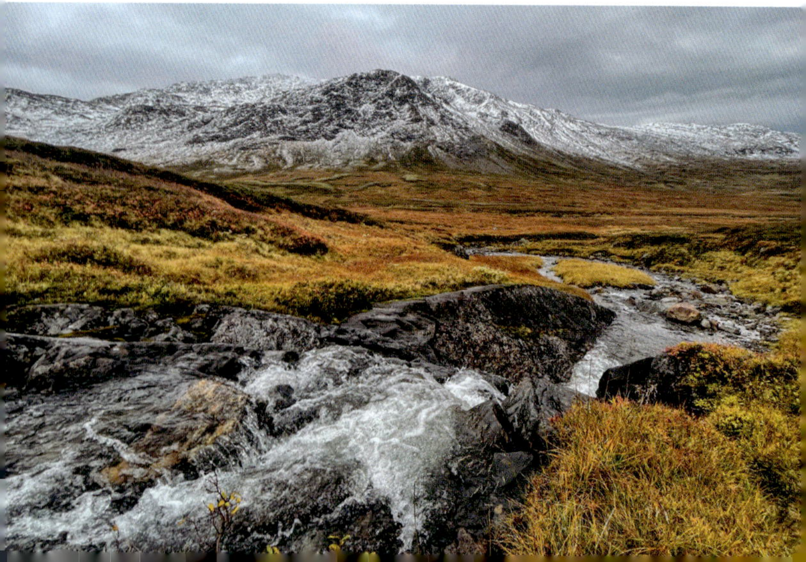

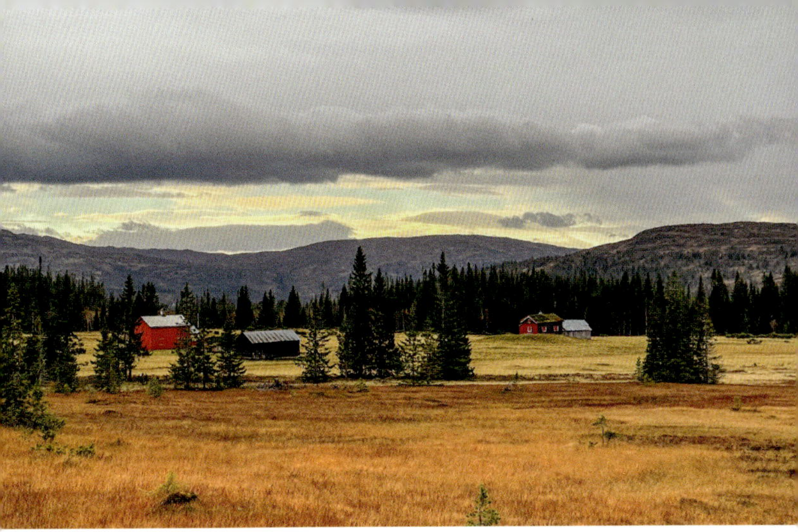

Die Alm Stormoen unterhalb der Schulzhytta.

des Berges Saufjellet (rechts über uns) und umgehen dessen Ausläufer. Vor uns liegt links die kleine Erhebung Litjramfjellet, unser Weg steigt leicht an und führt uns zwischen dieser und dem Ausläufer des Saufjellet hindurch. Vor uns liegt die felsige Kuppe des Svenskmoknippen, die wir rechts passieren, dahinter erstreckt sich das Tal der Rotla und der moorige von Fichten bewachsene Hang des Rødhåmmåren.

Steinig, aber auch morastig steigen wir in ein von Schneelasten gebeugtes Birkenwäldchen hinab. Vor uns öffnet sich das Tal der Rotla, der Beginn des späteren Roltdalen, und mitten im Fichtenwald können wir die Weideflächen und Gebäude der Almen Stormoen und Svenskmoen ausmachen.

Inmitten der großen Weideflächen von **Svenskmoen** 8 kommen wir zu einer Wegverzweigung, an der wir nach links in die Schlucht der Rotla hinabsteigen und diese auf einer Brücke überqueren. Zunächst durch Fichtenwald und anschließend über Plankenstege gelangen wir am Rand einer Moorfläche zur auf einer kleinen Anhöhe gelegenen **Schulzhytta** 9.

3. Tag: Am nächsten Tag geht es zurück bis zur Weggabelung auf der Alm **Svenskmoen** 8. Hier wenden wir uns nach links und wandern durch eine offene und feuchte Busch- und Baumlandschaft, die markante Felsnase des Knippen, 867 m, vor uns. Unser Weg führt uns durch ausgedehnte, zum Teil mit Planken versehene Moorareale und glazial geprägtes Gelände im Tal der Rotla entlang. Birken säumen den Pfad, immer wieder müssen wir Bäche queren, an einem größeren Bach ist eine Furtung nötig, bei höherem Wasserstand ist dies im tieferen Bereich sinnvoll.

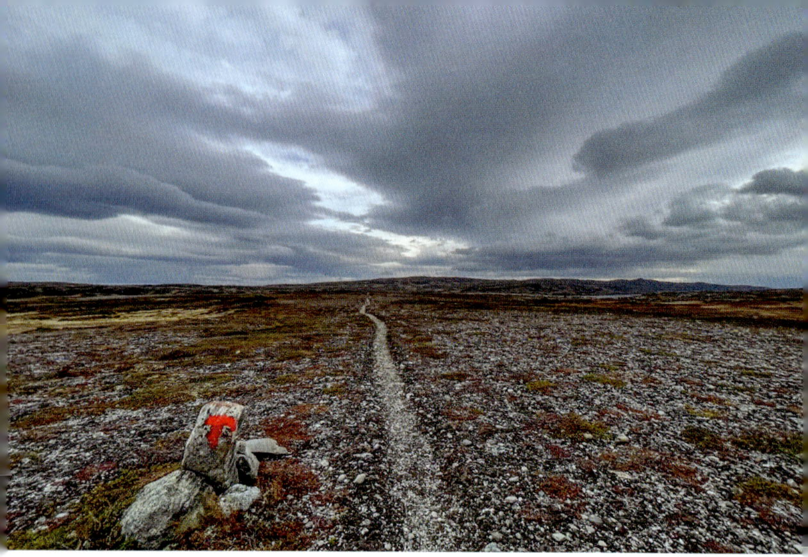

Glazial geprägte Landschaft: Pfad auf einem Oser.

Wir nähern uns der Rotla, die links unter uns durch eine kleine Schlucht rauscht. Danach weitet sich das Flusstal der Rotla. In der Entfernung sehen wir einen kleinen baumbewachsenen Hügel – den Rishaugen, 658 m, und immer deutlicher kommt das dahinterliegende Massiv des Nautfjellet, 954 m, zum Vorschein.

Auf der Höhe des Rishaugen gelangen wir an eine **Wegverzweigung** ⑩. Hier biegen wir nach rechts ab und überqueren die vor uns liegende große Moorfläche relativ problemlos. Der Weg steigt nun in den nördlichen auslaufenden Hang des Saufjellet, 1041 m. In wellig-morastigem Gelände mit lichtem Birkenbewuchs entfernen wir uns vorerst vom Fluss und gelangen in ein großes offenes Hochtal, das Quellgebiet der Rotla. In südlicher Richtung dominieren der breite Rücken des Ramfjellet/Raamma und rechts dahinter das Massiv des Fongen/Lopmesvaerie. Auch hier müssen wir große morastige Flächen passieren.

Langsam steigen wir in das große Hochtal hinab. Hier erwartet uns eine erste Furtung durch den Fluss **Sauåa** ⑪ und kurz danach durch die **Rotla** ⑫. Anschließend steigen wir im felsig-gestuften mit Zwergstrauchheide bewachsenen Gelände aufwärts, passieren einen links von uns liegenden kleinen See, während sich rechts der lange Rücken der Djuphøllia/Gaavtjetsegkie, 941 m, zeigt. Auf einer großen Ebene umgehen wir diese und erblicken vor uns in der Entfernung den langen Rücken des Gruvfjellet und des Gilsåfjellet/Govke. Beim Passieren einer großen nassen Moorfläche hel-

fen uns einige Trittsteine. Danach wandern wir eben ein Stück auf einem sich über mehrere Hundert Meter erstreckenden Oser. Wir verlassen den Skarvan og Roltdalen nasjonalpark, gehen relativ schnurgerade und bewundern die glazialen Landschaftsformationen. In der Ferne blicken wir auf das Massiv des Sylan/Bealjehkh.
Der markierte Weg führt uns von dem Oser hinab nach **links** 13 und in Richtung des gegenüberliegenden Bergrückens. Nach kurzer Zeit kommen wir an einen breiteren namenlosen Bach, der weiter rechts unten in den Stausee fließt. Bei nicht zu hohem Wasserstand ist es möglich, den Bach hier zu überqueren, ansonsten hat man eine weitere Chance ca. 50 m bachaufwärts an einem kleinen Wasserfall. Wir steigen weiter leicht abwärts, bis wir im Gegenhang wieder aufsteigen müssen, Ziel ist der varden auf der gegenüberliegenden Bergseite. Im Rückblick dominiert deutlich das Ramfjellet/Raamma und dahinter der Gipfel des Fongen/Lopmesvaerie. Vor uns liegt jetzt eine raue mit Fels durchsetzte Landschaft, der nördliche Ausläufer des Gilsåfjellet/Grovke. Nach dem Durchqueren einer Senke passieren wir eine rechts von uns liegende Felswand. Weit können wir in die vor uns liegenden Talflächen hineinblicken. Wir steigen langsam im Hang hinab und gelangen zu den Fundamenten und Abraumhalden der ehemaligen Kupfergrube **Litjfjellgruva** 14. Ein paar Meter hinabgestiegen, stehen wir mittendrin: alte Gebäude, ein Stollen, aus dem kupferrot-gelbliches Wasser fließt, alte verrostete Loren und andere Gegenstände befinden sich verteilt in der Umgebung. Am Ende der Grube beginnt ein Quadweg, der uns geradeaus über die **Wegverzweigung** 2 und schlussendlich zum Ausgangspunkt unserer Tour in **Gilså** 1 führt.

Historische Zeugnisse der Litjfjellgruva.

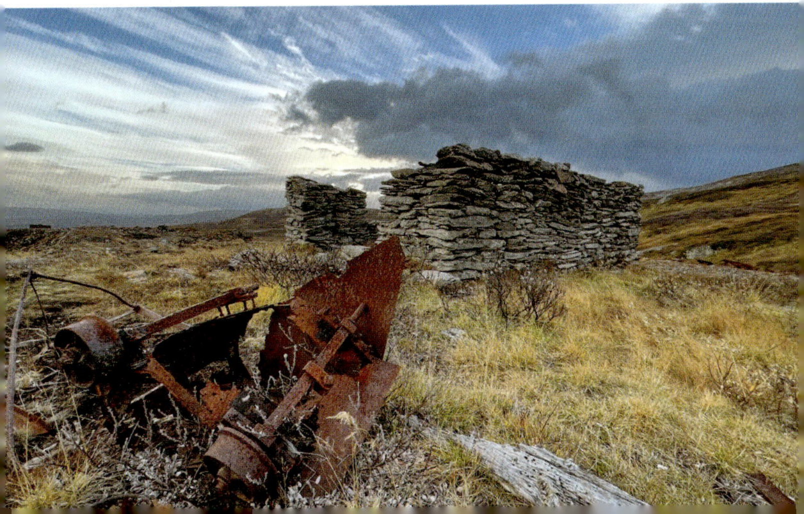

↗ 240 m | ↘ 240 m | 4.6 km

1.30 h

48 Mannfjellgruva, 588 m

Auf Entdeckertour am Fuße des Mannfjellet/Kraeviesgealta

Das von 1713 bis 1895 aktive Bergbauunternehmen Selbo Kobberverk unterhielt in der Kommune Meråker mehrere Kupfergruben, deren Zeugnisse noch heute zu besichtigen sind. Neben den Überresten von Bergbausiedlungen und Abraumhalden ist die Mannfjellgruva eine der wenigen direkt zugänglichen ehemaligen Kupfergruben. Sie liegt am Rande des Skarvan og Roltdalen nasjonalpark, der wandernd von verschiedenen Seiten her erschlossen werden kann. Von der Mannfjellgruva aus führt ein markierter Pad auf das Fonnfjellet hinauf, das einen weiten Rundblick bis zum Trondheimsfjorden und nach Schweden hinein bietet.

Ausgangspunkt: Mannlibekken, 345 m, Parkplatz an der Straße Torsbjørkveien im Süden der Gemeinde Meråker. 49 km östlich von Stjørdal in Meråker von der E 14 abfahren und 7,6 km der Ausschilderung Mannseterbakken folgen.
Anforderungen: Ausgeschilderte, markierte und ausgetretene Pfade, große moorige Abschnitte, festes Schuhwerk erforderlich, Stirnlampe für den Stollenbesuch notwendig.
Infrastruktur: Unterkunft, Restaurant, Supermarkt und Tankstelle in Meråker.
Hinweis: Das Betreten der Grube erfolgt auf eigene Gefahr!

Tipp: Zum Museumskomplex von Meråker gehören neben dem Bygdemuseet in Pulden das herrschaftliche Haus Hytteskrivergården in Gilså und das Industrimuseet im alten Wasserkraftwerk in Kopperå.
Karte: Topo 3000 Sylan nord 1:50.000.

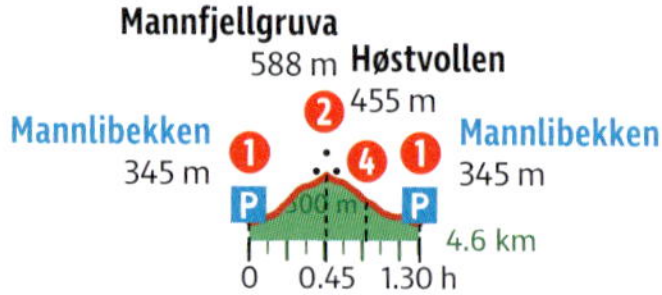

Hinterlassenschaften der Grubenaktivitäten.

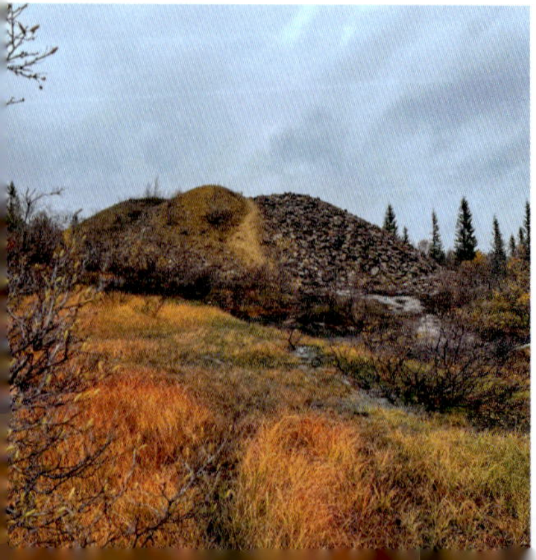

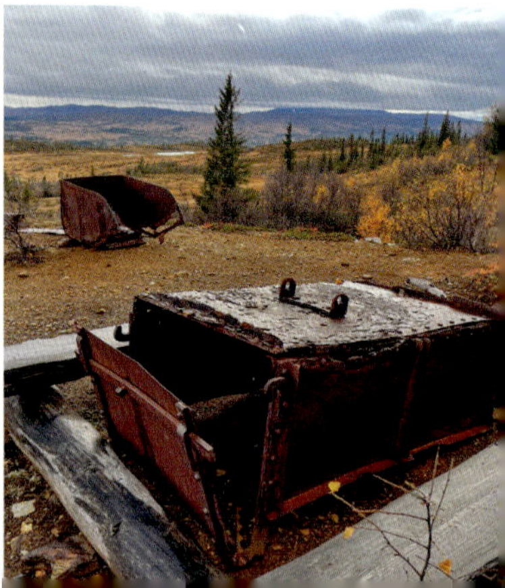

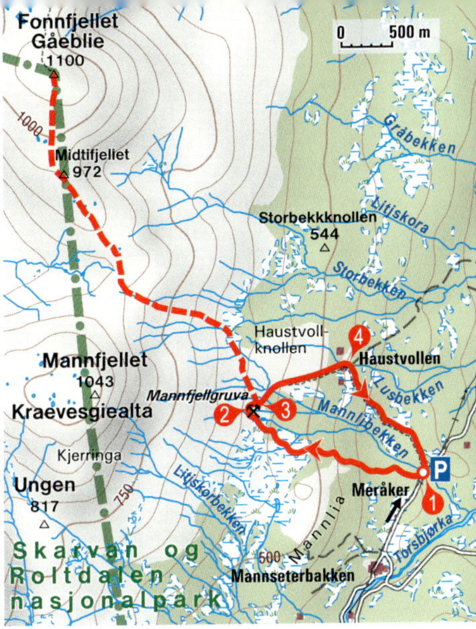

Vom Wanderparkplatz **Mannlibekken** ❶ folgen wir dem in Richtung Mannfjellet und Fonnfjellet ausgeschilderten Wanderweg. Zunächst ist der durch den Mischwald führende Weg noch eine breite Spur, die aber schnell zu einem schmaleren morastigen Pfad wird. Der Wald lichtet sich und wir gelangen auf ein mooriges Plateau. Vor uns liegt prägnant der 1053 m hohe Berg Mannfjellet/Kraeviesgealta. Nach rechts schauen wir hinab ins Tal nach Meråker. Farbige Holzstäbe weisen uns den Weg durch die zu passierenden Moorflächen und schon bald erblicken wir die Abraumhalde der ehemaligen Grube. Eine letzte Moorfläche ist noch zu überwinden, bevor wir an der rechten Seite der Abraumhalde auf einem Pfad hinaufsteigen und vor dem Eingang der **Mannfjellgruva** ❷ stehen. In der Umgebung des Stolleneingangs liegen Überreste von Bergbaugeräten. Wer möchte, kann mit Vorsicht in den horizontal in den Berg einfahrenden Grubenstollen einsteigen. Für den Rückweg gehen wir in östlicher Richtung und gelangen so auf den alten Grubenweg, der nach den vielen moorigen Abschnitten das Wandern erleichert. Eine kleine Bank an einer Bachquerung lädt nochmals zu einer kurzen Rast mit Ausblick ein, kurz danach zweigt ein **Pfad** ❸ nach links ab.

Variante: Besteigung des Fonnfjellet/Gåeblie (3.00 Std., Auf- und Abstieg 550 m, »rot«)
Wer noch bis auf das Fonfjellet wandern möchte, wählt den Pfad, der bei ❸ abzweigt. Er verläuft oberhalb der Baumgrenze im Wechsel von steilen und bequemeren Passagen sowie Moorgelände. Nach dem Aufstieg in den Sattel zwischen Mannfjellet/Kraeviesgealta und dem Midtifjellet schwenkt der Pfad in Richtung Norden und erklimmt in der Südflanke den Gipfel.

Wir wandern auf dem alten Grubenpfad weiter hinab, kommen in die Waldzone und gelangen an die ehemalige Almsiedlung **Høstvollen** ❹. Hier biegen wir nach rechts ab und unser Pfad bringt uns hinab bis zum Ausgangspunkt **Mannlibekken** ❶.

49 Norges Midtpunkt

5.00 h

Plankenweg zu Norwegens geografischem Mittelpunkt

Norwegens geografischer Mittelpunkt liegt im seenreichen Vorfeld des Låarte-Skæhkere/Blåfjella-Skjækerfjella nasjonalpark. Der meist aussichtsreich verlaufende Holzplankenweg »Svillesti« hilft beim Durchqueren der Moore. Die verproviantierte Selbstversorgerhütte Setertjønnhytta bietet die Möglichkeit, die Wanderung zur Zwei-Tages-Tour mit Hüttenübernachtung zu verlängern.

Ausgangspunkt: Lustadvatnet, 284 m, Parkplatz an der Straße 6966 an der Ostbucht des Sees Lustadvatnet in der Gemeinde Steinkjer. In Steinkjer von der E 6 auf die Fv 762 nach Støa abzweigen und ab dort der Straße 6966 durch das Ogndalen via Bodom und Gaulstad zum Ausgangspunkt Lustadvatnet folgen.
Anforderungen: Mit Ausnahme des steilen Anstiegs am Anfang eher leichte Pfade und Wege, bei feuchter Witterung evtl. problematische moorige Passagen.
Infrastruktur: Unterkunft, Restaurant, Supermarkt und Tankstelle in Steinkjer. Setertjønnhytta, ganzjährig geöffnete verproviantierte DNT-Selbstversorgerhütte mit 12 Betten.
Karte: Topo 3000 Skjækerfjella 1:50.000.

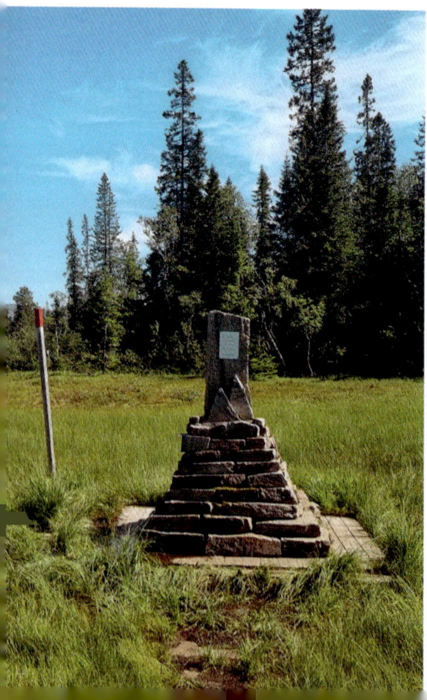

Der Parkplatz **Lustadvatnet** ❶ liegt in einem Ferienhüttengelände an der Ostbucht des gleichnamigen Sees im oberen Ogndalen. Am Lustadvatnet sowie an der wenige Kilometer weiter südlich gelegenen Siedlung Gaulstad beginnen insgesamt vier Wanderpfade durch das Landschaftsschutzgebiet im Vorfeld des Nationalparks. Wir starten vom Parkplatz auf einem Wirtschaftsweg in lichtem Fichtenwald aufwärts. Rückblickend öffnet sich nach und nach der Blick auf den See. Sobald wir die **Halla** ❷ genannte Höhe erklommen haben, schauen wir ostwärts zur Bergkette Skæhkere/Skjækerfjella. Im Norden zeigen sich Pikhaugen und Grønnlihøen, im Süden Bekkavola und Rognvola, während ungefähr in der Mitte als höchster der Huvhpie/Skjækerhat-

Angekommen in Norwegens Mitte.

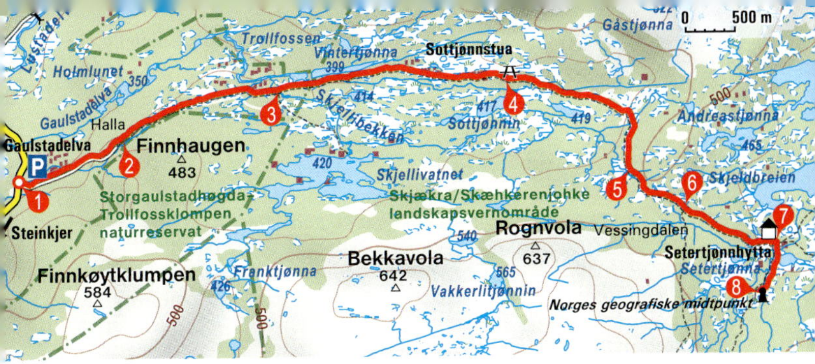

ten mit seinen 1139 m thront. An der Halla geht der Wirtschaftsweg in den mit Planken ausgelegten **Svillesti** über, der in vermoortem Gelände zu den wenigen Ferienhäusern am See **Vintertjønna** ansteigt. Hier verzweigt sich der Pfad am Bach **Skjellibekken** ❸. Nach Überqueren der Brücke führt der Plankenweg durch flaches Moor- und Fjellbirkengelände, überquert den Bach Sotbekken und erreicht das Hüttengebiet Sottjønna auf einer bewaldeten Erhebung über der gleichnamigen Seenkette, die auch zum Baden aufgesucht wird. An einem kleinen See kommen wir an einem **Picknickplatz** ❹ vorbei. Nach Passieren des letzten Sees wandern wir im Wald südwärts und erreichen eine **Wegverzweigung** ❺. Hier verläuft westwärts ein Pfad zum See Skjellivatnet und zurück zur Verzweigung am **Skjellibekken** ❸ ab. Wir bleiben auf dem Svillesti, der im Hang des Kjølen ansteigt, was uns Blicke auf die Gipfelkette der Skæhkere/Skjækerfjella sowie auf weite Teile des Sees Skjækervatnet ermöglicht. Am Rand kleinerer Seen kommen wir zu einer **Abzweigung** ❻, die nach Lågvassbu führt. Wir bleiben auf unserem Weg und kommen zur **Setertjønnhytta** ❼ am gleichnamigen See. Außer der DNT-Hütte befindet sich hier eine hölzerne Rasthütte mit Informationstafel und Lagerfeuerstelle. Nach rechts zweigt in Richtung Süden der Pfad zum Steinmal **Norges Midtpunkt** ❽ ab, dem geografischen Mittelpunkt Norwegens.
Der Rückweg zum Ausgangspunkt am **Lustadvatnet** ❶ erfolgt auf demselben Weg.

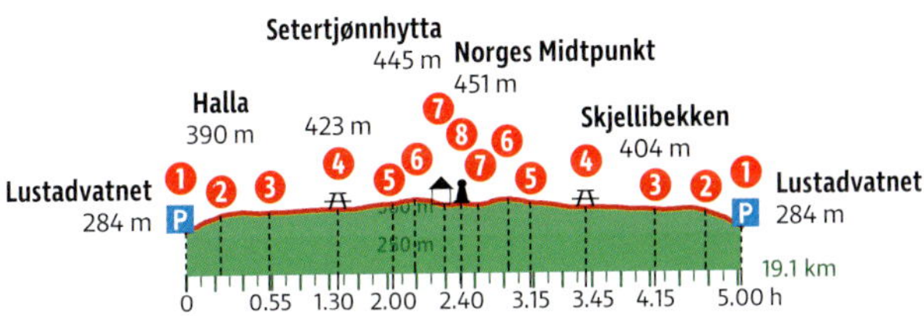

↗ 450 m | ↘ 450 m | 25.0 km

50 Holden fjellgård

2 Tage

Auf historischem Grund

Unsere Wanderung führt uns in die norwegisch-schwedische Grenzlandschaft im Låarte-Skæhkere/Blåfjella-Skjækerfjella nasjonalpark, Festland-Norwegens viertgrößtem Nationalpark. Auf dem Weg zum alten Hof Holden kommen wir an der Alm Eggjaseteren vorbei, die paradoxerweise ihren Melk- und Käsereibetrieb 1964 einstellte, nachdem die Region mit einer Straße an Snåsa angeschlossen worden war. Seit 1997 gibt es wieder einen Almbetrieb mit Käserei und Bewirtung im Sommer. Der am See Holderen gelegene Holden fjellgård wurde um 1778 nahe einem norwegisch-schwedischen Tauschmarkt erbaut: Händler aus Snåsa brachten Butter, Getreide und Hering und Händler aus dem Jämtland handelten vor allem mit Eisenwaren. Dieser Markt bestand bis in die 1880er-Jahre. Danach konnten durch die verkehrstechnische Anbindung beider Regionen neue Märkte erschlossen werden.

Knapp 12 km weiter östlich gelangt man auf einem markierten Wanderweg zum noch heute bewirtschafteten und nicht über Verkehrswege zugänglichen Hof Gjefsjøen fjellgård, der Übernachtungsmöglichkeiten anbietet. Er war im März 1945 das Hauptquartier der Operation Rype. Die einzige seitens der Amerikaner durchgeführte Operation auf norwegischem Boden während des Zweiten Weltkrieges hatte zur Aufgabe, den Rückzug der deutschen Truppen aus dem Norden mittels Brücken- und Bahnliniensprengungen zu sabotieren. Das restaurierte Hauptquartier dient heute als kleines Museum.

Ausgangspunkt: Grøningsvegen, 480 m, Parkplatz am Ende des Mautwegs durch das Imsdalen in der Gemeinde Snåsa/Snåase. Von der E 6 auf die Straße 763 und in Breide auf die Straße 7022 abzweigen. Am Ende den Grøningsvegen geradeaus weiterfahren.
Anforderungen: Das Gelände ist insgesamt reich an Mooren, sodass wasserfeste Fußbekleidung sinnvoll sind.
Infrastruktur: Holden fjellgård, verproviantierte DNT-Selbstversorgerhütte mit 11 Betten sowie zwei mietbare Hütten des Statskog (inatur.no). Saisonale Bewirtung auf der Alm Eggjaseteren. Übernachtung, Restaurant, Supermarkt und Tankstelle in Breide und Snåsa.
Tipp: Die Tour kann mit und ohne Erweiterung zum Hof Gjefsjøen (gjefsjo.no) zu einer Zweitagestour ausgebaut werden.
Karte: Topo 3000 1:50.000 Lierne.

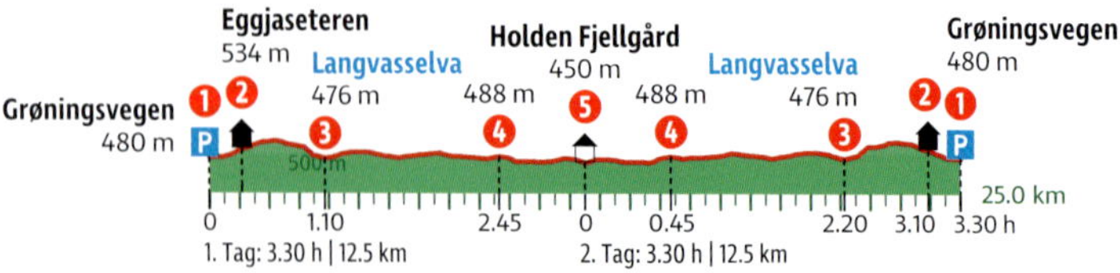

1. Tag: Vom Parkplatz am Ende des **Grøningsvegen** ❶ gehen wir ein Stück die Straße zurück, vorbei an einer Picknickstelle mit Informationstafeln, bis unser Wanderweg nach rechts abzweigt. Der markierte Pfad führt in lichtem Wald hinauf zur im Sommer bewirtschafteten Alm **Eggjaseteren** ❷. Kurz darauf kommen wir auf einen aussichtsreichen Bergrücken zwischen den Seen Grøningen und Langvatnet, wo wir wenig später die Baumzone verlassen und in Richtung Süden gehen. Nach Überqueren der **Hängebrücke** ❸ über die mäandrierende Langvasselva nahe der Alm Langvasseteren geht es wieder durch Fjellbirkenwälder oberhalb des weitflächig vermoorten Grøningen-Ostufers entlang. Immer wieder finden wir schöne Rastplätze. Im südlichen Bereich des Sees erreicht der Pfad weitläufig mooriges Gelände, das von kleinen Bachläufen durchzogen wird. Im sanften Auf und Ab erreichen wir die Grenze des **Låarte-Skæhkere/Blåfjella-Skjækerfjella nasjonalpark** ❹. Nun geht es hinab zum See Skjeldbreien. Die letzten gut 2 km führen uns links am See vorbei und wenig später zum Hof **Holden fjellgård** ❺, der sich am Nordufer des Grenzsees Holderen befindet.

2. Tag: Vom Hof Holden geht es auf derselben Route zurück zum Ausgangspunkt am **Grøningsvegen** ❶.

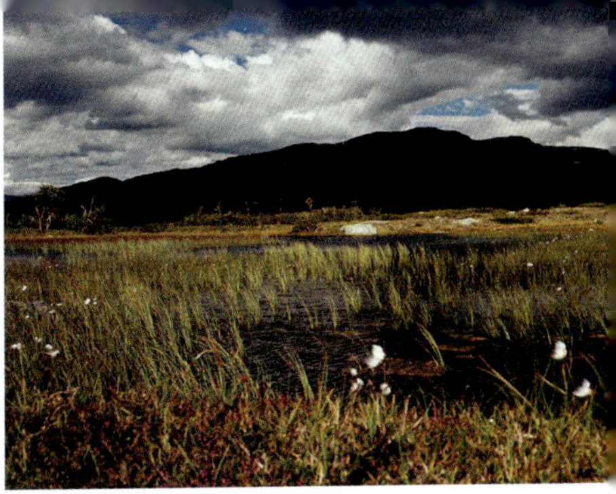

Unterwegs im Grenzland.

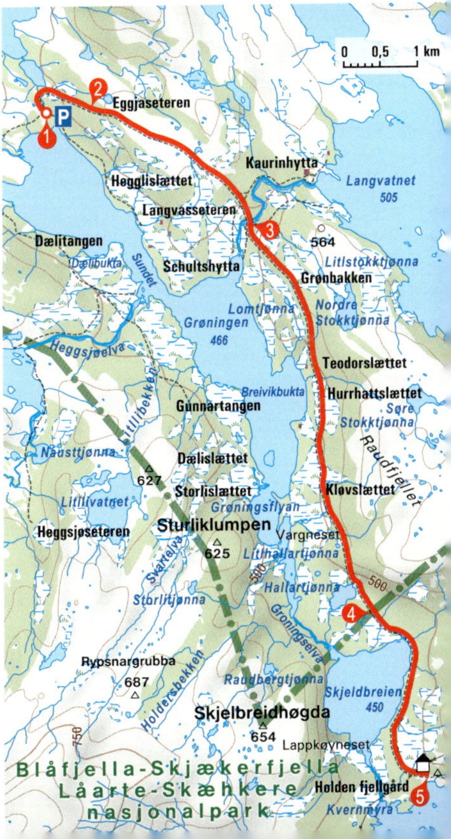

↗ 170 m | ↘ 170 m | 10.5 km

51 Lybekkdalen/Leemtsenvuemie

3.00 h

Karstlandschaft südlich des Børgefjell/Byrkije nasjonalpark

Das Lybekkdalen/Leemtsenvuemie und das Bjurälvens naturreservat auf schwedischer Seite befinden sich in der größten Karstlandschaft Skandinaviens. Die gesamte Region ist von Karsterscheinungen wie Grotten und Dolinen durchzogen. Jenseits der Grenze schließt sich neben dem Bjurälvens naturreservat das Korallgrottans naturreservat mit Schwedens längster Höhle an. Eine Besonderheit des norwegischen Lybekkdalen/Leemtsenvuemie sind die Mahd-Moore – die hier anzutreffende Artenvielfalt der Fauna und Flora beruht auf dem Umstand, dass die Moorwiesen gemäht wurden. Kurz vor der schwedischen Grenze braust ein Wasserfall durch die Storelva-Schlucht, um schon bald nach der Grenze in einer Flussversickerung zu verschwinden und nur wenige Kilometer danach, nun als Bjurälven, wieder zum Vorschein zu kommen.

Ausgangspunkt: Vallervatnet, 506 m, Parkbucht im Osten der Gemeinde Røyrvik. In Brekkvasselv von der E 6 auf die Straße Fv 773 nach Røyrvik abbiegen, dort auf der Fv 7024 21 km Richtung Riksgrensen fahren. Am Gehöft befindet sich eine Parkbucht.

Anforderungen: Schwach ausgeprägter zuweilen stark mooriger Pfad. Kaum Steigungen. Wasserfestes Schuhwerk ist unabdingbar.

Variante: Abenteuerlustige können sich ins Ingenmansland auf schwedischer Seite begeben, zur Versickerung gehen und dort auf den Wanderpfad, der durch das Bjurälvens naturreservat führt, stoßen. Da anfangs die Pfadfindung Probleme bereiten kann, sollte man genügend Zeit einplanen.

Karte: Calazo 1:50.000 Børgefjell.

Weitgehend pfadlose Landschaft.

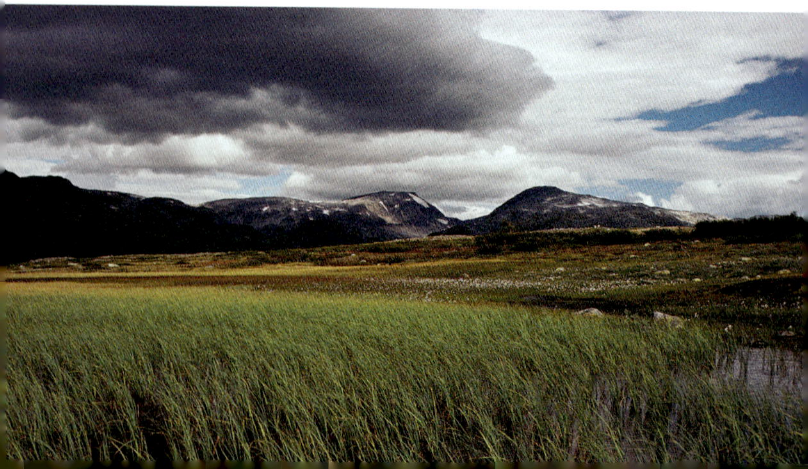

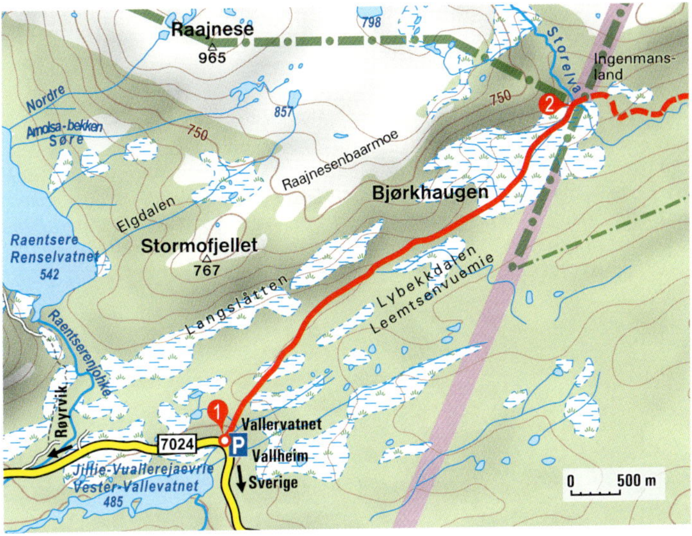

Vom Hof **Vallervatnet** ❶ führt unser Pfad in sachtem Anstieg durch das Lybekkdalen/Leemtsenvuemie Richtung schwedische Grenze. Wir kommen durch Fjellbirkenwälder, Farnfelder und Hochstaudenvegetation, die sich abwechseln mit vermoorten Stellen. Die Aussicht auf die schneegefleckten Berge des Børgefjells ist, obwohl der Weg durch eine Senke führt, fantastisch. Wie in einem geologischen Lehrbuch leitet der Pfad an Dolinen und anderen Karsterscheinungen vorbei. Insbesondere trockengefallene Bachläufe sind stellenweise übersät mit Kalksteinen. Wenn wir abzweigenden Pfadspuren folgen, können wir Kalkgrotten finden. Die auffälligen Kalkerscheinungen treten zurück, wenn das Gelände schließlich auf schiefrigen Gesteinen mooriger wird und wir in einer Einsattelung nahe einer Samihütte und der **Storelva-Schlucht** die **Landesgrenze** ❷ erreichen. Die Storelva ist bis zum unteren Ende der Schlucht ein tosender Fluss und verschmälert sich danach auffällig: Ein Teil fließt in die Karstlabyrinthe des Lybekktals, der andere nach Schweden, wo er wenig später im Ingenmansland (Niemandsland) in einer Versickerung völlig vom Erdboden verschwindet und weiter östlich wieder auftaucht.

An der schwedischen Grenze machen wir kehrt und wandern auf derselben Route zurück.

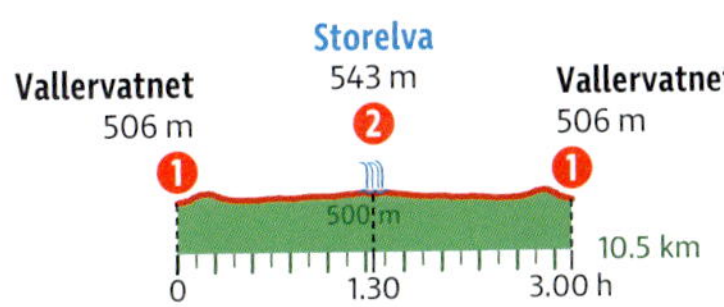

52 Nååmesjenmåelhkie/Namskroken

2.45 h

Zu den Flüssen Smeelehjohke und Nååmesje

Am See Smeelehjaevrie/Smalvatnet befindet sich das südwestliche Eingangstor zum Børgefjell/Byrkije nasjonalpark. Der zweitälteste Nationalpark Norwegens besticht durch seine Abgeschiedenheit und Weglosigkeit. Er ist das ideale Wildnisgebiet, um fern von Wegen und Bebauungen seine Outdoorfähigkeiten unter Beweis zu stellen. Der hier beschriebene Weg ist einer der wenigen ausgebauten Pfade und macht Appetit auf mehr.

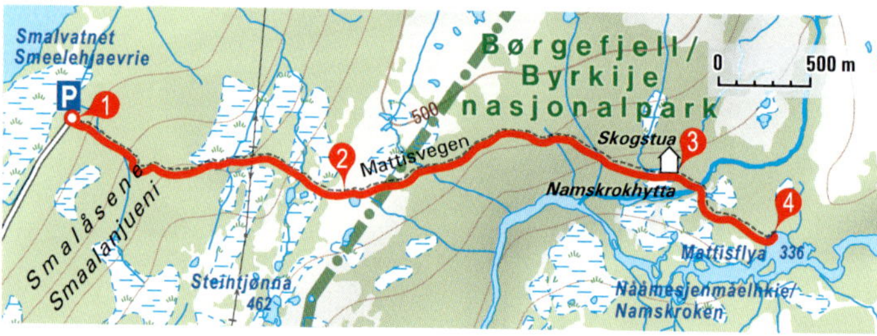

Ausgangspunkt: Smeelehjaevrie/Smalvatnet, 305 m, Parkplatz und Børgefjell-Informationstafeln am Ende der Straße Børgefjellveien in der Gemeinde Namsskogan. 19 km nördlich von Namsskogan in Smalåsen/Smeelehaesie von der E 6 nach rechts bis zum Ende des Fahrweges der Ausschilderung »Børgefjell« folgen.
Anforderungen: Leichter, ausgeschilderter Wanderweg mit großen moorigen Abschnitten, teilweise mit Planken.
Infrastruktur: Unterkunft, Camping, Restaurant, Supermarkt und Tankstelle in Namsskogen.
Skogstua und Namskroghytta, unverproviantierte Selbstversorgerhütten der Namsskogan fjellstyre (Fjellverwaltung), die gemietet werden können (namsskogan-fjellstyre.no).
Karte: Topo 3000 1:50.000 Børgefjell.

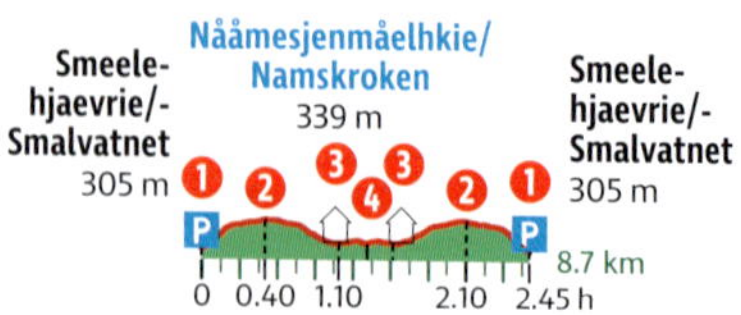

Vom Wanderparkplatz **Smeelehjaevrie/Smalvatnet** ❶ steigen wir im Wald auf einem wurzeligen, morastigen Pfad hangaufwärts. Einige moorige Stellen sind mit Holzplanken ausgelegt. Der Fichtenwald geht in offene Moorflächen mit vereinzelt stehenden Kiefern über und man erlangt einen Blick auf die umliegenden Berge. Die vor uns liegenden Moorflächen überqueren wir größtenteils auf Plankenstegen, unterqueren die 420-kV-Stromleitung Nedre Røssåga – Namsos, die das Nordland mit Mittelnorwegen verbindet und überschreiten mit einer **Anhöhe** ❷ den südlichen Ausläufer des lang gestreckten Gebirgszuges Smaalavartoe/Smalfjellet. Der felsige Untergrund liegt hier an einigen Stellen blank, rechts liegt ein namenloser Moorsee und der jetzt als Mattisvegen bezeichnete Pfad schwingt nach links, tritt in den Børgefjell/Byrkije nasjonalpark ein und senkt sich im bewaldeten Hang hinab. Aus dem Tal nimmt das Rauschen des Flusses Nååmesje/Namsen und seines Nebenflusses Smeelehjohke/Storelva immer mehr zu, wobei wir beide vorerst nicht sehen können. Wir gelangen hinab nach **Nååmesjenmåelhkie/Namskroken** ❸ und treffen zuerst auf die Hütte Skogstua und dann 70 m weiter an der Flussuferkante die Hütte Namskrokhytta. Östlich der Hütten stürzt die Smeelehjohke beeindruckend über mehrere Felsstufen, unterhalb des Wasserfalls können wir den Fluss auf einer Hängebrücke überqueren. Auf der anderen Uferseite liegt eine flache faszinierende Landschaft: Felsige Erhöhungen wechseln mit moorigen Senken und einzeln stehenden Kiefern.

Ein langer Plankensteg führt uns weiter hinab an die seeförmige Ausbuchtung des Nååmesje/Namsen – die **Mattisflya** ❹. Der Pfad verläuft noch eine Weile entlang des Ufers weiter und es ist möglich – je nach Wasserstand des Nååmesje und seiner Nebenflüsse –, die Wanderung ein wenig auszudehnen.

Zurück zum Wanderparkplatz **Smeelehjaevrie/Smalvatnet** ❶ auf demselben Pfad.

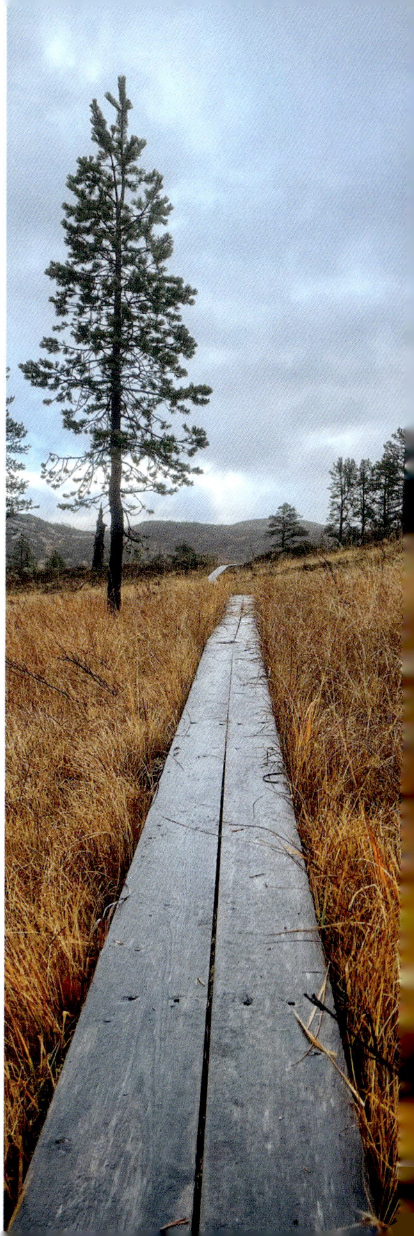

Nicht immer bleibt man trockenen Fußes.

STICHWORTVERZEICHNIS

A
Ålesund 36, 64
Åmotan 9, 39, 132
Åndalsnes 37, 89, 92
Atlanterhavsvegen 106, 108, 111
Aurabanen 127
Aursjøvegen 96, 127
B
Berleneset 52
Bjørneggen 180
Børgefjell/Byrkije nasjonalpark 196, 198
Bossvasshøgda 121
Bremangerlandet 52
Brørene 62
Brørevatnet 62
Brunnsdalen 150, 152
Bud Kystmuseum 106, 108
E
Eggjaseteren 195
Eikesdalen 96
Ekkertinden 9, 39, 136
Elgå 162
Elgåhogna 9, 162
Engeren 150
Ergan Kystford 106, 108
F
Farstadsanden 106
Femunden 39, 168
Femundshytta 168
Femundsmarka 39, 165
Femundsmarka nasjonalpark 164, 165
Fongen/Lopmesvaerie 180
Forollhogna 174
Forollhogna nasjonalpark 41, 174
Fosseråsa 81
Frænavarden 103
G
Gå i Annas fotspor 111
Galtåsen 154
Galtsjøen 154
Geiranger 78, 81
Geirangerfjorden 78
Gilså 9, 180
Gjefsjøen 194
Gjevilvasshytta 142, 145
Gjøra 137
Goksøyr 59
Gråhaugen Fjellstue 121
Graváasen 156
Grip 111
Grøningen 194
Gullsteinvollen 117
Gutulia nasjonalpark 160
Gutulisjøen 160
H
Hareidlandet 62
Herøy 59
Hessa 64
Høa 140
Holden fjellgård 194
Homlung 80
Homlungseter 79
Hornelen 35, 52
Hustadvika 108
I
Ingenmannsland 197
Innerdalen 8, 39, 124
Innerdalshytta 124
Innerdalstårnet 124
Isteren 154
J
Jenstad 132
Jøldalshytta 148
Jonasvollen 168
Jostedalsbreen 44
Jurtinden 117
K
Kårvatn 122
Kristiansund 38, 111, 114
Kvernabekken 121
Kvitneset 111
Kyrhaugen 108
L
Låarte-Skæhkere/Blåfjella-Skjækerfjella nasjonalpark 192, 194
Liadalen 36, 75
Liasætra 75
Lillebovollen 161
Loen 34, 44, 48
Loen Skylift 34, 48
Lundeura 60
Lustadvatnet 192
Lybekkdalen/Leemtsenvuemie 196
M
Måløy 52
Mannfjellgruva 190
Mannlibekken 191
Mardalsfossen 37, 96
Mattisflya 199
Melen 66, 108
Meråker 180, 190
Midtre Sølen 9, 156
Molde 37, 101
M/S Fæmund II 168
N
Nååmesjenmåelhkie/Namskroken 198
Namskroken 198
Nauståfossen 122
Nedpåvollen 161
Nesset prestegard 98
Nordfjord 34
Nordmøre 38
Norges Midtpunkt 192
Norsk Fjordsenter 82
O
Oppåvollen 161
Oppdal 178
Ørnesvingen 81
Øye 70
P
Patchellhytta 71, 75
Plaassja 172
Prestaksla 8, 37, 98
Pyttbua 86
R
Raksætra 51
Ramsjøhytta 9, 180
Reindalseter 84
Reindalsfossen 85
Reinheimen nasjonalpark 86, 89
Reinsvassbu 130
Reinsvatnet 130
Renndølsetra 124
Roltdalen 180

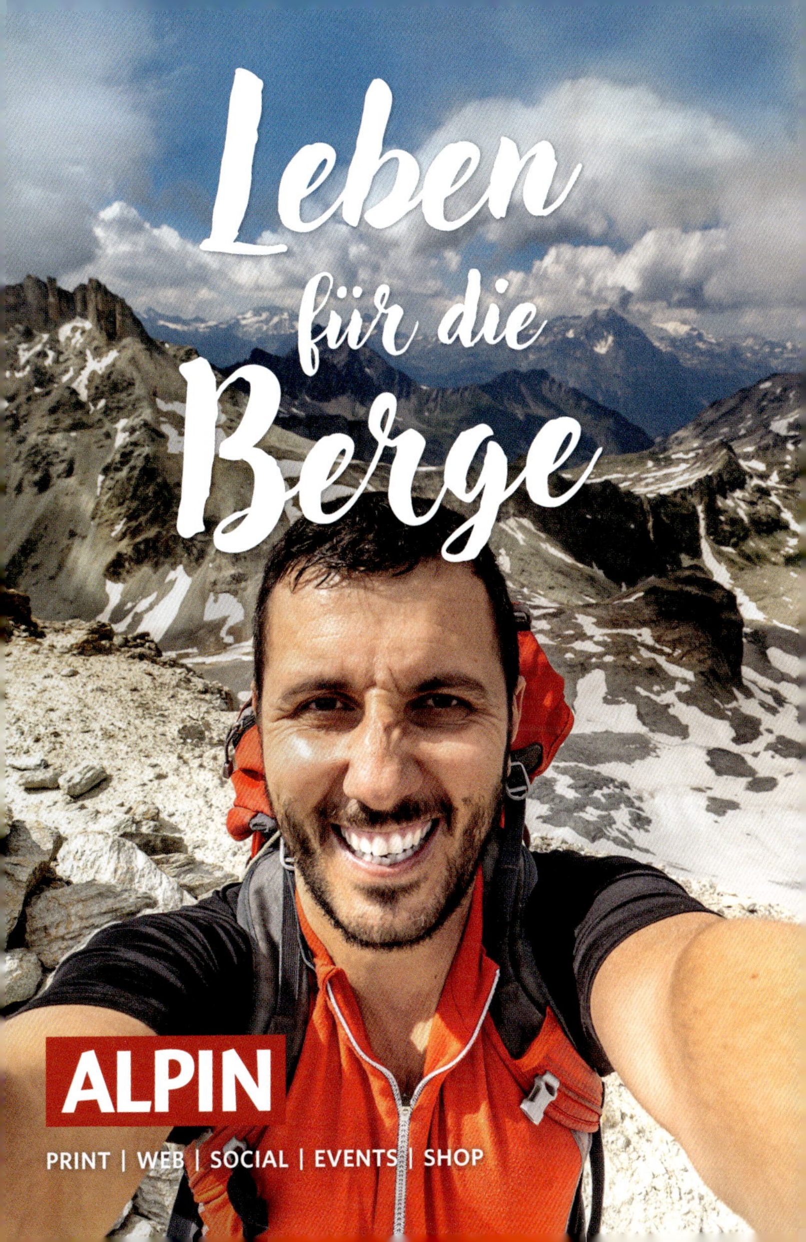
Leben
für die
Berge
ALPIN
PRINT | WEB | SOCIAL | EVENTS | SHOP

Romedalen 36
Romsdal 37
Romsdalen 89
Romsdalseggen 8, 38, 92
Romsdalsgondolen 92
Romsdalsstigen 92
Røros 172
Rundabranden 60
Runde 8, 36, 59

S

Sætrasanden 56
Schulzhytta 9, 180
Setertjønnhytta 193
Sildegapet 56
Sjurvarden 108
Skageflå 78
Skagehola 79
Skagsvola 150
Skåla 8, 34, 44
Skålabu 44
Skålatårnet 44, 47
Skarvan og Roltdalen nasjonalpark 9, 180, 190
Skarvan/Tjohkeleh 180
Skarven 114
Skjellibekken 193
Skredfjellet 50
Slogen 36, 70
Smøla 38, 114
Snota 119, 121
Sølen 9, 156
Søre Broren 63
Stabbeskaret 89
Stadland 56
Staurinibba 50
Steinkjer 41, 192
Steinstøylen 68
Storlidalen 140
Strorkelhøa 178, 179
Storsæterfossen 81
Storsvaet 129
Stor-Svuku 166
Stor-Svuku/Svahke 165
Sukkertoppen 64
Sunndalen 136
Sunndalsfjella 39
Sunnmøre 36
Svartvatnet 121
Svukuriset 165, 166, 167

T

Tafjord 84
Tafjordfjellene 84, 86
Todalen 122
Trekanten 145
Trollheimen 38, 119, 142, 145
Trollheimshytta 119, 121, 147
Trollhøtta 119
Trollkyrkja 37, 104
Trollstigen 89
Trolltindane 89
Trollveggen 38
Trøndelag 40, 180
Tunga 86
Tusenårsvarden 101
Tustnastabban 38, 114
Tverfjellet 152

U

Union Øye 70

V

Vakkerstøylen 86, 87
Vallervatnet 196
Vassendsetra 142
Venjesdalssetra 92
Vesterås 83
Vintertjønna 193
Vollasetra 137

Z

Zakariasvatnet 85

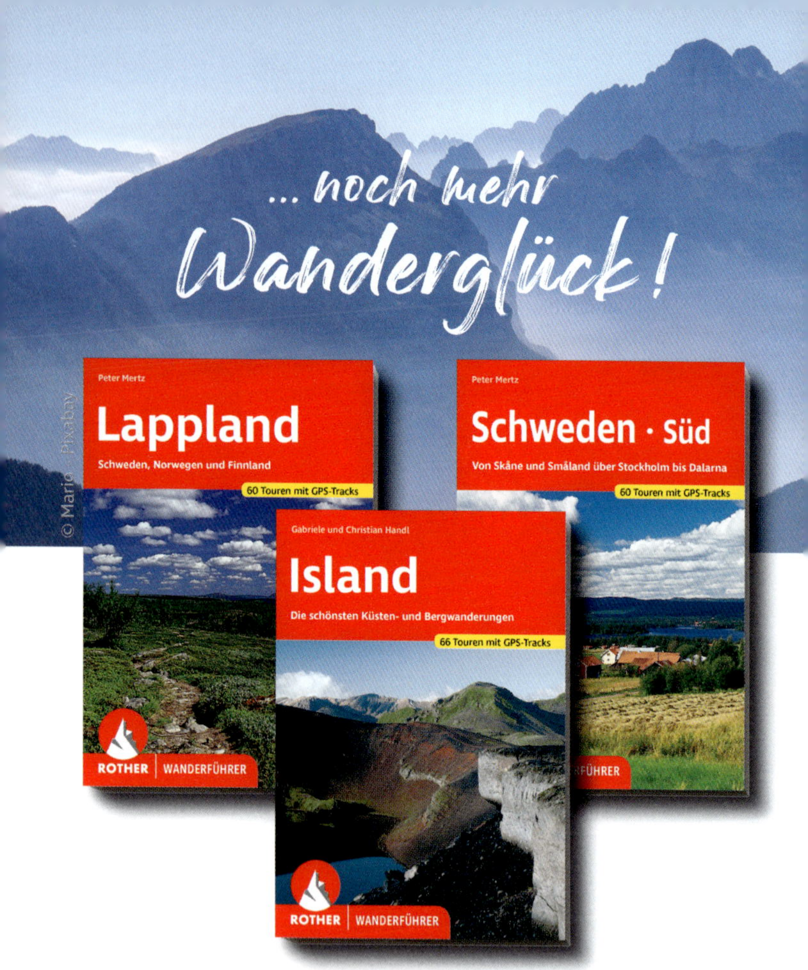
... noch mehr Wanderglück!
© Mario – Pixabay
Peter Mertz
Lappland
Schweden, Norwegen und Finnland
60 Touren mit GPS-Tracks
ROTHER
WANDERFÜHRER
Peter Mertz
Schweden · Süd
Von Skåne und Småland über Stockholm bis Dalarna
60 Touren mit GPS-Tracks
Gabriele und Christian Handl
Island
Die schönsten Küsten- und Bergwanderungen
66 Touren mit GPS-Tracks
ROTHER
WANDERFÜHRER

Umschlagbild: Der Trollstigen führt hinauf zum Ausgangspunkt von Tour 16, dem Stabbeskaret.

Bild im Innentitel: Die DNT-Hütten Skålatårnet und Skålabu thronen hoch oben auf der Skåla (Tour 1).

Bild auf Seite 42/43: Blick auf die Smørskredtindane beim Abstieg vom Slogen (Tour 10).

Alle Fotos von den Autoren, ausgenommen die Fotos der Seiten 85, 119 (Marius Dalsegg Sætre), 88 (Sven Åge Hauge), 123 (Silje Vatten), 127, 128, 130, 144, 195, 196 (Bernhard Pollmann), 147, 149 (Jonny Remmereit), 192 Lars Bugge Aarset.

Kartografie:
52 Wanderkärtchen im Maßstab 1:10.000, 1:25:000, 1:50.000, 1:75.000, 1:100.000 und 1:150.000
Geodaten © OpenStreetMap und Mitwirkende
Kartografisches Design: SHOCart (CZ), shocart.cz
sowie 2 Übersichtskärtchen im Maßstab 1:2.500.000 und 1:4.250.000
© Freytag & Berndt, Wien

Werk-Nr.: 4436

4., vollständig neu bearbeitete Auflage 2024

ISBN 978-3-7633-4673-8

FSC www.fsc.org MIX Papier | Fördert gute Waldnutzung FSC® C147178

Wir freuen uns über jeden Korrekturhinweis zu diesem Wanderführer!
Bitte per E-Mail an: leserzuschrift@rother.de

ROTHER BERGVERLAG · Keltenring 17 · D-82041 Oberhaching
Tel. +49 89 608669-0 · rother.de